CONTEÚDO DIGITAL PARA ALUNOS
Cadastre-se e transforme seus estudos em uma experiência única de aprendizado:

1. Entre na página de cadastro:
https://sistemas.editoradobrasil.com.br/cadastro

2. Além dos seus dados pessoais e dos dados de sua escola, adicione ao cadastro o código do aluno, que garantirá a exclusividade do seu ingresso à plataforma.

2000077A9444354

CB040650

3. Depois, acesse:
https://leb.editoradobrasil.com.br/
e navegue pelos conteúdos digitais de sua coleção :D

Lembre-se de que esse código, pessoal e intransferível, é válido por um ano. Guarde-o com cuidado, pois é a única maneira de você acessar os conteúdos da plataforma.

SUZANA D'AVILA
- Mestre em Língua Portuguesa e Linguística
- Professora do Ensino Fundamental e do Ensino Médio de Língua Portuguesa e Literatura Brasileira
- Professora do Ensino Superior

APOEMA

GRAMÁTICA 6

1ª edição
São Paulo, 2020

Dados Internacionais de Catalogação na Publicação (CIP)
(Câmara Brasileira do Livro, SP, Brasil)

D'Avila, Suzana
  Apoema gramática 6 / Suzana D'Avila. – 1. ed. – São Paulo:
Editora do Brasil, 2020. – (Apoema)

  ISBN 978-85-10-08048-4 (aluno)
  ISBN 978-85-10-08049-1 (professor)

  1. Gramática 2. Português (Ensino fundamental)
I. Título II. Série.

20-32836   CDD-372.6

Índices para catálogo sistemático:
1. Português: Ensino fundamental 372.6
Iolanda Rodrigues Biode - Bibliotecária - CRB-8/10014

© Editora do Brasil S.A., 2020
Todos os direitos reservados

Direção-geral: Vicente Tortamano Avanso

Direção editorial: Felipe Ramos Poletti
Gerência editorial: Erika Caldin
Supervisão de arte: Andrea Melo
Supervisão de editoração eletrônica: Abdonildo José de Lima Santos
Supervisão de revisão: Dora Helena Feres
Supervisão de iconografia: Léo Burgos
Supervisão de digital: Ethel Shuña Queiroz
Supervisão de controle de processos editoriais: Roseli Said
Supervisão de direitos autorais: Marilisa Bertolone Mendes

Supervisão editorial: Selma Corrêa
Edição: Camila Gutierrez
Assistência editorial: Márcia Pessoa
Auxílio editorial: Laura Camanho
Especialista em copidesque e revisão: Elaine Silva
Copidesque: Gisélia Costa, Ricardo Liberal e Sylmara Beletti
Revisão: Andreia Andrade, Elis Beletti, Fernanda Sanchez, Flávia Gonçalves, Gabriel Ornelas, Mariana Paixão, Marina Moura, Martin Gonçalves e Rosani Andreani
Pesquisa iconográfica: Amanda Felício e Priscila Ferraz
Assistência de arte: Daniel Campos Souza
Design gráfico: Patrícia Lino
Capa: Megalo Design
Imagem de capa: © Appel, Karel/ AUTVIS, Brasil, 2020. Eric Lafforgue/Art In All Of Us/Getty Images
Pesquisa: Tatiana Lubarino
Ilustrações: Jane Kelly/Shutterstock.com (ícones seções)
Editoração eletrônica: Viviane Yonamine
Licenciamentos de textos: Cinthya Utiyama, Jennifer Xavier, Paula Harue Tozaki e Renata Garbellini
Controle de processos editoriais: Bruna Alves, Carlos Nunes, Stephanie Paparella, Terezinha de Fátima Oliveira e Valeria Alves

1ª edição / 5ª impressão, 2025
Impresso na Forma Certa Gráfica Digital

Avenida das Nações Unidas, 12901
Torre Oeste, 20º andar
São Paulo, SP – CEP: 04578-910
Fone: +55 11 3226-0211
www.editoradobrasil.com.br

APRESENTAÇÃO

Um idioma é utilizado como forma de comunicação e só se realiza, como língua, nesse uso. No Brasil, empregamos o português em nossas interações sociais, em nossas trocas comunicativas.

Em tudo que dizemos ou escrevemos, existe sempre uma finalidade, um objetivo, e essa finalidade interferirá no modo pelo qual vamos falar ou escrever.

As diferentes formas de utilizar o português são capazes de caracterizar quem o está usando. Você reconhece um gaúcho (ou um carioca, ou um baiano etc.) por sua pronúncia; você sabe quando está falando ao telefone com uma criança por causa de seu vocabulário; você tem dificuldade de entender uma notícia sobre uma descoberta científica, a não ser que esteja familiarizado com os assuntos tratados nela.

É claro que qualquer brasileiro, como você ou eu, sabe falar português, uma vez que precisa dele no dia a dia para se comunicar. Só que o fazemos sem sentir, sem pensar, porque há aspectos básicos de nossa língua que conhecemos e usamos automaticamente. Por outro lado, há usos que desconhecemos e que vamos aprendendo durante a vida, na escola e até fora dela, ouvindo uma frase aqui, lendo um relatório ali, e assim por diante.

Para sistematizar esse conhecimento, que nem todos temos a respeito de algumas formas de uso de nossa língua, precisamos "aprender" gramática. Aprender português é melhorar nossa capacidade de expressão e de compreensão, é saber manusear cada vez melhor esse instrumento de comunicação que é a língua, nas diversas situações do cotidiano e com diferentes finalidades.

Nosso material de estudo é a história que narramos ou lemos, a notícia de jornal, a propaganda que vemos nas ruas, uma conversa nas mídias sociais, o caso que nos contam, o *podcast* que ouvimos, a música que cantarolamos, a história em quadrinhos, o formulário que preenchemos, as imagens grafitadas pelas cidades etc.

Quem se comunica bem consegue atuar à sua volta, entender melhor o que vê ou lê, é capaz de influir, interagir, dar opinião, discordar, enfim, participar dessa vida e, certamente, exercer melhor sua cidadania.

Espero que este livro possa ajudá-lo nessa aventura.

A autora

Unidade 1......... 8

Pra começo de conversa 9

A COMUNICAÇÃO 10
Linguagem e língua 11
Tipos de linguagem 11
Gênero em foco: Notícia e reportagem 14
Gênero em foco: HQ e tirinha 16
Caleidoscópio: As línguas do mundo 17
Gramática 18
Variação linguística 18
Variação de uma época para outra.................18
Variação de um lugar para outro 19
Variação de um grupo para outro 20
Variação de uma situação para outra: registro formal e registro informal 21
Variação de um interlocutor para outro (quando muda o receptor)..........................21
Língua-padrão e gramática normativa 21
Modalidades falada e escrita 22
A fala 22
A escrita 23
Escrita em foco: A grafia correta....................24
As letras usadas na língua portuguesa 24
Dicionário em foco: Ordem das palavras 25
Atividades............................26

O TEXTO 29
Situação e contexto............ 29
Frase 29
Tipos de frase 30
Escrita em foco: Pontuação..........................30
A fala e a entonação 31
A escrita e a pontuação 32
Para um texto melhor, gramática! Pontuação 34
Parágrafo 37
Para um texto melhor, gramática! Coerência 39
Atividades............................41
Gênero em foco: Crônica..............................42
Retomar 47

Unidade 2.........48

SOM, FONEMA E LETRA 49
Gênero em foco: Haicai................50
Classificação dos fonemas 51
Vogal (V).............................52
Semivogal (SV)........................53
Consoante (C).........................53
Encontros vocálicos....................54
Encontros consonantais.................55
Dígrafo 56
Dígrafo consonantal...................57
Dígrafo vocálico......................57
Sílaba 58
Classificação das palavras quanto ao número de sílabas.........................59
Sílaba tônica e sílaba átona...........60
Classificação das palavras quanto à posição da sílaba tônica 60
Gênero em foco: Poema................63
Para um texto melhor, gramática! Acento tônico e sentido 64
Gênero em foco: Cartão-postal 64
Escrita em foco: Separação de sílabas 65
Atividades......... 66
Gênero em foco: Trava-língua 69

ORTOGRAFIA......... 70
Acentuação gráfica 70
Como se usa o acento gráfico (agudo ou circunflexo) 71
Muita atenção aos casos a seguir! 72
Atividades......... 73

CLASSES DE PALAVRAS 77
Escrita em foco: Ortografia................80
Dicionário em foco: Palavras-guia 81
Atividades......... 82
Gênero em foco: Cartum e charge 83
Retomar 84

Unidade 3 85

SUBSTANTIVO: O QUE É, COMO SE CLASSIFICA, COMO SE FORMA 86

Substantivo: centro de uma expressão nominal 87

Tipos de substantivo: classificação 88

Substantivo comum e substantivo próprio 88
Substantivo concreto e substantivo abstrato ..89
Substantivo coletivo 92

Gênero em foco: Capa de livro 93

Gênero em foco: Petição 97

Para um texto melhor, gramática! Coletivos 97

Flexões do substantivo 98

Flexão de número: singular e plural 98
Flexão de número 99
   Como se faz a flexão de número 100
   Plurais que alteram a pronúncia da vogal 101
   Substantivos de um só número 102
Flexão de gênero: masculino e feminino 103
   Como se faz a flexão de gênero 106
   Substantivos biformes 106
   Substantivos uniformes 106
   Substantivos de gênero único 108
Usando palavras derivadas 108
Substantivos que mudam o sentido quando mudam de gênero 108

Atividades 109

Retomar 112

Unidade 4 113

FORMAÇÃO DOS SUBSTANTIVOS 114

Substantivos simples ou compostos 114
Substantivos primitivos ou derivados 115

Graus do substantivo: aumentativo e diminutivo 116

Formas de expressar o grau 118
Valores de sentido do aumentativo e do diminutivo 119

Para um texto melhor, gramática! Novos sentidos para aumentativos e diminutivos 119

Atividades 120

ARTIGO 124

Artigos definidos: o, a, os e as 125

Artigos indefinidos: um, uns, uma e umas 126

Flexão dos artigos 126

O artigo pode se unir a outras palavras 127

Para um texto melhor, gramática! Uso do artigo 128

Omissão do artigo 129

Para um texto melhor, gramática! Emprego do artigo 130

Gênero em foco: Resenha crítica 132

Dicionário em foco: Verbete 132

Gênero em foco: Verbete 133

Caleidoscópio: Abreviações, reduções e siglas 134

Atividades 135

Gênero em foco: Cartaz ou texto de propaganda 137

Retomar 139

Leonardo Conceição

■■■ Unidade 5...................................... 140

ADJETIVO E LOCUÇÃO ADJETIVA: O QUE SÃO, COMO SE FORMAM 141

Gênero em foco: Fábula.......................................141

Nome substantivo e nome adjetivo.............. 143

Locução adjetiva 145

Para um texto melhor, gramática! Locução adjetiva.. 146

Gênero em foco: Artigo de divulgação científica...148

Formação dos adjetivos 148

Adjetivos pátrios ou gentílicos.................. 148

Posição do adjetivo 150

Para um texto melhor, gramática! Adjetivo 150

Escrita em foco: Uso do **s** e do **z** 151

Gênero em foco: Anedota...............................152

Atividades.. 154

ADJETIVO: GÊNERO, NÚMERO E GRAU..............159

Gênero dos adjetivos 159

Variação no adjetivo: flexão de gênero......160

Variação no adjetivo: flexão de número 160

Grau dos adjetivos 163

Grau comparativo 164

Como formar o grau comparativo 165

Grau superlativo 166

Grau superlativo relativo.................................167

Grau superlativo absoluto 168

Outras formas de superlativo.........................171

Atividades... 172

Caleidoscópio: Empréstimos: fonte de revitalização lexical..176

Retomar 177

■■■ Unidade 6...................................... 178

VERBO: CONJUGAÇÕES E FLEXÕES 179

Estrutura dos verbos 180

Conjugações verbais.................................... 181

Flexões dos verbos...................................... 182

Gênero em foco: Canção.................................183

Flexão de pessoa 184

Flexão de número..185

Flexão de modo 186

Flexão de tempo 187

Tempos do modo indicativo (empregos básicos) 188

Formas nominais 194

Formas verbais do modo indicativo..............196

Atividades.. 201

Retomar 205

Unidade 7 206

PRONOME 207

Gênero em foco: Adivinha 207

Variação dos pronomes 209

Funções dos pronomes.....................................209

Pronome pessoal.. 209

Pronomes pessoais retos.............................209

Uso do pronome pessoal reto **tu** e do pronome de tratamento **você** 210

Nós e **a gente** 210

Vós e **você/vocês** 211

Pronomes pessoais oblíquos.........................212

Pronome de tratamento...............................217

Pronome possessivo 221

Funcionamento dos pronomes possessivos ... 224

Variação dos pronomes possessivos............... 226

Classificação dos pronomes 228

Para um texto melhor, gramática!
Coesão.. 228

Dicionário em foco: As entradas 229

Atividades.. 231

Retomar 235

Unidade 8... 236

INTERJEIÇÃO...237

Valores de sentido das interjeições 238

Para um texto melhor, gramática!
Interjeições 239

Atividades.. 241

NUMERAL...242

Gênero em foco: Receita...................................243

Classificação dos numerais........................ 244

Flexão dos numerais...................................247

Flexão dos cardinais 247

Flexão dos ordinais 247

Flexão dos multiplicativos 248

Flexão dos fracionários............................... 248

Emprego dos numerais................................248

Artigo ou numeral? 248

Para um texto melhor, gramática!
Numeral 252

Escrita em foco: Ortografia dos numerais 253

Atividades.. 254

Gênero em foco: Provérbio 256

Dicionário em foco: A definição 258

Caleidoscópio: Interjeições no Brasil e no mundo 259

Retomar 260

LISTAS PARA CONSULTA.................................261

RELAÇÃO DE TEXTOS USADOS........................270

Leonardo Conceição

UNIDADE 1

> Em algum lugar, alguma coisa incrível está esperando para ser descoberta.
>
> Carl Sagan

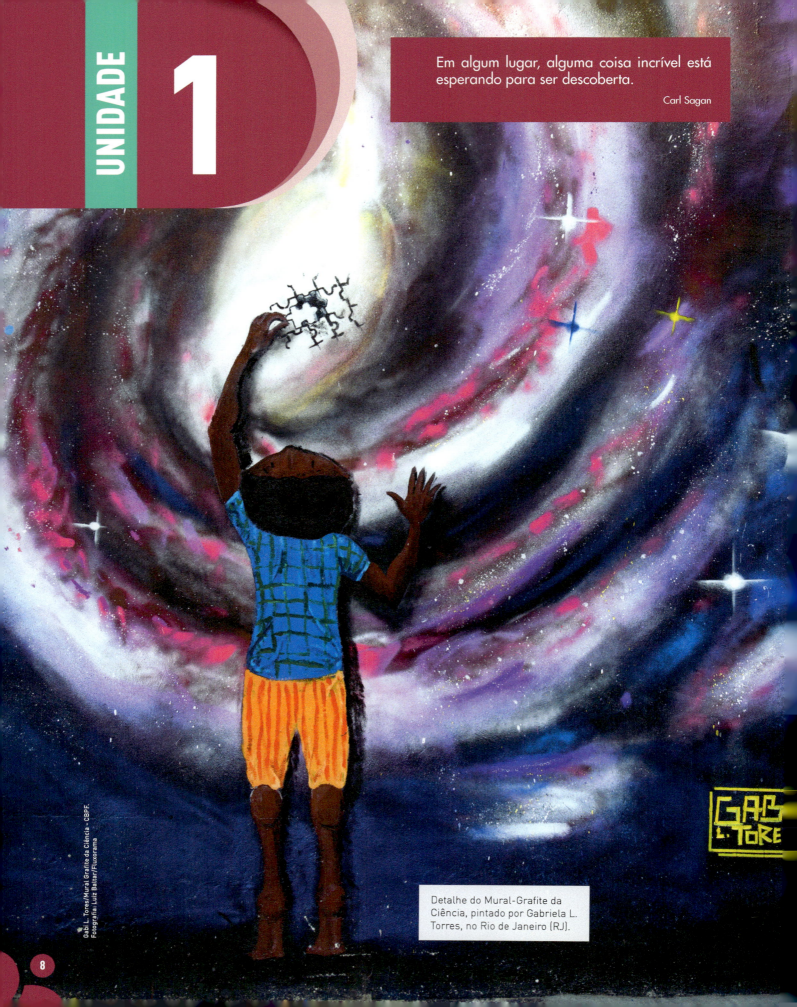

Detalhe do Mural-Grafite da Ciência, pintado por Gabriela L. Torres, no Rio de Janeiro (RJ).

Pra começo de conversa

Leia a tira a seguir.

RIOS, Otávio. *Cambitolândia*. Disponível em: www.cambito.com.br. Acesso em: 20 ago. 2019.

1. Para você, o que é usar bem as palavras?
2. Com quem você gosta de conversar e trocar ideias?
3. Você muda a maneira de falar de acordo com a pessoa com quem está conversando?
4. Cambito diz que, às vezes, ele fala "errado". Qual seria a diferença entre falar "o errado" e falar "errado"?
5. O amigo de Cambito diz que pior é falar "o errado". Em que situações se pode falar "o errado"? Dê um exemplo.
6. Você se preocupa com sua maneira de falar ou escrever? Explique sua resposta.
7. Você concorda que as palavras são poderosas? Por quê?
8. Se as palavras são poderosas, qual é a vantagem em saber usá-las com maestria? Explique sua resposta.

Nas atividades e reflexões que vamos fazer juntos neste livro, notaremos como é importante falar o certo na hora certa, ou seja, adaptar ou adequar as palavras e o assunto ao momento em que vivemos. Se você conhecer bem as regras da gramática da língua portuguesa, poderá aplicá-las nos contextos e nos momentos certos.

Como são nossos contatos sociais?

Em qualquer ato comunicativo, enviamos uma mensagem a nosso destinatário. Sempre falamos ou escrevemos:
• com um objetivo específico → Para quê? (Com que finalidade?)
• em um momento distinto → Quando? (Em que situação?)
• para alguém em particular → Com quem ou para quem? (Nosso interlocutor.)

As pessoas que participam de uma conversa ou diálogo são os **interlocutores**.

Na tirinha, testemunhamos uma conversa entre dois amigos, na qual os dois falam e escutam, cada um na sua vez. Nessa conversa, o **interlocutor** de Cambito é seu amigo.

"Palavras são muito poderosas e podem causar grandes males" ou **fazer muito bem** às pessoas com quem convivemos!

A comunicação

Leia a tira a seguir.

ZIRALDO. *Menino Maluquinho*. Disponível em: http://meninomaluquinho.educacional.com.br/imagensPaginas/mmp410_27%20de%20fevereiro.jpg. Acesso em: 7 ago. 2019.

1. Na tirinha acima, quem são os interlocutores?

2. Em quais quadrinhos o Menino Maluquinho fala? Como percebemos que ele fala?

3. E quem fala no segundo quadrinho? Ele está falando com quem?

4. O que é uma brincadeira?

5. Explique o humor que encontramos em "Que homem vai ser você, se não leva a brincadeira a sério?".

6. Em uma conversa ou troca comunicativa, os papéis dos interlocutores vão se alternando.
   - O emissor é quem fala, escreve, pinta, desenha, canta, dança etc.
   - O receptor é quem ouve, ou lê, ou aquele que vê a pintura ou desenho, ouve a música, vê a dança etc.

   Na tirinha que acabamos de ver, ocorre essa troca de papéis entre interlocutores? Explique.

7. Na tirinha, como reconhecemos as mensagens que cada emissor envia para seu interlocutor?

Menino Maluquinho

Este todo mundo conhece. Alegre, agitado e criativo, o Maluquinho não para nunca. Sua mãe, Naná, e seu pai, Carlinhos, têm muito trabalho com ele, mas o adoram. Dona Naná está sempre pedindo a ele que arrume a bagunça do quarto, e seu Carlinhos
5 já se acostumou a emprestar aquele paletó azul que o Maluquinho gosta de vestir. Mas ninguém sabe por que ele gosta tanto de usar uma panela na cabeça. Pode arriscar um palpite. O Junim acha que ela é mágica, mas nunca conseguiu provar.

ZIRALDO. *Menino Maluquinho*. Disponível em: http://meninomaluquinho.educacional.com.br/personagens. Acesso em: 6 ago. 2019.

Linguagem e língua

Em nosso dia a dia, para dialogar com o mundo à nossa volta, costumamos usar diversos tipos de linguagem: palavras, gestos, sons, imagens etc. Muitos animais emitem sons ou fazem gestos: o cachorro late quando um estranho se aproxima, os lobos uivam reunindo seu grupo para caçar.

Mas a linguagem dos seres humanos é diferente dos sons ou dos gestos dos animais. Você sabe por quê? Por várias características.

- Cada sinal (palavra) que usamos **tem um significado específico**, o que nos ajuda a organizar o mundo à nossa volta. Trata-se da função simbólica ou representativa da linguagem.
- O que dizemos ou escrevemos tem uma **finalidade clara e definida**.
- Para nós, a linguagem serve como **forma de interação social**. Trata-se da função comunicativa da linguagem.

Tipos de linguagem

Veja a seguir alguns dos diferentes tipos de linguagem que usamos.

Meninas se cumprimentando.

Árbitra alemã de futebol Bibiana Steinhaus aponta para o pênalti. França, 2019.

Semáforo.

Tipos de linguagem	Verbal	Não verbal			Mista
		visual	sonora	corporal	
Formada por	palavras, frases etc.	imagens como fotos, desenhos, diagramas, mapas, pinturas etc.	sons	gestos, posições e expressões do rosto	elementos da linguagem verbal + elementos da linguagem não verbal
Exemplos	tudo que falamos, escrevemos	placas e cores dos faróis de trânsito, mapas no metrô	apito do juiz ou da juíza de futebol, sinal do recreio, toque da mensagem do celular	despedida com aceno de mão, expressões de surpresa ou alegria, danças	filmes em que há imagens, movimento, cores, sons e palavras

Todas essas formas de comunicação foram criadas pelos seres humanos, conscientemente ou não, para servir à comunicação social. São, portanto, convenções, baseadas em códigos, que todos aprendemos a usar.

1 Que tipo de linguagem é usado em cada uma das situações da cena abaixo? Para cada tipo de linguagem indicado a seguir, identifique as situações correspondentes usando os números.

a) linguagem verbal _____

b) linguagem visual _____

c) linguagem sonora _____

d) linguagem corporal _____

Leia a notícia a seguir.

www.desfrutecultural.com.br/o-fantastico-mundo-marinho-invade-o-parkshopping

O Fantástico Mundo Marinho [...]

9 jul, 2019 | KIDS |

O Fantástico Mundo Marinho e Arte Embaixo d'Água. Essas são as duas atividades gratuitas que o ParkShopping está trazendo para encantar as famílias brasilienses durante todo o mês de julho. A [...] atividade é composta por réplicas **animatrônicas** que reproduzem sons e movimentos de 12 (doze) incríveis animais marinhos que se movimentam e emitem sons. [...]

Gigantes ou minúsculos, coloridos ou camuflados, carnívoros ou que se alimentam de plantas. Assim é o **ecossistema** do mundo marinho que ocupará a Praça Central do ParkShopping [...]. Composta por 12 (doze) réplicas de animais marinhos, o projeto da mostra foi desenvolvido por biólogos para que as características de cada espécie fossem respeitadas de modo **fidedigno**. Desse modo, engenheiros e artistas plásticos chineses ficaram responsáveis por executar o trabalho para criar as representações de cada animal. O resultado final é que os modelos impressionam por sua beleza, como a baleia cachalote, o polvo e a lula gigante.

Vale destacar que alguns deles foram reproduzidos em suas dimensões reais [...], por exemplo, o tubarão-baleia com mais de nove metros de comprimento e o extinto mosassauro de quase dezesseis metros, que fez sucesso ao ser retratado no filme *Jurassic World*.

[...]

Além de sua incrível beleza, as esculturas são também robotizadas, fazendo sons e movimentos diversos. Tudo isso estará cercado por uma cenografia que reproduz o ambiente marinho, trazendo o público ainda mais para perto do maravilhoso universo do fundo do mar.

[...]

O FANTÁSTICO mundo marinho invade o ParkShopping. *Desfrute Cultural*, Brasília, DF, 9 jul. 2019. Disponível em: www.desfrutecultural.com.br/o-fantastico-mundo-marinho-invade-o-parkshopping. Acesso em: 6 ago. 2019.

2 Qual é o assunto tratado na notícia que você acabou de ler?

3 Onde são publicadas as notícias? Dê exemplos.

4 A notícia é um gênero textual que informa um fato de modo objetivo. Releia o texto e responda às questões.

a) Qual é o fato apresentado?

b) Quando e onde o fato ocorreu ou ocorrerá? Sublinhe no texto o trecho que nos dá essa informação.

c) O que será apresentado no evento?

Vocabulário

Animatrônico: dispositivo robótico desenvolvido para reproduzir algum ser vivo, real ou imaginário.
Ecossistema: sistema que inclui os seres vivos, o meio ambiente e suas inter-relações.
Fidedigno: digno de fé, confiança; verdadeiro.

5 Nesse texto, podemos reconhecer dois diferentes tipos de linguagem. Essa afirmativa é verdadeira ou falsa? Que tipos de linguagem são esses?

6 A linguagem não verbal acrescenta alguma informação relevante para a notícia?

7 E, lá na exposição, as crianças encontrarão que tipos de linguagem? Assinale as repostas e explique o porquê.

☐ linguagem visual   ☐ linguagem sonora   ☐ linguagem corporal

_____
_____

8 Que cuidados os biólogos tiveram ao planejar a atividade? O que eles achavam importante manter?

_____

9 Sublinhe os outros profissionais que participaram do projeto e foram citados na notícia.

professores   engenheiros   mergulhadores   artistas plásticos   cenógrafos

10 O que têm de especial as esculturas do tubarão-baleia e do mosassauro?

_____
_____

11 Que *hashtags* você usaria para marcar essa notícia ao compartilhá-la nas redes sociais?

_____
_____

12 Na linguagem da internet, o que significa uma *hashtag*?

_____
_____

Gênero em foco — Notícia e reportagem

Em um periódico (falado, filmado ou escrito, como jornal ou revista) podemos encontrar notícias, reportagens, editoriais, entrevistas, cartas, crônicas, anúncios, charges, propagandas, fotolegendas etc. Cada um desses gêneros de texto tem uma finalidade específica, diferente dos outros.

A **notícia** é um relato de fatos de interesse público que realmente ocorreram ou que ainda acontecerão, por isso deve ser verdadeira, objetiva e imparcial. Muitas vezes, a notícia (escrita ou falada) é ilustrada com imagens, gráficos, tabelas etc., que ajudam a perceber melhor o que está sendo noticiado. Em certos casos se pode perceber a opinião do periódico na maneira de apresentar os fatos.

A **reportagem** é mais do que uma notícia, porque, além de verificar os fatos, investiga as origens, as causas e os efeitos, com uma abordagem mais aprofundada do que a da notícia. Pode incluir fotos para que o leitor tenha uma visão mais ampla do assunto. A reportagem é redigida de forma impessoal e direta.

Depois de ler a tirinha ao lado, responda às questões.

LAERTE. *Suriá, a garota do circo*.

13 No primeiro quadrinho, o personagem anuncia a entrada de Suriá. Que tom de voz você imagina que ele esteja usando? Reproduza o anúncio feito pelo apresentador.

14 O que você observou na linguagem verbal usada no quadrinho para descobrir isso?

_____

_____

15 E o que nos diz a linguagem não verbal? Que gestos ele está fazendo?

_____

16 Como você sabe se o instrumento está fazendo barulho se não podemos ouvi-lo?

_____

_____

17 Marque as alternativas que completam a frase a seguir adequadamente.

> Em uma tirinha ou história em quadrinhos, podemos saber quando um personagem está gritando ou falando alto se observarmos os seguintes aspectos gráficos:

☐ o tipo de letra; ☐ a grossura das letras (negrito);

☐ o tamanho da letra; ☐ o sentido do que ele diz.

18 Observe o segundo quadrinho e diga o que está fazendo:

a) o casal que está lá embaixo, perto da piscina;

_____

b) a menina Suriá.

_____

15

19 Marque as alternativas que respondem à pergunta a seguir. Depois dê exemplos para cada item. Se preciso, retome o quadro de tipos de linguagem da página 11.

- Em uma história em quadrinhos, que tipos de linguagem o autor usa para transmitir uma informação?

  ☐ Linguagem verbal.

  ☐ Sons de vozes, música, instrumentos etc.

  ☐ Recursos da linguagem não verbal ou visual.

  ☐ Recursos da linguagem corporal.

20 Ao conversar frente a frente com uma pessoa, que elementos da linguagem não verbal utilizamos como forma de comunicação?

21 Em duplas, cada um vai dizer ao outro o que está escrito abaixo usando a linguagem corporal ou a linguagem não verbal ou visual. Lembrem: é proibido falar!

a) Vamos aplaudir a grande atração do nosso circo!

b) Eu não vou tomar banho agora!

22 Você sabe o que distingue uma história em quadrinhos de uma tirinha?
Depois de responder, leia o quadro **Gênero em foco** e confira as diferenças.

Gênero em foco — HQ e tirinha

Na **história em quadrinhos (HQ)**, os elementos da narrativa (narrador, personagens, tempo e espaço) estão presentes, e são utilizados vários tipos de linguagem.

Assim, precisamos ler as palavras que estão nos balões e prestar atenção nos desenhos, nas cores, nas representações de movimentos, gesticulação e sons. O autor pode usar traços de humor ou de ironia. Ele procura imitar sons para sonorizar as ações dos personagens e usa recursos gráficos (traços, letras diferentes etc.).

Tirinha é uma HQ contada em três ou quatro quadrinhos ou mesmo um fragmento de HQ. Com final surpreendente e impactante, essa história curta deixa no ar um questionamento, uma piada, uma sacada inteligente que faz o leitor pensar.

HQs e tirinhas circulam em vários suportes: nas revistas em quadrinhos vendidas em bancas, nos jornais e revistas impressos e nas publicações digitais e *on-line*. Para crianças ou adultos, sobre super-heróis ou culinária, há HQs e tirinhas para todos os gostos.

As diferentes línguas

A linguagem verbal, em cada país ou comunidade, se manifesta como uma língua diferente: português, espanhol, alemão etc.

Língua é o conjunto das palavras e das regras que as combinam, usadas por uma comunidade como principal meio de comunicação e de interação entre as pessoas. Cada país tem sua língua oficial (português, espanhol, alemão etc.), que é herdada de seus ancestrais e modificada ao longo do tempo, entre outros fatores, pelas diferentes influências e manifestações culturais de seu povo.

Gramática

Você sabe jogar damas, *video game*, paciência ou basquete?

Para jogar esses jogos – de tabuleiro, de computador, de baralho ou que exigem movimentos corporais –, precisamos ter algumas informações básicas sobre eles. Assim, é preciso:

- conhecer as **peças ou personagens** do jogo;
- saber qual é a **função** de cada uma;
- entender como **arrumar**, **combinar** e **movimentar** essas peças ou personagens.

Para falar uma língua também precisamos conhecer alguns aspectos básicos:

- as **palavras** e os sons dessa língua;
- o que cada uma dessas unidades faz na língua, isto é, seu papel, seu sentido, **sua função**;
- como podemos **arrumar** ou **combinar** essas unidades para formar frases e textos.

Com esses conhecimentos, podemos criar frases de acordo com nossas necessidades. Esses aspectos básicos de uma língua são sua **gramática**. Portanto, **gramática é o sistema de funcionamento de uma língua**. Desde que começamos a falar, aprendemos a reconhecer e usar esses elementos para criar frases que atendam a nossas necessidades. Assim, sem perceber, estamos empregando esse sistema de funcionamento da língua.

Também são chamados de gramática os livros que procuram descrever esse conjunto de aspectos do funcionamento de uma língua. A **gramática normativa** define as normas, as regras de uso da língua em situações variadas. Aprendendo essas normas e conhecendo melhor o português, você poderá se comunicar de modo mais eficiente em diferentes situações e entender melhor o mundo em que vive.

Variação linguística

Para ir à escola, não costumamos nos vestir do mesmo modo que faríamos para passear na praia – ou vice-versa. São situações distintas, em que fazemos diferentes atividades.

Também utilizamos uma variedade linguística para cada situação que vivemos. As palavras e expressões que usamos no papo com nossos colegas de escola (em situações bem informais) não devem ser usadas em um texto escrito formal, como um relatório das despesas da festa junina da escola endereçado ao diretor.

Escrever ou falar bem é dominar o maior número possível de variedades linguísticas e saber empregá-las na situação e no momento adequados.

As línguas, como vimos, não são usadas sempre da mesma forma; elas mudam por diferentes razões. Vejamos a seguir algumas das causas dessa mudança linguística.

Variação de uma época para outra

Assim como as roupas que usamos são diferentes das de antigamente, a maneira de falar hoje também é outra. Ao longo do tempo tudo vai mudando: o mundo, os hábitos, as culturas e a língua. Em 1882, o escritor brasileiro Machado de Assis escrevia no conto "D. Benedita":

> Era-lhe tão enfadonho escrever cartas compridas!

MACHADO DE ASSIS, J. M. de. *Obra completa*. Rio de Janeiro: Nova Aguilar, 1994. v. II, p. 314.

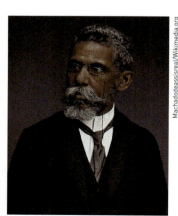

Machado de Assis (1839-1908).

Provavelmente um escritor de nossos dias escolheria outras maneiras de dizer a mesma coisa. Por exemplo:

> Ela não suportava escrever cartas longas!
> Ela achava tão chato escrever cartas grandes!

A língua, portanto, vai se transformando à medida que o tempo passa, devido a diversos fatores.

Para que esses fatores atuem e produzam seus efeitos, a língua deve estar em uso e viva no dia a dia de quem a fala. Só tomamos consciência das mudanças linguísticas quando comparamos formas de épocas distintas. Por exemplo, no século XIII, segundo a *Gramática Houaiss da Língua Portuguesa* (2010, p. 61), usava-se *fremosa* (no português atual, formosa), *perderán* (perderão), *giolho* (joelho) e "a mar" (o mar).

1 Observe que, hoje em dia, algumas frases quase não têm sentido para nós, mas, na época em que estavam sendo usadas, eram bem comuns. Leia as frases a seguir e indique as frases usadas antigamente (**A**) e as mais atuais (**H**).

a) ☐ Borzeguins com esporas de prata.

b) ☐ Botas com esporas de prata.

c) ☐ Casaco encarnado.

d) ☐ Casaco vermelho.

e) ☐ Ele é um gato!

f) ☐ Ele é um pão!

g) ☐ Tudo azul com você, rapaz?

h) ☐ Tudo legal com você, cara?

Variação de um lugar para outro

São as variedades ligadas às diferenças geográficas e culturais.

Se prestarmos atenção, podemos reconhecer pessoas de diversos lugares do Brasil por seu modo de falar ou escrever, ou seja, o sotaque, as palavras que usam, o modo de organizar as frases etc.

O mesmo alimento, por exemplo, pode receber denominações diversas em diferentes regiões do Brasil.

> aipim
> mandioca
> macaxeira

Floortje/iStockphoto.com

E é possível ouvir, dependendo do lugar de origem do falante, diversas pronúncias para a mesma palavra.

> R(e)cife
> R(é)cife
> R(i)cife

LucVi/Shutterstock.com

Também a forma de arrumar as frases (a sintaxe) é afetada pelas diferenças geográficas.

> Não posso.
> Posso não.
> Não posso, não.

Podemos identificar ainda, por sua maneira de falar o português, pessoas de outros países onde se fala nossa língua, como Portugal, Moçambique e Angola.

1. Você conhece alguém de outro estado do Brasil? Converse com pessoas de outra região e descubra como são chamados os seguintes alimentos por lá.

   a) pão francês _____

   b) tangerina _____

   c) fruta-do-conde _____

   Anote também o estado de onde é a pessoa. Se você não conhecer ninguém de outra região, faça uma pesquisa (consulte livros ou a internet) e aproveite para descobrir outras palavras que têm variação regional.

Variação de um grupo para outro

Quando ouvimos, por exemplo, um grupo de médicos conversando sobre fatos de sua profissão, muitas vezes ficamos sem entender algumas palavras ou modos de falar. Isso também pode acontecer com um grupo de jovens surfistas, de economistas, de fãs de *video games* etc.

Veja as cenas a seguir. Qual você acha que aconteceria na vida real?

1. Leia as frases a seguir e indique quem poderia ser o emissor e o receptor (destinatário) de cada uma delas.

   a) Seu filho está com uma infecção bacteriana na garganta. Observe a temperatura, dê cinco gotas de hora em hora e telefone-me se precisar.

   _____

   b) Aí, galera: o Ronaldo passa pro gol e o Lucas recua pra ajudar na defesa. Os volantes e os laterais ficam os mesmos.

   _____

   c) O senhor será multado, e o veículo, apreendido.

   _____

   d) Salta um hambúrguer com salada pra mesa três.

   _____

Variação de uma situação para outra: registro formal e registro informal

Vivemos situações de cerimônia (**formais**) e outras mais casuais ou coloquiais, de nosso dia a dia (**informais**). Ninguém deve falar da mesma maneira quando está contando uma história a seus amigos e quando está pedindo licença à diretora da escola para sair mais cedo porque está se sentindo mal. Também falamos de modo diferente quando falamos com um balconista ao fazer compras ou contamos ao médico os sintomas de um mal que nos incomoda.

Precisamos pensar, por exemplo, em:
- quem é meu interlocutor (adulto, criança, jovem etc.);
- qual é o grau de intimidade que tenho com ele (relação de amizade, hierárquica, profissional etc.);
- que objetivo tenho ao me comunicar com ele (convencer, pedir, consolar, informar etc.);
- como está minha situação emocional (normal, zangado, apressado, preocupado etc.).

Algumas palavras consideradas inaceitáveis em situações formais são compreensíveis e até esperadas na boca de um exaltado torcedor que vê seu time perder uma chance de marcar um ponto.

1 Indique se as situações a seguir indicam uso **formal** ou **informal**.

a) Carta para o dono de uma empresa em que é confirmada a data de uma entrevista. _____

b) Carta para a avó que mora no sítio em que é combinada uma visita no fim de semana. _____

c) *E-mail* para a amiga. _____

d) Telefonema para o pai da nova namorada. _____

e) Texto do livro de Ciências sobre germinação das plantas. _____

Variação de um interlocutor para outro (quando muda o receptor)

Geralmente alteramos nosso modo de falar de acordo com a pessoa a quem nos dirigimos: falamos de modos diferentes com a diretora da escola, com o primo de 5 anos, com o amigão de turma etc.

Língua-padrão e gramática normativa

Todas essas variedades de uso da língua são aceitas porque cumprem seu papel nas necessidades de comunicação das pessoas. Só que algumas delas são valorizadas socialmente em prejuízo de outras quando é preciso uniformizar publicações e materiais escritos.

> A **variedade-padrão** é aquela que se usa no ensino escolar, nas publicações de livros, jornais, revistas, na elaboração de leis, nos noticiários de TV e rádio etc. É essa variedade, também chamada de **língua-padrão** ou **norma culta**, que devemos usar em situações de conversas formais ou quando escrevemos trabalhos escolares, redações, artigos de jornal, trabalhos científicos, leis etc.

Para aprendermos a variedade-padrão, existem regras que determinam o uso considerado correto de uma língua. O conjunto dessas regras ou normas é chamado de gramática normativa.

Modalidades falada e escrita

Outra variação importante do português ocorre entre a fala e a escrita.

A fala

1. Leia a seguinte frase e reflita para responder às questões.

> Preciso de uma fita deste tamanho.

a) Você é capaz de entender completamente o sentido dessa frase?
b) O que falta para melhorar sua compreensão?

Essa frase é típica da linguagem falada e deve vir acompanhada de um gesto que mostre o tamanho da fita. Na escrita ela não funciona. Assim, própria é a **situação** que ajuda a compreender o que está sendo dito, com o uso de palavras como: **aqui**, **esta**, **aquele**.

Como nosso interlocutor pode estar desatento ou esquecer o que acabamos de falar, muitas vezes temos de retomar, repetir, destacar algo para aumentar a clareza e a probabilidade de compreensão.

Veja algumas características gerais da fala:
- o interlocutor está quase sempre presente;
- a reação do ouvinte orienta o falante;
- existe o auxílio de gestos e expressões faciais;
- ocorrem mudanças de entonação (alegre, animado, chateado etc.);
- ocorrem mudanças de volume (mais alto ou mais baixo);
- o emissor e o receptor estão vivendo a mesma situação;
- como está sujeita à memória do receptor, é preciso retomar, repetir, destacar.

Com o uso de internet, celulares, *tablets* etc., há situações de comunicação em que usamos uma linguagem mista, ou seja, a linguagem escrita adquire características da fala, como o tom informal, e utiliza *emoticons* (pequenas imagens que representam emoções), entre outros recursos.

2. Leia a tira a seguir.

CEDRAZ, Antônio Luiz Ramos. *Turma do Xaxado.*

a) A mudança do volume da voz é característica da fala, mas, na tirinha, é usada a linguagem verbal escrita e a não verbal (desenhos). O que podemos observar, no terceiro quadrinho, que nos mostre que o menino está gritando?

b) Por que o menino falou mais alto?

_____

c) Como se chama o time desses meninos? O que precisamos observar para deduzir esta resposta?

Como usamos a fala em situações variadas, produzimos textos falados com diferentes graus de formalidade. Por exemplo:

- uma conversa telefônica com um colega;
- uma aula dada por um professor;
- uma consulta médica;
- uma declaração de amizade;
- uma notícia dada em jornal de TV;
- uma transmissão de jogo no rádio.

3 Observando a lista acima, indique algumas situações de fala que você já viveu (como falante ou ouvinte).

4 Da mesma lista, escolha uma situação informal e escreva três frases que poderiam ser faladas nesse momento.

A escrita

Houve povos e culturas (e ainda há alguns) que não usavam a escrita. Todos os ensinamentos eram transmitidos pela fala. Já na sociedade em que vivemos, a escrita é muito importante e aparece em livros, jornais, *blogs*, *e-mails*, cartazes, redes sociais, leis, listas etc.

Graças à escrita, podemos dispor de toda a herança cultural de nossos antepassados e legar para as gerações futuras o registro de descobertas, leis, erros e acertos, momentos de beleza e poesia, temores e tentativas de encontrar a felicidade. Mas a escrita não é apenas o fiel registro da fala; ela tem características próprias. Veja algumas de suas características gerais:

- o interlocutor (isto é, o leitor) não está presente;
- é necessário ser bem claro no que se escreve;
- não se usam gestos nem expressões faciais;
- não se usam diferentes entonações e mudanças de volume de voz;
- usa-se o recurso da pontuação, que procura substituir os dois itens anteriores;
- as frases podem ser mais longas, mais sofisticadas;
- o receptor pode reler, logo, não é preciso repetir;
- demanda vocabulário variado e específico;
- pode-se usar a ordem inversa das palavras nas frases.

Como também usamos a escrita em situações variadas, vamos produzir ou ler textos escritos com diferentes graus de formalidade. Por exemplo:

- um relatório de trabalho;
- uma mensagem no celular;
- uma página de um diário pessoal;
- uma receita de cozinha;
- uma notícia de jornal;
- um *e-mail*;
- uma tarefa da escola;
- uma lista de convidados para uma festa.

1 Indique, entre os itens da lista acima ou outros que você lembrar, três situações formais.

Escrita em foco — A grafia correta

Ortografia é a parte da Gramática que trata de como devem ser escritas as palavras. A palavra **ortografia** é formada de: **ort(o)**- (do grego *orthós*, "direito, correto") + **grafia** (representação escrita de uma palavra).

As normas e regulamentações da ortografia sofrem mudanças ao longo do tempo, como aconteceu, por exemplo, no último acordo ortográfico assinado entre países que usam a língua portuguesa, que entrou em vigor em 2016.

Esse conjunto de regras estabelecidas pela gramática normativa nos ensina a grafia correta das palavras, bem como o emprego dos sinais de pontuação que usamos em nossas frases.

As letras usadas na língua portuguesa

Um dos aspectos básicos para estudarmos a escrita correta das palavras é o conhecimento das letras usadas nesse processo.

Alfabeto ou **abecedário** é o conjunto das letras que usamos para escrever as palavras. A ordem em que as letras estão arrumadas é a **ordem alfabética**. Veja alguns textos que são construídos com apoio na ordem alfabética:

- lista de presença na sala de aula, com o nome dos alunos;
- palavras em um dicionário;
- lista dos contatos de *e-mail*.

Nosso alfabeto tem 26 letras:

> **Minúsculas** a b c d e f g h i j k l m n o p q r s t u v w x y z
> **Maiúsculas** A B C D E F G H I J K L M N O P Q R S T U V W X Y Z

> Habitue-se a consultar um dicionário quando tiver qualquer dúvida a respeito da ortografia de alguma palavra.

Quando usamos as letras maiúsculas?
- Em nomes próprios, ou seja, nomes de pessoas, de lugares, de países etc.: **B**rasil, Rua **J**angadeiros, **M**arcelo.
- Em início de texto ou parágrafo: **E**ra uma vez três porquinhos...
- Depois de ponto final: São cinco horas. **O** sinal já vai tocar.
- Em expressões de tratamento: **V**ossa **M**ajestade.

Placa da Rua Azul da Cor do Mar, localizada no Conjunto Habitacional Cidade A. E. Carvalho, São Paulo, 2019.

Dicionário em foco — Ordem das palavras

Em um dicionário estão listadas e explicadas as palavras de uma língua. Leia a tira a seguir.

QUINO. Mafalda.

Ao observar o pai lendo o dicionário, Mafalda achou que ele não terminaria nunca de lê-lo.

1 O que ela quis dizer com "desse jeito"?

2 Como e quando se usa ou se lê um dicionário? Você acha que Mafalda sabe usá-lo? Explique sua resposta.

Um dicionário não é feito para ser lido de uma vez só, e sim para ser consultado, para esclarecermos dúvidas.

Nos dicionários, para facilitar a busca, as palavras estão organizadas em ordem alfabética. Para encontrar uma palavra no dicionário, é só olhar a primeira letra das palavras e procurar no lugar certo da "fila".

> Para fazer suas pesquisas, você também pode consultar arquivos históricos, bibliotecas, enciclopédias, dicionários digitais etc. Na internet, busque informações em *sites* confiáveis, oficiais, mantidos por instituições ligadas à educação, ao ensino, à divulgação científica. Verifique também quais são as fontes de pesquisa dos textos dos *sites*. Se não encontrar boas referências, peça dicas ao professor ou outro adulto. Não se esqueça de indicar os *sites* pesquisados em seu trabalho escrito.

3 Organize as palavras listadas de cada grupo em ordem alfabética.

a) uva, escola, amigo, intenção, óculos

b) hospital, bolada, lagartixa, fenda, constelação, pretexto

Mas há palavras que começam com a mesma letra, como os exemplos a seguir.

> macaco   meteoro   missa   motor   museu

Nesses casos, temos de olhar a segunda letra de cada palavra e depois a terceira, a quarta, e assim por diante.

4 Arrume agora estas palavras em ordem alfabética e, depois, diga qual letra (a primeira, a segunda etc.) você precisou considerar.

a) multa, melado, maluco, molhado, milímetro

b) porta, porventura, porque, pormenor, porco

Leia a tira a seguir.

TEXTO 1

SOUSA, Mauricio de. *Turma da Mônica*. 2012, tira 165.

1 Que tipo de linguagem foi usada na tirinha? Especifique.

___

___

2 O que representa a imagem usada dentro de balões nos dois quadrinhos?

___

___

___

3 O primeiro balão mostra que Cebolinha pediu ao Papai Noel qual presente?

___

___

4 O pai do Cebolinha gostou ou não do pedido do filho? Por quê?

___

___

___

5 E como você sabe disso?

___

___

___

6 Identifique a linguagem utilizada (verbal, não verbal ou mista) nos itens a seguir. Justifique sua resposta com elementos de cada um deles:

a) um quadro do pintor Salvador Dalí;

Museu de Arte Moderna de Nova York © Salvador Dalí, Fundación Gala-Salvador Dalí/ AUTVIS, Brasil, 2019.

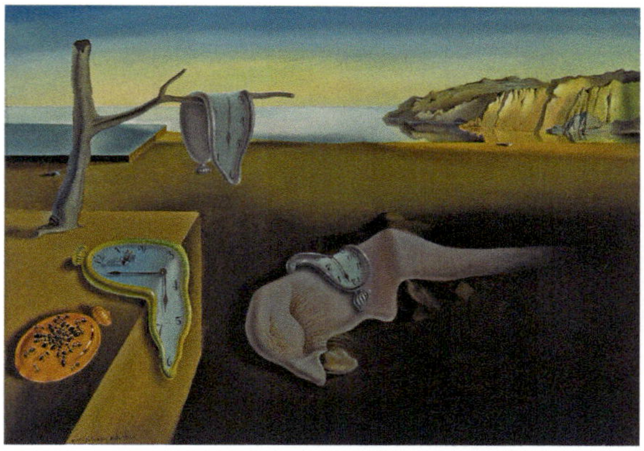

DALÍ, Salvador. A *persistência da memória*, 1931. Óleo sobre tela, 24 cm x 33 cm.

b) uma fotografia;

Marcia Straub/Shutterstock.com

c) uma placa de trânsito;

DAE

d) um texto com ícones.

Marcos Guilherme

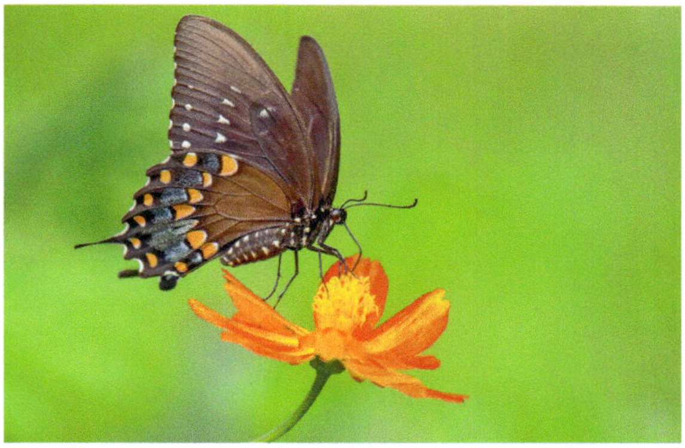

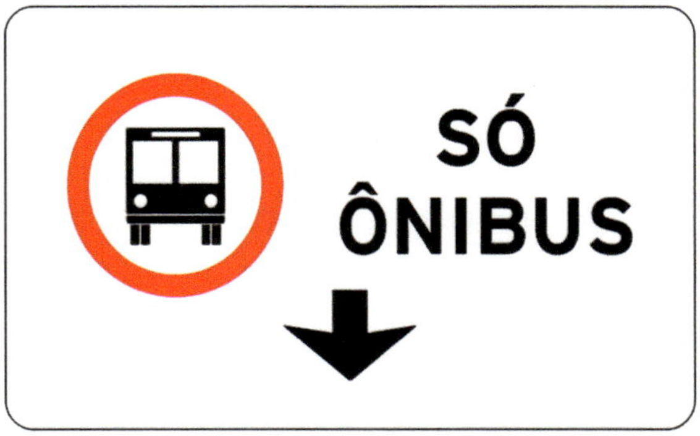

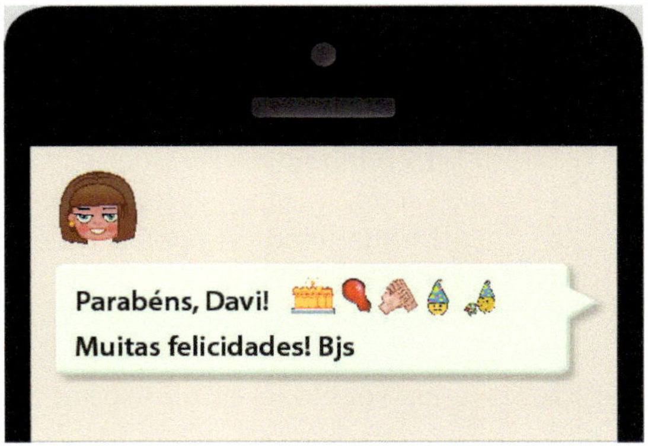

Leia o texto a seguir, que faz parte do epistolário do autor Machado de Assis, uma coleção das cartas que escreveu para amigos e conhecidos.

TEXTO 2

A Mário de Alencar   [RJ, 17 out. 1890]

Meu caro Mário de Alencar

Agradeço mui cordialmente comunicação que me fez de estar noivo de sua gentil prima D. Helena de Afonseca, e peço-lhe receba os votos que faço pela felicidade que ambos merecem. Seu pai achou no casamento mais uma fonte de inspiração para as letras brasileiras; siga esse exemplo, que é dos melhores.

5 Vale esta um apertado abraço do
Velho amº e confrade
Machado de Assis

MACHADO DE ASSIS, J. M. de. *Obra completa*. Rio de Janeiro: Nova Aguilar, 1994. v. III, p. 1039.

Mário de Alencar, escritor e amigo de Machado de Assis, é filho do grande romancista brasileiro José de Alencar.

7 Enumere palavras e aspectos do texto que nos ajudam a reconhecer que ele não se trata do tempo atual.

_____

_____

_____

_____

8 Que fatores podem ter influenciado essas mudanças na língua?

_____

_____

_____

9 Leia as frases a seguir e indique o significado do termo destacado em cada uma delas selecionando-o entre os itens da lista ao lado.

Frases	Significados
a) ☐ Esse seu desenho ficou **irado**, cara!	**I.** Com muita raiva.
b) ☐ Ficou **irado** com a proibição de sair de casa.	**II.** Movimentar o corpo ao som de música.
c) ☐ Foi uma situação complicada, fiquei numa **saia justa** danada!	**III.** Bom, legal.
d) ☐ Minha irmã não gosta de usar **saia justa**.	**IV.** Peça de vestuário apertada no corpo.
e) ☐ Maria adora **dançar** frevo.	**V.** Sair-se mal.
f) ☐ Se você não estudar para a prova, vai **dançar**.	**VI.** Situação difícil, embaraçosa.

O texto

Introdução

Textos não são só um monte de palavras e frases soltas. Eles se organizam em torno de uma ideia, de um sentido, e servem para nossas trocas sociais. Cada um deles cumpre um objetivo conforme a situação. São qualquer passagem falada ou escrita que forma um todo independente e com sentido.

Os textos podem ser: verbais (com palavras), não verbais (sem palavras) ou mistos. Uma fotografia, uma pintura, uma música, um poema, uma redação, uma receita de cozinha, uma lista de compras, entre muitos outros, são textos igualmente construídos em torno de uma ideia, de um sentido.

Situação e contexto

Os textos falados, escritos, visuais, sonoros etc. possibilitam que os interlocutores transmitam e compreendam ideias e que participem de uma interação social, relacionando-se por meio dessas trocas comunicativas.

Para que as trocas realmente aconteçam, é preciso que haja entre o emissor e o receptor um contexto em comum, uma situação que estabeleça contato entre as pessoas. A língua que ambos usam e a relação entre as pessoas que se comunicam também fazem parte do contexto.

> **Situação** é a combinação de circunstâncias em dado momento. Por exemplo: Meu time está em ótima **situação** no campeonato.
>
> **Contexto** é a inter-relação de circunstâncias que acompanham um fato ou uma situação. Por exemplo: A situação de nosso time no campeonato vai melhorar por causa do **contexto** de derrotas dos grandes times.

Frase

Leia a tira a seguir.

SOUSA, Mauricio de. *Turma da Mônica*. Disponível em: http://turmadamonica.uol.com.br/tirinhas/index.php?a=1. Acesso em: 7 ago. 2019.

1. Por que o Cebolinha não quer mais brincar de casinha com a Mônica?
2. A resposta do Cebolinha só tem uma palavra. Podemos dizer que apenas essa palavra tem sentido completo? Por que isso ocorre? Responda após conferir a definição de **frase** na próxima página.
3. De modo geral, nas famílias brasileiras, quem se encarrega do serviço doméstico?
4. Em sua casa, como é a divisão das tarefas domésticas? Você concorda com essa distribuição?

A palavra dita pelo Cebolinha forma uma frase.

29

> Frase é todo enunciado que tem sentido completo.

Na tirinha, a resposta do Cebolinha só tem uma palavra. Mas ele nem precisava dizer mais nada: a situação (ou contexto) e a cara do personagem já dizem tudo. Assim, a palavra **adivinha** funciona como uma **frase completa**.

A frase pode ser formada por uma só palavra ou por um grupo de palavras. Pode ou não ter verbo; o importante é que ela tenha sentido.

Muitas vezes, a **entonação** com que dizemos a frase ou a situação que estamos vivendo nos ajudam a entender seu sentido. Na escrita, a frase tem sua entonação evidenciada e é encerrada pelo **sinal de pontuação**.

Silêncio!   Que alegria!   Venha me ajudar.

Tipos de frase

Um texto verbal é composto de frases. As frases podem ser afirmativas, negativas, interrogativas, exclamativas ou imperativas.

Tipo de frase	Função	Exemplo
afirmativa	informar, declarar ou concordar	Eu gosto de manga.
negativa	negar ou discordar	Eu não quero mais brincar de casinha.
interrogativa	perguntar	O que se diz quando se pede um favor a alguém?
exclamativa	exprimir espanto, alegria, admiração etc.	Que surpresa!
imperativa	ordenar, aconselhar	Vá depressa!

Escrita em foco — Pontuação

Em nossos textos escritos, podemos usar diferentes sinais de pontuação (vírgula, ponto final, travessão, dois-pontos, ponto de interrogação, reticências etc.), que ajudam a torná-los interessantes e fáceis de entender. Você já os conhece, mas vamos saber mais informações sobre eles.

Repare na pontuação usada na charge ao lado.

1. O adulto usa uma máquina de escrever, que serve para escrever textos e documentos. Ela é constituída de caracteres móveis ligados a teclas, que possibilitam imprimir letras e símbolos diretamente no papel. Você já viu uma dessas máquinas?

2 Observe o balão da fala do menino.

a) Quantas e quais frases há no balão?
b) Qual pontuação é usada em cada uma delas?
c) O que essa pontuação representa? Quando vem repetida várias vezes seguidas ao final de uma mesma frase, o que ela indica?

3 Você acha que o menino já conhecia a máquina? Como você pode concluir isso?

4 Com qual máquina contemporânea o menino confundiu a máquina de escrever? Agora leia os dois tópicos a seguir e confira suas respostas.

A fala e a entonação

> Na linguagem falada usamos a entonação, que é uma alteração no tom de uma frase.

Pela entonação sabemos logo se o que ouvimos é uma afirmação, uma pergunta, um pedido ou uma ordem, ou ainda se o falante está contente, surpreso, zangado etc. A entonação é capaz de mudar o significado daquilo que dizemos. Observe:

1 Agora é você que dá voz aos personagens. Indique a correspondência entre as frases a seguir e as situações retratadas nas ilustrações.

a) Meu time ganhou o jogo!
b) Meu time ganhou o jogo?
c) Não posso tomar sorvete.
d) Não, posso tomar sorvete.
e) Esse não é o meu ônibus.
f) Esse não é o meu ônibus?

A escrita e a pontuação

ZIRALDO. *Menino Maluquinho*. Disponível em: http://meninomaluquinho.educacional.com.br/imagensPaginas/mmp1826_16.jpg. Acesso em: 7 ago. 2019.

1 No primeiro quadrinho, como o Menino Maluquinho se sente? Por quê?

2 Observe o balão de fala do primeiro quadrinho e responda:

a) Quantas frases há no balão?

_____

b) Qual é a pontuação usada em cada uma delas?

_____

c) O que essa pontuação demonstra a respeito do sentimento do menino? Justifique.

_____

3 No segundo quadrinho, Junim foi pego de surpresa e não gostou que o Menino Maluquinho levasse o resto de seu lanche. Em relação às frases exclamativas, qual frase mostra:

a) a surpresa de Junim? _____

b) que Junim está dando uma ordem? _____

4 Indique todas as opções corretas de acordo com o texto. No segundo quadrinho, a frase interrogativa tem a função de:

a) ☐ fazer uma pergunta ao Maluquinho sobre negócios e sanduíches;

b) ☐ buscar uma explicação para a atitude do Maluquinho;

c) ☐ desafiar o Maluquinho e defender seu lanche;

d) ☐ mostrar a irritação e o descontentamento de Junim.

5 Com base no que você respondeu nas questões anteriores, podemos afirmar que:

a) o ponto de exclamação pode ajudar a exprimir surpresa e ordem? _____

b) o ponto de interrogação sempre expressa desejo de saber algo? _____

_____

_____

6 Que justificativa o Menino Maluquinho deu para tirar o resto do lanche do amigo? *atividade oral*

7 Escreva a frase e a pontuação usadas no último quadrinho que mostram que o Maluquinho não entendeu a surpresa de Junim, pois ele achava que sua atitude fosse perfeitamente compreensível.

_____

8 O humor da tirinha se apoia em que características do amigo de Maluquinho? Justifique.

_____

_____

9 Você aprova a atitude do Maluquinho? Explique. *atividade oral*

> Com a pontuação, marcamos na escrita as diferenças de entonação que faríamos na fala. Marcamos ainda pausas, inversões, intercalações etc., tudo para deixarmos bem claro o sentido que queremos dar ao texto.

O **ponto final** (.) marca a pausa máxima e indica o fim de uma frase declarativa:

> Uma andorinha sozinha não faz verão**.**
>
> Provérbio popular.

As **reticências** (...) marcam uma interrupção de frase e podem ser usadas: em caso de hesitação ou dúvida de quem fala; quando não se quer dizer algo ou se quer mostrar que outra coisa ainda podia ser dita; para sugerir ironia, ameaça, surpresa etc. e ideias a serem concluídas pelo leitor.

> Um violino bem tocado é uma oferenda aos deuses. Quando mal tocado, porém**...**
>
> DOYLE, Arthur Conan. *Um estudo em vermelho*. São Paulo: FTD. p. 20.

> — Pois procure ler a respeito**...** Realmente, deve fazê-lo. Não há nada de novo sob o sol. Tudo já foi feito.
>
> DOYLE, Arthur Conan. *Um estudo em vermelho*. São Paulo: FTD. p. 45.

O **ponto de interrogação** (?) marca o fim de uma pergunta, de uma interrogação direta. Pode ser repetido quando se quer mostrar uma grande dúvida.

> Então ouviu-se um coro.
> — Luxo**???**
>
> MALTA, Terezinha; YAMAMURA, Inhandjara. *A grande assembleia*. São Paulo: Editora do Brasil, 2010. p. 22.

> O que é, o que é**?** Destrói tudo com três letras.
>
> Adivinha popular.

O **ponto de exclamação** (!) indica emoções como alegria, dor, raiva, surpresa etc. Podemos repeti-lo para mostrar grande emoção (alegria, espanto, aflição etc.).

> — Presente**!** Oba**!** Ganhei um presente**!**
> — Larga**!** Esse livro é meu**!** Anda**!** Dá logo**!** — reclama Uaná.
>
> PERICÃO, Alexandra. *Uaná – Um curumim entre muitas lendas*. São Paulo: Editora do Brasil, 2011. p. 6.

Podemos combinar os dois últimos, com sentido de espanto/dúvida, surpresa/pergunta etc.

> — Ela se foi**?!** — surpreendeu-se a menininha. — Engraçado, não se despediu de mim. É o que sempre faz, mesmo quando vai tomar chá com a tia.
>
> DOYLE, Arthur Conan. *Um estudo em vermelho*. São Paulo: FTD. p. 107.

1 Escreva um exemplo para cada tipo de frase listado a seguir.

Tipo de frase	Como é	Exemplo
afirmativa	Termina em ponto final [.].	
negativa	Termina em ponto final [.] e tem alguma palavra que nega: **não**, **nem**, **nunca**, **jamais** etc.	
interrogativa	Termina em ponto de interrogação [?].	
exclamativa	Termina em ponto de exclamação [!].	
imperativa	Termina em ponto de exclamação [!] ou em ponto final [.].	

Outro sinal importante que usamos em nossos textos escritos é o **travessão** [–]. Esse sinal:
- marca o início da fala de alguém em uma conversa (diálogo);
- isola palavras ou frases em um texto.

Por exemplo:

> Sabe quem eu sou? Sou um cachorro chamado Ulisses e minha dona é Clarice. Eu fico latindo para Clarice e ela – que entende o significado de meus latidos – escreve o que eu lhe conto. [...]

LISPECTOR, Clarice. *Quase de verdade*. Rio de Janeiro: Rocco, 2014. p. 4.

> – Queremos a liberdade de cantar só de dia! As galinhas cacarejaram ao mesmo tempo:
> – Queremos só pôr ovo só quando decidirmos e queremos os ovos para nós! São os nossos filhos!

LISPECTOR, Clarice. *Quase de verdade*. Rio de Janeiro: Rocco, 2014. p. 16.

Para um texto melhor, gramática!
Pontuação

Muita atenção ao redigir seus textos. Não se esqueça de escolher a pontuação adequada. A pontuação é um importante auxiliar, pois:
- marca diferentes tipos de frase (afirmativa, interrogativa, exclamativa), dando colorido emocional ao que escrevemos;
- organiza o texto, contribuindo para a coerência das ideias, por meio da separação de parágrafos, da hierarquização de ideias;
- facilita a compreensão dos textos, evitando ambiguidades ou dúvidas.

A troca de uma pontuação pode mudar completamente o sentido de uma frase escrita. Veja só:
- Você precisa ir embora agora? (Eu não quero que você vá agora.)
- Você precisa ir embora agora! (Eu quero que você vá agora mesmo!)

Leia o texto a seguir.

A CHEGADA

Vera, Sílvia e Emília foram as primeiras a descer na rodoviária de Atibaia quando o ônibus estacionou.
– Respirem fundo – manda Vera, e as outras duas obedecem.
– Já sentiram a diferença do ar?
Sílvia inspira com **sofreguidão**, **retém** a respiração por alguns segundos e depois libera o ar dos pulmões.
Sorri:
– Já! E que diferença! Nem parece que estamos tão perto de São Paulo e de toda aquela poluição…
– É mesmo – concorda Emília. – Parece que aqui o ar corresponde àquela descrição que aparece nos livros de Ciências…
– "Incolor e inodoro" – apressa-se em completar Vera.
– Mas essas não são as qualidades da água? – inquieta-se Sílvia.
– Eu lá quero saber? Estou de férias… – **graceja** Vera.
As três sorriem.
[…]

BAGNO, Marcos. *A língua de Eulália.* 15. ed. São Paulo: Contexto, 2006. p. 8.

Vocabulário
Gracejar: falar por brincadeira.
Reter: segurar, prender.
Sofreguidão: voracidade.

1 O que o título desse texto tem a ver com as amigas Vera, Sílvia e Emília?

2 Sublinhe o trecho em que sabemos a razão dessa viagem.

3 O que as meninas acharam diferente na cidade logo que chegaram?

---

https://atibaiaeregiao.com.br/a-pedra-grande

A pedra grande

[...]

Quando se fala em Atibaia, a primeira imagem que vem à mente é a fabulosa Pedra Grande e depois, é claro, as flores e morangos.

Porém, o Monumento Natural Estadual da Pedra Grande não é só de Atibaia, e sim parte de um parque estadual de preservação [...].

O Parque Estadual do Itapetinga [...] [faz parte] do Contínuo Cantareira; essa Unidade de Conservação de proteção integral [abriga] alta diversidade de espécies da fauna e flora silvestres [...].

A diversidade dos atrativos naturais na região é abundante tanto pela presença de serras quanto pela presença de água [...]. Os esportes como *mountain bike*, caminhadas, *trekking* de aventura, escalada, rapel, caiaques, *stand up*, entre outros, são beneficiados pela composição da paisagem. Os atrativos culturais vão desde tradições religiosas, artesanais, rurais com manifestações centenárias dos povos da região.

A PEDRA grande. *In:* ATIBAIA E REGIÃO. Atibaia, [20--]. Disponível em: https://atibaiaeregiao.com.br/a-pedra-grande. Acesso em: 7 ago. 2019.

4 Aproveitando a experiência de Vera, Sílvia ou Emília, escreva, no espaço a seguir, um *post* para uma rede social de fotografias em que você conte suas primeiras impressões sobre Atibaia, como se você também estivesse lá. Busque ideias no que leu no texto e no boxe sobre a cidade.

Pedra Grande, Atibaia (SP), 2015.

5 Escreva os adjetivos que substituem as expressões a seguir.

a) Que não tem cor: _____

b) Que não é cômodo: _____

c) Que não é completo: _____

d) Que não tem cheiro: _____

e) Que não é feliz: _____

f) Que não é perfeito: _____

6 Marque o significado desta frase de Vera: "Eu lá quero saber?"

a) ☐ Eu quero saber, mas em outro lugar.

b) ☐ Eu não quero saber!

c) ☐ Eu quero muito saber!

d) ☐ Eu não sei.

7 Indique, entre os itens a seguir, aqueles que formam frases.

a) ☐ Respirem fundo.

b) ☐ É mesmo.

c) ☐ Mas essas.

d) ☐ As três sorriem.

e) ☐ Já!

8 Retire do texto um exemplo de:

a) frase afirmativa;

_____

b) frase interrogativa;

_____

c) frase exclamativa.

_____

💡 Ampliar

Quem tem boca vai ao Timor!, de Beto Junqueyra (Editora do Brasil).

Esse livro conta a história dos primos Beto e Carminha, que moram muito longe um do outro: ele, no Brasil; ela, em Portugal. Ambos falam português, mas vivem se provocando por conta das diferenças entre as variantes europeia e brasileira da língua. Em uma emocionante viagem pelos países que falam português, eles irão protagonizar uma narrativa que é "bué de fixe", ou seja, muito legal!

9 Reescreva as frases a seguir transformando-as no tipo solicitado entre parênteses.

a) Essas não são as qualidades da água?

(frase afirmativa) _____

(frase negativa) _____

b) As meninas foram as primeiras a descer na rodoviária de Atibaia.

(frase interrogativa) _____

c) Nem parece que estamos tão perto de São Paulo.

(frase exclamativa) _____

d) As outras duas obedecem.

(frase negativa) _____

e) Sentiram a diferença do ar?

(frase imperativa) _____

10 Explique o que você teve de mudar em cada uma das frases para fazer a atividade anterior.

atividade oral

11 Classifique as frases a seguir em **D** (frase interrogativa direta) ou **I** (frase interrogativa indireta) de acordo com o modelo a seguir.

Frase interrogativa direta	Frase interrogativa indireta
Quem está fazendo tanto barulho?	Só queria saber quem está fazendo tanto barulho.
Que dia é hoje?	Responda que dia é hoje.

a) [ ] Diga quem falou essa bobagem.

b) [ ] Em que mês estamos?

c) [ ] Gostaria de saber que doces você prefere.

d) [ ] Preciso saber em que mês estamos.

e) [ ] Já sentiram a diferença do ar?

f) [ ] Quais doces você prefere?

g) [ ] Quero só saber se já sentiram a diferença no ar.

h) [ ] Quem falou essa bobagem?

> É possível fazer frases com sentido interrogativo sem usar o ponto de interrogação. São as interrogações indiretas. Observe que, em lugar de usar o ponto de interrogação, usa-se o **ponto final** [**.**].

Parágrafo

Um texto escrito pode ser dividido em partes menores, os **parágrafos**. Neles, o autor agrupa um conjunto de ideias. O parágrafo é formado de frases, e cada frase expressa uma das ideias do parágrafo.

Dessa forma, o parágrafo é uma divisão de um texto escrito que reúne um conjunto de ideias. O parágrafo começa com letra maiúscula e termina com o chamado **ponto parágrafo**, que é um ponto final seguido de mudança de linha. As frases nele contidas mantêm maior relação de sentido entre elas do que com o restante do texto.

37

A notícia a seguir relata um fato curioso que poderia ter prejudicado uma atleta brasileira.

Na maratona, falha de *chip* constrange brasileira [...]

Em meio à emoção da torcida peruana pela conquista da medalha de ouro pan-americana da maratonista Gladys Tejeda, uma cena comoveu a imprensa na área de entrevistas. A brasileira Andréia Hessel se sentou no chão e começou a chorar por cerca de dez minutos. Foi consolada por um membro de delegação. Depois, por outro. Cruzara a linha de chegada com o oitavo melhor tempo (2h35m40), duas posições atrás da outra brasileira da prova, Valdilene
5 Silva (2h34m20). Mas o nome de Andreia não aparecia no placar. O resultado oficial dizia que ela não concluíra a prova.

A partir daí, teve início uma verdadeira mobilização entre os organizadores da prova para descobrir o que ocorreu. Checaram os registros
10 de vídeo e, de fato, puderam comprovar que Andreia fora a oitava a completar a prova.

Após mais de duas horas de debates, o chefe de equipe ouviu dos peruanos a explicação:

— Houve uma falha no *chip*. Mas fizeram o
15 controle manual e descobriram. São coisas que acontecem. O importante é que o tempo dela valeu [...].

Constranger: causar constrangimento, incomodar, aborrecer.

OLIVEIRA, Rafael. Na maratona, falha de *chip* constrange brasileira; triatlo ganha ouro. *O Globo*, 28 jul. 2019. p. 43.

1 Que brasileiras participaram dessa maratona? Em qual parágrafo encontramos essa informação?

2 Por que uma das brasileiras chorou tanto? Como você descobriu essa informação?

3 Segundo o texto, o que foi feito para solucionar o problema? Qual parágrafo traz essa informação?

4 Por que foi preciso fazer o controle manual do tempo da corredora?

5 Para os peruanos, o que foi mais importante depois da confusão toda?

6 Qual é o tema principal da notícia?

7 Quem conquistou a medalha de ouro pan-americana na maratona?

8 Se você fosse um corredor ou corredora e passasse por uma situação parecida em alguma prova esportiva, que mensagem você mandaria a seu melhor amigo para contar a situação ou comentar o que você sentiu? Lembre-se: deve ser uma mensagem curta, com um parágrafo apenas.

Para um texto melhor, gramática!
Coerência

Dissemos que um texto tem palavras, frases, parágrafos, tudo organizado segundo certos princípios, em torno de uma ideia. Vamos observar um dos princípios que nos ajudam a criar textos bem comunicativos, lógicos e originais: **a coerência**.

Todo texto deve ter uma unidade de ideias, um sentido global. Em um texto coerente, todas as partes se encaixam, completam-se; não há nenhuma parte que cause estranhamento ou que contradiga as outras partes desse texto, a não ser que esta seja a intenção do autor e que ele tenha encaminhado o texto nesse sentido.

Assim, se você começa a escrever sobre a visita que sua turma fez ao Museu Histórico, não pode, de uma hora para outra, falar de sua prova de Matemática, a não ser que fique clara a possível ligação entre essas partes do texto.

Observe o poema de Carlos Drummond de Andrade, um de nossos mais perfeitos artistas das palavras.

Cidadezinha qualquer

Casas entre bananeiras
mulheres entre laranjeiras
pomar amor cantar.
Um homem vai devagar.
⁵ Um cachorro vai devagar.
Um burro vai devagar.
Devagar… as janelas olham.
Eta vida besta, meu Deus.

DRUMMOND DE ANDRADE, Carlos. *Alguma poesia*. Rio de Janeiro: Record, 2002.

1. Esse texto pertence ao gênero poema. Além das três estrofes, ele é formado por quantos versos?

2. O poema se refere a uma cidade específica? Justifique sua resposta.

3. Que palavra do texto nos dá essa resposta? Onde podemos encontrá-la?

4. O que está repetido na primeira estrofe? E na segunda?

5. Qual é o efeito da repetição da palavra **devagar**?

6. Quais são os verbos encontrados no poema?

7 Além de serem poucos, os verbos estão acompanhados da palavra **devagar**. Isso mostra pouca

ou muita ação na cidade? _____

8 Pelo que se lê nas duas primeiras estrofes, o que concluímos da vida nessa cidadezinha? `atividade oral`

9 O último verso do poema segue as mesmas estruturas dos versos anteriores ou é completamente diferente?

_____

10 Podemos dizer que o último verso surpreende o leitor? Justifique.

_____

11 Podemos dizer também que o último verso apresenta coerência com os versos anteriores do poema?

_____

Em uma primeira leitura, o último verso pode parecer totalmente desligado e destoante do resto do poema. Entretanto, se observarmos com cuidado, veremos que o poeta já vinha encaminhando o texto nesse sentido, por meio de detalhes que você observou até aqui: o que vinha sendo a descrição da vida em uma cidadezinha se transforma, subitamente, em um comentário sobre a inutilidade, o vazio daquela vida.

Quando finalmente chegamos ao último verso, ele é sentido como uma conclusão, perfeitamente **coerente** com o que estava sendo descrito antes.

Leia a anedota a seguir e responda às questões.

> – Essa noite eu não consegui dormir.
> – É mesmo? Que aconteceu?
> – Eu estava quase pegando no sono, quando ouvi uma linda canção.
> – E o que era?
> 5 – Era o canto do quarto.

SARRUMOR, Laert. *Mil piadas do Brasil.* São Paulo: Nova Alexandria, 2012. p. 106.

12 Por que o personagem que fala na primeira frase do texto não conseguiu dormir?

_____

13 O sentido comum para a palavra **canto** da expressão "canto do quarto" usada no texto é:

a) ☐ quina, ângulo da parede.

b) ☐ cantoria que faz barulho e não deixa dormir.

14 A resposta do personagem "Era o **canto** do quarto" parece incoerente, pois os sentidos da palavra **canto** tornam-se confusos. Isso torna o texto:

a) ☐ bem-humorado, pelo estranhamento que causa.

b) ☐ explicativo, pelo esclarecimento que traz.

15 A incoerência pode contribuir positivamente para a construção de um texto? Em que situação? `atividade oral`

Atividades

Leia o texto a seguir.

TEXTO 1

Toró e a vaca sagrada

Uma vez eu estava andando na rua quando vi uma vaca numa vitrine. Não me lembro mais [...] da cidade – talvez Bogotá, talvez Panamá – mas me lembro muito bem da vitrine, que tinha um fundo vermelho, objetos de casa e **bibelôs** mais ou menos **triviais**, e essa uma vaca, dourada, sentada **em posição de lótus**, com quatro braços extras saindo das costas com as mãos viradas para cima, na clássica posição das divindades indianas, como se fosse uma vaca sagrada ao cubo.

A vaca tinha brincos nas duas orelhas e vários colares, e era tão bonita quanto engraçada. Foi paixão à primeira vista – e foi também uma baita dor de cabeça, porque a caixa que a acondicionava era enorme, e eu estava com uma mala pequena.

Quando enfim chegamos em casa, instalei-a no alto de uma estante ao lado da porta, de onde parecia sorrir para mim quando eu entrava ou saía. Com os anos, descobri que ficava melhor com um brinco só, e lhe acrescentei mais um ou dois colares.

Era um dos meus objetos favoritos numa casa cheia de objetos.

Mas então essa é uma história triste? A vaca "era"?

Calma. Pode ser, pode não ser. O que aconteceu é que, na semana passada, ganhei uma flor e, para que ficasse em segurança, a salvo dos gatos, coloquei-a lá em cima também, no alto da estante. Ao lado da vaca. No dia seguinte, quando acordei, a vaca estava no chão, espatifada, cabeça para um lado, bracinhos em todas as direções. Toró, que consegue subir nos lugares mais improváveis, adora flores.

Quem tem oito gatos em casa não pode se importar com objetos quebrados, ou **estará fadado a** uma vida de aborrecimentos; juntei os cacos [...] e decidi encomendar uma vaca nova. Mas vai encontrar uma vaca cheia de braços fazendo ioga! Depois de muitas combinações de palavras em diferentes línguas acabei chegando a uma lojinha em Amsterdã chamada Cow Museum, onde havia um único exemplar, fiz a encomenda e perdoei o Toró.

[...] Fiquei sabendo que a Buddha Cow (é assim que ela se chama oficialmente) fez parte da Cow Parade na Turquia em 2007, e ainda hoje está exposta, em tamanho natural, num *shopping* de Istambul. Não sei como a minha vaquinha foi parar na Colômbia ou na cidade do Panamá, onde nos encontramos, mas achei interessante saber quanto chão percorreu antes de ser quebrada por um gato brasileiro.

O mundo é ou não é um ovo?

RÓNAI, Cora. Toró e a vaca sagrada. *O Globo*, 25 jul. 2019. Segundo caderno, p. 6.

1 Você acabou de ler uma crônica escrita por Cora Rónai. Relacione, em seu caderno, os itens das duas colunas do quadro, mostrando que nela podemos achar as características próprias desse gênero de texto.

Características de uma crônica	"Toró e a vaca sagrada"
a) Tem como assunto algum fato do dia a dia.	1) O texto tem apenas oito parágrafos curtos.
b) É escrita em linguagem simples.	2) A crônica fala de uma lembrancinha que a autora trouxe de uma viagem.
c) Geralmente são textos curtos.	3) Usa palavras comuns: vaquinha, gato, flores.
d) As narrativas seguem a ordem temporal.	4) "Uma vez <u>eu</u> estava andando na rua" / "e <u>eu</u> estava com uma mala pequena"
e) Na maioria dos casos, é escrita em 1ª pessoa (o escritor conversa com o leitor).	5) O texto começa na época passada da viagem ("quando <u>vi</u>" / "<u>Foi</u> paixão à primeira vista – e <u>foi</u> também uma baita dor de cabeça"). E, depois dos acontecimentos, termina em um passado mais recente ("<u>fiz</u> a encomenda e perdoei o Toró").

Vocabulário

Bibelô: pequeno objeto decorativo.
Em posição de lótus: sentado no chão, com as pernas cruzadas e as mãos apoiadas sobre os joelhos; é uma postura da ioga.
Estar fadado a: quando algo é determinado antecipadamente.
Trivial: simples, comum.

Gênero em foco — Crônica

Crônicas são geralmente textos curtos, cujo assunto é algum fato histórico ou do dia a dia. Publicada em jornais e revistas, a crônica é uma narrativa que segue a ordem temporal.

Na maioria dos casos, é escrita em 1ª pessoa, ou seja, o próprio escritor dialoga com o leitor. Por isso, a crônica apresenta uma visão totalmente pessoal de determinado assunto: a visão do cronista, sua maneira de compreender os acontecimentos que o cercam.

Em geral, as crônicas apresentam linguagem simples, situada entre a linguagem oral e a literária. Isso aproxima o leitor do cronista, que acaba se tornando porta-voz daquele que lê sua crônica.

2 Responda às questões.

a) Por qual objeto Cora se apaixonou?

_____

b) Como era esse objeto quando ela o comprou? Descreva-o.

_____
_____
_____
_____

c) Depois, que modificações Cora fez em sua vaca?

_____

d) Onde você achou essas informações?

_____
_____

3 O que aconteceu com a vaca que Cora havia colocado no alto da estante?

_____
_____

4 Dos oito gatos de Cora, só ficamos sabendo o nome de um. Por quê? Qual é esse nome?

_____
_____
_____
_____

5 Complete as afirmações com os nomes próprios de lugar listados a seguir.

| Amsterdã | Turquia | Bogotá | Brasil | Panamá |

a) A escritora encontrou sua vaca sagrada na cidade do _____ ou em

_____ . Não consegue se lembrar ao certo do lugar.

b) A nova vaquinha que Cora está esperando vem de _____ .

c) A vaca sagrada, originalmente, fez parte de uma exposição na _____ .

d) Antes de ser espatifada, a vaca dourada morou muitos anos no _____ .

6 Observe as imagens a seguir. Depois, para cada uma delas, escreva uma frase que ilustre ou explique o que está representado de acordo com o tipo de frase solicitado.

Ilustrações: Bruna Ishihara

a) frase declarativa/afirmativa _____

b) frase interrogativa _____

c) frase negativa _____

d) frase exclamativa _____

e) frase imperativa _____

7 Ao final da crônica, Cora diz:

[...] mas achei interessante saber quanto chão percorreu [a vaca] antes de ser quebrada por um gato brasileiro.

O mundo é ou não é um ovo?

O que ela quis dizer com essa pergunta? Você concorda com ela? Por quê?

_____

_____

_____

8 Pontue as frases a seguir usando ponto de exclamação (**!**), ponto de interrogação (**?**) ou ponto final (**.**).

a) O texto publicitário pergunta: "Quer poupar quanto ⬚ ".

b) Na bandeira brasileira está escrito "Ordem e Progresso" ⬚

c) As cores de nossa bandeira são verde, amarelo, azul e branco ⬚

d) Corre que o ônibus já vai sair ⬚

e) Que presente lindo você me trouxe ⬚

f) Quando é mesmo seu aniversário ⬚

g) Corra pra fazer esse gol ⬚

9 Organize em ordem alfabética os grupos de palavras a seguir e diga que letra você precisa considerar (a primeira, a segunda etc.) para encontrar as palavras no dicionário.

a) efeméride, atração, ocultar, icterícia, único

_____

_____

b) cozinhar, cozimento, cozido

_____

_____

c) recensear, rodopio, radiação, ruminar, rimário

_____

_____

d) persiana, peditório, peste, peculiar, pendência

e) pretexto, direção, misticismo, rícino, germinação

TEXTO 2

Leia este trecho do livro *Uma estranha aventura em Talalai*, de Joel Rufino dos Santos.

Nos arredores de Talalai há todo tipo de peixe.

Xereletes, cavalas, ariocós, peixes-penas, piraúnas, sapurunas, xirões, guaiubas, dentões, arabaianas. Tudo que você possa imaginar.

Estes são os peixes normais.

5   Aqui, entretanto, abundam os peixes-assombrados.

O peixe-elefante, o cação-voador, a baleia-zebrada, a moreia-que-fala, a cobra-marinha, as sereias-da-noite e as cigarras-do-mar.

Animais fabulosos, fosforescentes, sem corpo – só existem as suas sombras, encostando-se nos cascos dos navios. Peixes-cipós, que coleiam as jangadas, arrastando-as para as alcovas submersas das sereias, 10   suas senhoras. Moreias-de-fogo, com crinas, feito cavalos. Xeréus do tamanho de um homem – e o que é mais terrível – com caras de homens; alguns ainda com os bonés de marinheiros afogados. Arraias com cinco metros de diâmetro, que viram pelo avesso ao verem pescadores, mostrando seus estômagos repletos de devorados ainda vivos.

O mais cobiçado, porém, é o peixe-voador.

SANTOS, Joel Rufino dos. *Uma estranha aventura em Talalai*. São Paulo: Global, 1998. p. 27-28.

10 Quantos parágrafos tem o trecho que você leu?

atividade oral

11 Entre os itens a seguir, indique quais apresentam características de um parágrafo.

a) ☐ Começa com letra maiúscula.

b) ☐ Começa com letra minúscula.

c) ☐ Começa uma nova linha.

d) ☐ Reúne um conjunto de ideias sobre um assunto.

e) ☐ Termina com um ponto parágrafo.

12 Quais parágrafos reúnem as ideias a seguir?

a) Nomes de diversos tipos de peixe. _____

b) Os nomes dos peixes-assombrados. _____

c) A descrição de onde ficam e o que fazem os peixes-assombrados. _____

d) O peixe mais cobiçado pelos pescadores. _____

13 Transforme a frase a seguir nos tipos de frase pedidos. Faça as alterações que precisar para que a transformação dê certo.

> O Serafim pescou o peixe mais cobiçado pelos pescadores, o peixe-voador.

a) frase negativa

_____

_____

_____

b) frase imperativa

_____

_____

_____

c) frase exclamativa

_____

_____

_____

d) frase interrogativa

_____

_____

_____

14 Relacione as duas colunas escolhendo um sentido que explique as frases. Observe bem a pontuação.

a) ☐ Você quer bananada!

b) ☐ Você quer bananada?

c) ☐ Você tem de responder a esse *e-mail* agora!

d) ☐ Você tem de responder a esse *e-mail* agora?

e) ☐ Kika precisa saber disso?

f) ☐ Kika precisa saber disso!

I. O falante está oferecendo bananada.

II. O falante quer que a pessoa responda logo.

III. O falante acha que Kika precisa saber disso.

IV. O falante acha que a pessoa não precisa responder agora.

V. O falante está surpreso de a pessoa querer bananada.

VI. O falante está em dúvida se Kika precisa saber disso.

Retomar

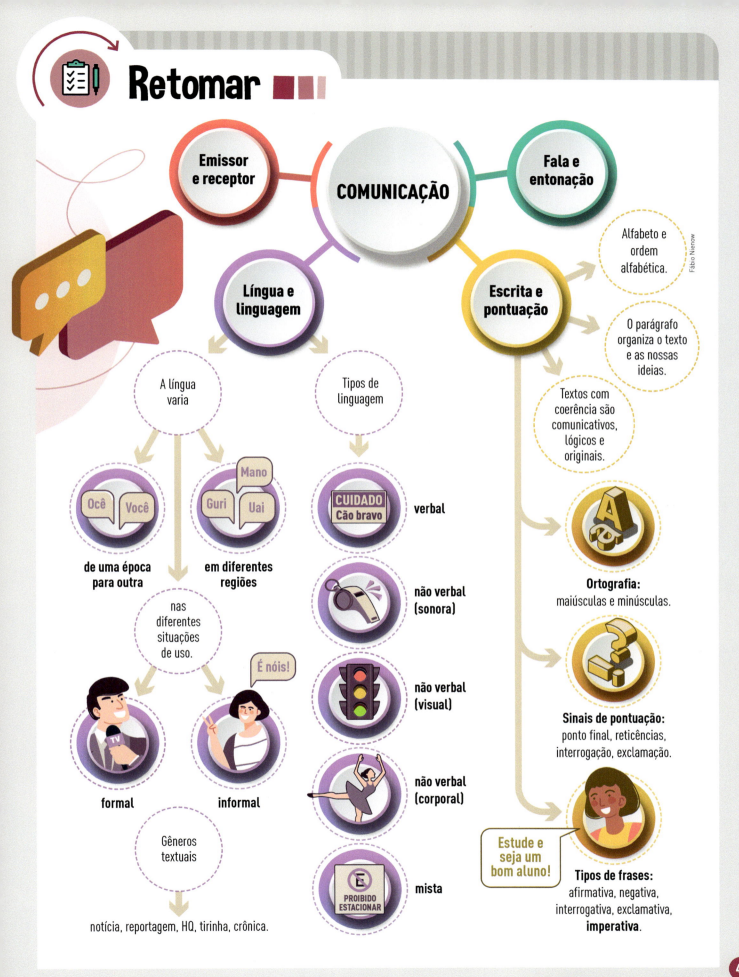

UNIDADE 2

A verdadeira amizade é aquela que nos permite falar, ao amigo, de todos os seus defeitos e de todas as nossas qualidades.

Millôr Fernandes

MARIANO, Luciana. *O encontro*, 2016. Acrílica sobre tela, 40 cm × 50 cm.

Som, fonema e letra

1 Leia a tira a seguir, responda às perguntas e faça o que se pede.

BECK, Alexandre. *Armandinho*. Disponível em: https://tirasarmandinho.tumblr.com/search/voc%C3%AAs%20ainda%20n%C3%A3o%20nos%20venceram. Acesso em: 13 jan. 2020.

a) O menino observa o que resta de uma árvore que foi cortada. De que ele se envergonha?

b) No penúltimo quadrinho ele se anima. O que ele descobriu?

c) O que ele faz no terceiro quadrinho?

d) No último quadrinho, Armandinho diz: "Vocês ainda não nos venceram!!". Com base nessa frase, explique os itens a seguir.

- **Vencer**, **derrotar**, **ganhar** referem-se a guerras, lutas, batalhas, disputas. Contra quem ou que é a guerra à qual o menino se refere?

- **Vocês** e **nos**, na frase citada, referem-se a quem?

- De que lado você está? Como você pode ajudar nessa luta?

e) Nos dois últimos quadrinhos, o que a boca aberta do menino indica?

f) Nós, seres humanos, emitimos sons quando falamos. Para que usamos muitos desses sons?

g) Quais são as partes e os órgãos do corpo que os seres humanos usam para produzir os sons da fala?

Em nosso corpo há vários grupos de órgãos que exercem, juntos, uma mesma função. São os aparelhos ou sistemas, por exemplo: o respiratório, o digestório, o circulatório, o urinário, entre outros.

Os sons da fala são produzidos pelo aparelho fonador, que é composto de vários órgãos e tecidos: pulmões (e seus brônquios), traqueia, laringe, faringe, fossas nasais (o nariz), boca, músculos e nervos.

Alguns **sons** que fazemos com a boca e a garganta (um assobio ou um ronco, por exemplo) são apenas barulhos, não fazem parte do sistema de sons distintivos do português, por mais que sejam utilizados para a comunicação entre as pessoas: o assovio para chamar alguém, o pigarro como forma de chamar atenção.

Som é uma realidade física: você pode ouvi-lo, pode registrá-lo no gravador (por exemplo, o som produzido pela torcida quando o time faz gol: "GOOOOOOOL!").

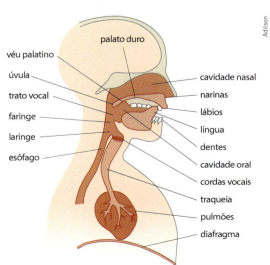

Fonemas são os sons que usamos para diferenciar as palavras ao falarmos uma língua e para estabelecer comunicação com outras pessoas.

> **Fonema** é um som que tem a função de diferenciar significados entre palavras.

2 Leia em voz alta as palavras a seguir e diga qual é a diferença entre elas.

pia   mia   dia   via   lia

Para escrever fonemas, usamos as **letras**.

Letra é o sinal usado para escrever um ou mais fonemas. Já vimos na Unidade 1 que em português usamos 26 letras diferentes.

Leia o haicai a seguir.

> Primeiro, eu tento.
> Se o vento não ventar,
> eu invento!
>
> ZIRALDO. *O pequeno livro de hai-kais do Menino Maluquinho.* São Paulo: Melhoramentos, 2012. p. 4.

3 No haicai de Ziraldo alguns fonemas são repetidos várias vezes. Leia-o em voz alta e descubra quais palavras repetem os fonemas destacados a seguir.

a) O fonema /t/ que aparece na palavra **tento**. _____

b) O fonema /ẽ/ que aparece em **tento**. _____

c) O fonema /v/ usado em **vento**. _____

4 Com essas repetições de fonemas, o autor tenta reproduzir que barulho?

_____

5 Como seria possível "inventar o vento"?

_____

Gênero em foco — Haicai

Haicai (em japonês, *haikai* ou *haiku*) é uma pequena composição poética de origem sino-japonesa, que valoriza a concisão e a objetividade. Seus temas são a natureza e a relação entre ela e o sentimento do poeta. Quase sempre é citado um elemento da natureza e encerra com um pensamento original.

Os haicais têm três versos: o primeiro e o último contêm cinco sílabas poéticas, e o segundo verso, sete sílabas. Sílabas poéticas são as sílabas de um verso contadas apenas até a última sílaba tônica do verso.

6 Escreva na tabela quantas letras há em cada palavra e quantos fonemas são pronunciados. Leia as palavras em voz alta e siga o modelo.

Palavra	Letras	Fonemas
cabo	4	4
a) tio		
b) hoje		
c) altar		

7 O que aconteceu na palavra **hoje**, em relação à quantidade de fonemas e letras?

_____

_____

8 Podemos concluir que nem sempre uma palavra contém o mesmo número de fonemas e de letras. Exemplifique essa conclusão observando a palavra **passa**.

_____

_____

As palavras associam a **forma sonora** (os fonemas que usamos para pronunciá-las) a um **significado** (a ideia que logo vem à nossa mente quando ouvimos ou pronunciamos aqueles sons).

Quando alguém ouve os fonemas da palavra **vento**, logo pensa na agitação do ar que ocorre, por exemplo, antes de uma chuva forte. Todas as pessoas que falam português têm o mesmo pensamento ao ouvirem esses fonemas: eles se referem ao movimento natural do ar na atmosfera. Por isso conseguimos nos comunicar.

Classificação dos fonemas

Os fonemas da língua portuguesa se classificam em:
- vogais;
- semivogais;
- consoantes.

Vogal (V)

Vogal, ou **fonema vocálico**, é o fonema produzido quando o ar que sai dos pulmões não encontra nenhum obstáculo ao passar pela boca. Em português, as vogais são o centro da sílaba; não existe sílaba sem vogal e cada sílaba só pode ter uma vogal.

> **al**-t**o**   c**o**r-p**o**   p**e**-r**a**   **u**-v**a**

A vogal pode ser:

I. **Vogal oral**: quando a corrente de ar sai apenas pela boca. Exemplos:

> b**e**l**a**   v**e**j**o**   r**i**c**o**   b**o**l**a**   l**o**b**o**   m**u**l**a**

II. **Vogal nasal**: quando a corrente de ar sai, ao mesmo tempo, pela boca e pelas fossas nasais (o nariz). Na escrita, a vogal nasal pode ser representada de maneiras diferentes.

- Com o sinal **til [~]** sobre ela.

> l**ã**   r**ã**

- Seguida da letra **n** na mesma sílaba.

> t**en**ta   v**in**te

- Seguida da letra **m** na mesma sílaba.

> p**om**bo   ch**um**bo

III. **Vogal aberta**: quando pronunciada com a boca mais aberta. Exemplos:

> jacar**é**   p**ó**   p**a**ta

IV. **Vogal fechada**: quando pronunciada com a boca mais fechada. Exemplos:

> c**o**rpo   p**e**ra   v**i**da   tud**o**   cant**a**   cam**a**

Tipos de vogal				
Vogais	**Explicação**	**Fonemas**	**Letras correspondentes**	**Exemplos**
orais	A corrente de ar dos pulmões sai livremente apenas pela boca.	/a/	a	b**a**la
		/ɛ/	é, e	r**é**gua, bon**e**ca
		/e/	ê, e	cad**ê**, m**e**do
		/i/	i	p**i**pa
		/ɔ/	ó, o	**ó**pera, c**o**lo
		/o/	ô, o	col**ô**nia, b**o**lo
		/u/	u	p**u**lo
nasais	A corrente de ar dos pulmões sai livremente, ao mesmo tempo, pela boca e pelo nariz.	/ã/	ã, am, an	l**ã**, c**am**po, c**an**ta
		/ẽ/	em, en	s**em**pre, v**en**to
		/ĩ/	im, in	f**im**, v**in**te
		/õ/	õ, om, on	p**õ**e, b**om**ba, c**on**to
		/ũ/	um, un	r**um**ba, m**un**do

Semivogal (SV)

A **semivogal** é um fonema produzido da mesma maneira que a vogal, só que pronunciado de modo mais fraco.

Vimos que, em português, as vogais são o centro da sílaba. A semivogal /y/ (grafada com **i** ou **e**) e a semivogal /w/ (grafada com **o** ou **u**) acompanham outra vogal: vêm antes ou depois delas, sempre na mesma sílaba.

Uma sílaba pode ter mais de uma semivogal, mas apenas uma vogal. Veja as semivogais destacadas nos exemplos a seguir.

Fonema	Letras correspondentes	Exemplos
/y/	i	pa**i**
/y/	e	mã**e**
/w/	o	mág**o**a
/w/	u	sa**u**dade

Consoante (C)

Na pronúncia de uma **consoante**, ou **fonema consonantal**, o ar que sai dos pulmões encontra na boca ou na garganta algum obstáculo que atrapalha sua passagem. Quando o ar vibra de encontro a esse obstáculo, produz-se o som do fonema consonantal. Por exemplo: nas palavras **pato**, **mato** e **rato**, as consoantes são **p**, **t**, **m** e **r**; apesar de as vogais serem as mesmas nas três palavras (**a** e **o**), o som e o sentido dessas palavras são diferentes.

Em português, temos 19 consoantes que sempre acompanham uma vogal na sílaba, mesmo que a vogal apareça só na pronúncia, e não na escrita. Observe.

Na escrita: pneu (1 sílaba)   **Na fala**: /pi-new/ (2 sílabas)

Veja a seguir quais são as consoantes da língua portuguesa.

Fonema	Como são escritos	Exemplos
/p/	p	**p**ato
/b/	b	**b**ato
/m/	m	**m**ato
/f/	f	**f**aca
/v/	v	**v**aca
/t/	t	**t**arde
/d/	d	**d**ardo
/s/	s, ss, xc, c	**s**ino, a**ss**unto, e**xc**eto, **c**inco
/z/	z	**z**inco
/l/	l	ca**l**a

Fonema	Como são escritos	Exemplos
/r/	r	ca**r**a
/n/	n	**n**ada
/ʃ/	ch, x	a**ch**o, **x**arope
/ʒ/	j, g	a**j**o, **g**elo
/λ/	lh	ga**lh**o
/η/	nh	ga**nh**o
/k/	c, qu	**c**alo, **qu**ero
/g/	g, gu	**g**alo, **gu**indaste
/r/	rr, r	ca**rr**o, **r**alo

1. Nas palavras a seguir, classifique os fonemas que formam as sílabas destacadas. Use (**C**) para consoante, (**V**) para vogal e (**SV**) para semivogal. Siga o modelo.

> Lembre-se de que:
> • cada sílaba só tem uma vogal;
> • as semivogais /y/ e /w/ acompanham a vogal na mesma sílaba;
> • as consoantes sempre acompanham uma vogal na sílaba.

polí**cia**: c = C; i = SV; a = V

a) **foi** _____

b) carame**lo** _____

c) **saí**da _____

d) **ven**to _____

2. Separe as letras e as sílabas das palavras a seguir. Depois, para cada fonema, escreva (**C**) para consoante, (**V**) para vogal e (**SV**) para semivogal. Siga o modelo.

g-a	t-o
C-V	C-V

Ampliar

Graffiti
www.kakinet.com/graffiti

Criado em 1996, o *Graffiti* foi o primeiro espaço da internet aberto a escritores de haicais de língua portuguesa. Atualmente, a página não recebe mais contribuições dos internautas, porém é possível conferir os haicais de diferentes poetas já publicados.

a) retirei _____

b) mau _____

c) duna _____

Encontros vocálicos

Os encontros entre duas vogais ou entre uma vogal e uma ou mais semivogais são chamados de **encontros vocálicos**. Veja a seguir os tipos de encontros vocálicos, observe que as vogais estão destacadas.

Tipo de encontro	Explicação	Exemplos
ditongo	encontro de vogal e semivogal na mesma sílaba	p**ai** ré-g**ua**
tritongo	encontro de uma vogal e duas semivogais na mesma sílaba	Pa-ra-g**uai** sa-g**uão** i-g**uai**s
hiato	duas vogais vizinhas, mas em sílabas diferentes da mesma palavra	sa-**ú**-de jo-**e**-lho r**u**-**a**

Os ditongos podem ser crescentes ou decrescentes.

- O **ditongo** é **crescente** quando a semivogal vem antes da vogal:

á-g**ua**   q**ua**-se

Nas palavras terminadas em **-ia**, **-ie**, **-io**, **-ua**, **-ue**, **-uo**, seguidos ou não de **-s**, pode haver um ditongo ou um hiato, dependendo de como a palavra for pronunciada. Exemplo:

O nosso time tem mais uma vi-tó-ria.
— Vi-tó-ri-a! — exclamaram os torcedores em coro.

- O **ditongo** é **decrescente** quando a semivogal vem depois da vogal:

p**ai**   l**ei**te

1 Preencha o quadro a seguir com o número de consoantes, vogais e semivogais das palavras. Siga o modelo.

Palavra	Consoantes	Vogais	Semivogais
ma-lu-co	3	3	0
a) ma-dei-ra			
b) a-pi-to			
c) pou-sar			
d) A-ra-guai-a			
e) sa-í-da			
f) i-gual			
g) pa-ís			

Encontros consonantais

Encontro consonantal é a sequência de duas ou mais consoantes (ou fonemas consonantais) na mesma palavra, sem nenhuma vogal entre elas. Veja os exemplos.

a**fl**ição	**pl**ano	**fr**aco	**tr**ês
a**tl**eta	**br**inco	**gr**ito	**pn**eu
bloco	**cr**avo	li**vr**o	**ps**icólogo
claro	**dr**agão	**pr**ato	ca**pt**ar
in**gl**ês			

55

1 Complete a lista de encontros consonantais dando um exemplo de palavra para cada encontro a seguir.

a) gr _____

d) vr _____

g) fl _____

b) pr _____

e) bl _____

h) gl _____

c) tr _____

f) cl _____

i) dr _____

2 Pesquise e anote o significado das palavras a seguir.

a) dia**gn**óstico

_____

b) **mn**emônico

_____

c) **pn**eumático

_____

d) **ps**icologia

_____

e) **pt**erodáctilo

_____

_____

f) **tm**ese

_____

_____

Vac1/iStockphoto.com

Dígrafo

Dígrafo é o conjunto de duas letras que representam um único fonema.

Assim, em palavras com dígrafo o número de fonemas é diferente do número de letras. Exemplos:

- **Chuva**   4 fonemas: /ʃ/-/u/-/v/-/a/   5 letras: c-h-u-v-a

  O fonema /ʃ/, nesse caso, é representado na escrita por duas letras: **c** e **h**.

- **Trem**   3 fonemas: /t/-/r/-/ẽ/   4 letras: t-r-e-m

  O fonema /ẽ/, nesse caso, é representado na escrita pelas letras **e** e **m**.
  Os dígrafos podem ser **consonantais** ou **vocálicos**.

Dígrafo consonantal

Eis alguns dígrafos consonantais frequentes em português. Observe que usamos duas letras para representar uma só consoante, ou seja, um só fonema consonantal.

Letras	Fonema	Exemplos
lh	$/\lambda/$	pilha, bolha, calha, velha
ch	$/\int/$	cachimbo, chute, chove, achei
nh	$/\eta/$	minha, senha, unha, sonho
gu	$/g/$	sangue, guia, guerra, guinada
qu	$/k/$	queijo, caqui, quero, quilate
rr	$/r/$	serra, arranhão, correria, murro
ss	$/s/$	massa, russo, pressa, posse
sc	$/s/$	descida, nascer, crescer, nascimento
xc	$/s/$	excesso, exceção, exceder, excelente, excepcional
sç	$/s/$	desço, nasça, cresço, desça

Fique atento ■■■

Não confunda dígrafos consonantais com encontros consonantais. Nos encontros consonantais, cada letra corresponde a um som. Você se lembra? Veja a seguir.

- Em **cravo**, **plano** e **briga** há os encontros consonantais **cr**, **pl** e **br** (duas letras = dois fonemas).
- Já em **caqui**, duas letras equivalem a um único som: **qu**, que é um dígrafo.

1 Dê mais um exemplo para cada dígrafo consonantal do quadro acima.

_____

_____

_____

Dígrafo vocálico

Os dígrafos vocálicos também são frequentes em português. Nesse tipo de dígrafo, duas letras são usadas para representar uma só vogal nasal (um só fonema vocálico).

Letras	Fonemas	Exemplos
am	$/\tilde{a}/$	campo, lâmpada, lambada
an	$/\tilde{a}/$	canto, manto, rancor
em	$/\tilde{e}/$	tempo, êmbolo, embrulho
en	$/\tilde{e}/$	vento, rente, lenda
im	$/\tilde{i}/$	impulso, sim, simples
in	$/\tilde{i}/$	inteiro, intelecto, intacto
om	$/\tilde{o}/$	bomba, pomba, pompa
on	$/\tilde{o}/$	ronda, conta, ponto
um	$/\tilde{u}/$	rumba, atum, cumprimento
un	$/\tilde{u}/$	mundo, assunto, presunto

1. Dê mais dois exemplos para cada dígrafo vocálico da tabela da página anterior.

_____
_____
_____

2. Escreva novas palavras substituindo as letras destacadas por dígrafo consonantal ou vocálico. Siga o modelo.

te**l**a   te**lh**a

a) mu**r**o _____   c) m**u**do _____   e) **u**ma _____

b) **s**eque _____   d) **v**eto _____   f) ve**l**a _____

3. Escolha duas palavras das que você escreveu na atividade anterior e forme uma frase com elas.

_____

Fique atento

Não confunda dígrafos vocálicos com encontros vocálicos. Nos encontros vocálicos, cada letra corresponde a um som. Veja a seguir.
Em **qualidade** e **guaraná**, o **u** é pronunciado – assim, **ua**, nos dois casos, é encontro vocálico (ditongo).
Na palavra **entrada** há duas letras, **en-**, para um um só fonema, /ẽ/, ou seja, **en** é um dígrafo vocálico.

Sílaba

Leia a tirinha que mostra Mônica, Cebolinha e Magali quando eram bebês. Em seguida, responda às questões.

SOUSA, Mauricio de. *Turma da Mônica*.

1. Como o humor se desenvolve na tirinha dos bebês da Turma da Mônica?

Os bebês da tirinha falam as palavras com pausas entre as sílabas: mã-mã

Veja estas palavras, todas com três sílabas:

ma-ca-co   es-pu-ma   a-mi-ga

> **Sílaba** é cada som ou grupo de sons pronunciados em uma só expiração de ar. Em português, o centro das sílabas é uma vogal.

2 Nem todas as palavras de nossa língua têm três sílabas. Descubra quantas sílabas têm as palavras a seguir.

a) luva _____

c) mar _____

b) catástrofe _____

d) especialmente _____

3 Leia em voz alta cada palavra e separe as sílabas como no modelo.

escola   es-co-la

a) avenida _____

e) chave _____

b) coelho _____

f) café _____

c) pipa _____

g) mar _____

d) freguês _____

h) leite _____

Classificação das palavras quanto ao número de sílabas

De acordo com o número de sílabas, as palavras podem ser classificadas como na tabela a seguir.

Número de sílabas da palavra	Classificação	Exemplo
uma sílaba	monossílabo	pé, cem, mel
duas sílabas	dissílabo	bo-la, que-ro, tes-te
três sílabas	trissílabo	es-ca-da, pa-lha-ço, me-ni-no
quatro ou mais sílabas	polissílabo	te-le-vi-são, in-for-má-ti-ca, es-pe-ci-a-li-da-de

1 Faça a separação silábica das palavras a seguir. Depois, organize-as no quadro de acordo com a classificação.

bagunça   casa   bem   computadorizado
escuta   não   fortaleza   cobra

_____   _____   _____   _____

_____   _____   _____   _____

Monossílabos	Dissílabos	Trissílabos	Polissílabos

Sílaba tônica e sílaba átona

Quando falamos uma palavra, nem todas as sílabas são pronunciadas com a mesma intensidade. Uma das sílabas é dita com mais força. Por causa dessa diferença, as sílabas podem ser tônicas e átonas.

> **Sílaba tônica** é a sílaba que pronunciamos com mais força. Cada palavra tem apenas uma sílaba tônica.
>
> **Sílaba átona** é a sílaba pronunciada com pouca intensidade. As palavras podem ter uma ou mais sílabas átonas.

Classificação das palavras quanto à posição da sílaba tônica

De acordo com a posição em que a sílaba tônica se encontra, as palavras que têm mais de uma sílaba são classificadas como mostra o quadro a seguir.

Palavras com mais de uma sílaba		
Classificação da palavra	Sílaba tônica	Exemplos
oxítona	a última	ca**fé**, fute**bol**, a**qui**, jaca**ré**
paroxítona	a penúltima	es**co**la, **sa**po, **ca**sa, bo**ne**ca, empre**ga**do
proparoxítona	a antepenúltima	**má**gico, **sá**bado, antite**tâ**nico

As palavras que têm apenas uma sílaba são os **monossílabos**. Eles podem ser pronunciados com maior ou menor intensidade. Leia o texto a seguir e preste atenção aos destaques.

> [...]
> Assim foi **e** será para sempre. Mas sabemos que nossa terra **é** apenas uma minúscula parte de um mundo muito maior.

BARBOSA, Rogério Andrade. *Contos da Terra do Gelo.* São Paulo: Editora do Brasil, 2012. p. 11.

O primeiro monossílabo destacado, **e**, foi pronunciado com menor intensidade, sem acento; o segundo, **é**, foi pronunciado com maior intensidade e recebeu acento tônico.

Assim, os monossílabos são classificados em **átonos** e **tônicos**.

Monossílabos átonos são pronunciados com pouca intensidade. Na frase, precisam se apoiar no acento tônico de uma palavra vizinha. É comum alterarmos a pronúncia da vogal de um monossílabo átono.

> Paulo, **me** dê **o** dever **de** casa para corrigir.
> **Pronúncia:** [...**mi** dê **u** dever **di** casa para corrigir]

> É melhor você **se** apressar, vamos **nos** atrasar!
> **Pronúncia:** [...**si** apressar, vamos **nus** atrasar]

Como os monossílabos átonos equivalem a uma sílaba átona de uma palavra maior, eles são pronunciados de modo fraco. Por isso, podem se juntar a outras palavras na pronúncia.

Quero ver **de** perto seu desenho.
Pronúncia: [vêrdi]

Isso não acontece com os monossílabos tônicos:

Querem que ele **dê** uma aula na turma B.
Pronúncia: [eli **dê**]

Monossílabos tônicos são pronunciados com maior intensidade na frase. Como eles têm acento próprio (ou seja, intensidade própria), não se apoiam em outra palavra.

Por favor, me **dê** o dever de casa para corrigir.
O **pé** de limão **deu flor**.

Classificação do monossílabo	É pronunciado	Exemplos
átono	com pouca intensidade	me, se, um
tônico	com intensidade	pá, cor, mão

A pronúncia de algumas palavras varia de uma região para outra, mas há uma forma recomendada para a língua padrão. Observe, por exemplo, as sílabas tônicas destas palavras: re**cém**, re**fém**, su**til**, **têx**til, **ín**terim, pe**ga**da, ru**bri**ca, hi**pó**dromo, estra**té**gia. Leia-as em voz alta. As sílabas tônicas marcadas coincidem com a pronúncia de sua região?

1 Para testar a pronúncia das palavras destacadas, segundo a língua padrão, leia em voz alta as frases a seguir. Depois, indique se essas palavras são **oxítonas**, **paroxítonas** ou **proparoxítonas**.

a) Os ladrões levaram o gerente do banco como **refém**.

_____

b) O professor fez uma observação **sutil** para o aluno.

_____

c) Meu primo desenha estampas para a indústria **têxtil**.

_____

d) Você fez uma bela **rubrica** com as letras iniciais de seu nome.

_____

e) Sempre vou ao **hipódromo** com meu avô ver os cavalos correrem.

_____

Leia o poema a seguir.

Convite

Poesia
é brincar com as palavras
como se brinca
com bola, papagaio, pião.

5 Só que
bola, papagaio, pião
de tanto brincar
se gastam.

As palavras não:
10 quanto mais se brinca
com elas
Mais novas ficam.

Como água do rio
que é água sempre nova.

15 Como cada dia
que é sempre um novo dia.
Vamos brincar de Poesia?

PAES, José Paulo. *Poemas para brincar.*
São Paulo: Ática, 2015. p. 3.

2 Que convite o autor faz no poema?

3 Na terceira estrofe, qual é o sentido da palavra **brinca** em "quanto mais se brinca / com elas"?

4 O poema afirma que as palavras não se gastam. Por quê?

5 Na visão do poeta, o dia a dia e a água de um rio se parecem. Por quê?

6 Separe as sílabas das palavras a seguir e circule a sílaba tônica.

a) bola _____

b) papagaio _____

c) pião _____

d) água _____

e) brincar _____

f) rápido _____

7 Agora observe a posição da sílaba tônica das palavras e classifique-as em (**O**) oxítona, (**P**) paroxítona ou (**PR**) proparoxítona.

a) ☐ bola

b) ☐ papagaio

c) ☐ pião

d) ☐ água

e) ☐ brincar

f) ☐ rápido

g) ☐ crítica

h) ☐ cajá

8 Organize no quadro as palavras destacadas da segunda e da terceira estrofes do poema "Convite".

Só que
bola, papagaio, pião
de tanto brincar
se gastam.

As palavras **não**:
quanto mais se brinca
com elas
Mais novas ficam.

Monossílabos átonos	Monossílabos tônicos

Gênero em foco ▪▪▪ Poema

Poema é um gênero de texto que pode ser escrito em versos (cada linha do poema é um verso) e estrofes (grupos de versos) e pode ter palavras que rimam entre si, como "bola" e "cola" ou "mato" e "pato".

Em um poema, quem fala é um outro "eu", criado pelo poeta, chamado de **eu lírico** ou **eu poético**. Um poeta do gênero masculino, por exemplo, pode escrever um poema dando voz a um eu feminino, a um animal, objeto etc.

9 Da primeira estrofe do poema, reproduzida abaixo, transcreva as palavras solicitadas a seguir e separe as sílabas de cada uma delas.

Poesia
é brincar com as palavras
como se brinca
com bola, papagaio, pião.

a) Duas palavras dissílabas oxítonas. _____

b) Duas palavras dissílabas paroxítonas. _____

c) Duas palavras polissílabas paroxítonas. _____

d) Um monossílabo tônico. _____

e) Um monossílabo átono. _____

> Na seção **Listas para consulta**, página 262, você encontra uma relação de monossílabos átonos e tônicos. Consulte-a sempre que precisar.

Para um texto melhor, gramática!

Acento tônico e sentido

Em português, há várias palavras escritas ou faladas de modo muito semelhante. Às vezes, uma mudança aparentemente simples, como a posição do acento tônico, revela palavras com sentidos muito diversos. É preciso prestar atenção para dizer ou escrever exatamente o que você quer. Observe os casos a seguir.

Esta manga **está** muito doce!
- es-ta (dissílabo paroxítono)
- es-tá (dissílabo oxítono)

No verão eu **saía** de **saia** todos os dias.
- sa-í-a (trissílabo paroxítono)
- sai-a (dissílabo paroxítono)

1 Complete as frases com as palavras adequadas e depois as classifique.

a) Não quero que você ——————— do esqueite como seu irmão ——————— antigamente.   [caia/caía]

_____

b) A nova professora ——————— animada ——————— inteligente.   [é/e]

_____

c) Esses bagunceiros ——————— ontem, mas não ——————— mais no nosso time!   [jogaram/jogarão]

_____

Gênero em foco Cartão-postal

O **cartão-postal** – assim como a carta, o bilhete, o cartão de felicitação, o telegrama, o *e-mail*, entre outros – é um gênero de texto que tem o objetivo de estabelecer comunicação entre pessoas que estão em espaços físicos diferentes: o remetente e o destinatário. São textos epistolares, ou seja, usados como correspondência. O postal tem uma fotografia ou um desenho em um dos lados e, no outro, o remetente escreve a mensagem que deseja mandar e o endereço para entrega. Como o espaço é pequeno, as mensagens devem ser curtas e objetivas. O cartão-postal é enviado geralmente pelo correio, sem envelope. Nele são escritos a data, o destinatário (vocativo), a mensagem, a despedida e a assinatura.

Escrita em foco — Separação de sílabas

Quando escrevemos um texto à mão, muitas vezes a linha acaba antes de terminarmos uma palavra e é preciso separar as sílabas. Leia com atenção as convenções para essa separação.

Separe	Exemplos
as consoantes que ficam em sílabas diferentes (a primeira consoante não está seguida de vogal)	a**b**-sur-**d**o ra**p**-to
os dígrafos **ss**, **rr**, **sc**, **sç**, **xc**	mi**s**-**s**a na**s**-**c**e te**r**-**r**e-no
os encontros consonantais **cc** e **cç**	co**c**-**ç**ão o**c**-**c**i-pi-tal
as vogais que formam um hiato	s**a**-**í**-da l**u**-**a**

Nunca separe	Exemplos
as vogais de um ditongo ou de um tritongo	p**au**-la-da sa-g**uão**
os dígrafos **ch**, **lh**, **nh**, **gu** e **qu**	q**ui**-**lh**a ca-**nh**o-ta **gu**in-**ch**o **qu**e-ri-da
os encontros consonantais formados de qualquer consoante mais as consoantes **r** ou **l**	**fl**o-ris-ta **gr**a-va-ta

Atividades

TEXTO 1

Leia o poema a seguir.

Tempestade

— Menino, vem para dentro
olha a chuva lá na serra
olha como vem o vento!

— Ah! como a chuva é bonita
5 e como o vento é valente!

— Não seja doido, menino
esse vento te carrega
essa chuva te derrete!

— Eu não sou feito de açúcar
10 para derreter na chuva.

Eu tenho força nas pernas
para lutar contra o vento!

E enquanto o vento soprava
e enquanto a chuva caía
15 que nem um pinto molhado
teimoso como ele só:

— Gosto da chuva com vento
Gosto do vento com chuva!

LISBOA, Henriqueta. *O menino poeta*: obra completa. São Paulo: Editora Peirópolis, 2008. p. 27.

1 Circule a alternativa correta. O texto "Tempestade" está organizado em versos e em estrofes, assim, podemos concluir que é:

a) um poema.
b) uma HQ.
c) uma notícia de jornal.
d) uma anedota.

2 No texto "Tempestade", lemos uma conversa entre quais pessoas?

_____

3 Por que o menino não queria entrar?

_____

4 Você vê alguma diferença entre o modo que os adultos e as crianças encaram o mundo e as situações do dia a dia? Explique sua resposta.

5 Copie do texto o que se pede.

a) Da estrofe 1, um monossílabo tônico. _____

b) Da estrofe 2, um trissílabo paroxítono. _____

c) Da estrofe 3, um monossílabo átono. _____

d) Da estrofe 4, um trissílabo oxítono. _____

6 Leia o trecho a seguir. Depois, organize todas as palavras no quadro classificando-as pelo número de sílabas.

Quando preparava uma sopa com uns olhinhos de couve para o jantar, a bruxa constatou que o caldeirão estava furado. Não era muito, não senhor. Um furo pequeníssimo, quase invisível. [...]

MACHADO, José Leon. *A bruxa e o caldeirão*. Braga (Portugal): Edições Vercial, 2003. p. 2.

Monossílabo	Dissílabo	Trissílabo	Polissílabo

7 Ouça as frases que o professor vai ler e observe as palavras que serão escritas na lousa. Depois que a lousa for apagada, escreva as palavras nas lacunas à medida que o professor faz o ditado.

a) Minha _____ gosta de _____ de _____.

b) Os _____ comeram a _____ e as _____ de minha _____.

c) Pela janela, fiquei _____ o _____ de _____.

d) Quando _____ na _____, o _____ pediu um _____.

8 Organize as palavras da lista a seguir separando as que têm **ditongo** das que têm **hiato**.

dois   misterioso   jeito   ameaça   voam   cair   tédio   anão   clarão   voltou
céu   rapaziada   silenciosa   duas   embaixo   cadeado   vazio   lição   país

Palavras com ditongo	Palavras com hiato

9 Agrupe as palavras abaixo em duas colunas: as que têm **ditongo crescente** e as que têm **ditongo decrescente**.

sou   arrogância   louro   mau   dois   canário
vitória   água   embaixo   série   anéis   peito

Ditongo crescente	Ditongo decrescente

Leia o poema a seguir para responder às questões.

TEXTO 2

Os direitos das crianças

Toda criança no mundo
Deve ser bem protegida
Contra os rigores do tempo
Contra os rigores da vida.

5 Criança tem que ter nome
Criança tem que ter lar
Ter saúde e não ter fome
Ter segurança e estudar.

Não é questão de querer
10 Nem questão de concordar
Os diretos das crianças
Todos têm de respeitar.

[...]

ROCHA, Ruth. *Os direitos das crianças segundo Ruth Rocha*. São Paulo: Salamandra, 2014. p. 6.

10 Você sabia que criança tem direitos? Sublinhe os direitos das crianças que a autora enumerou na segunda estrofe.

11 Você conhece ou já ouviu falar de alguma criança que não teve seus direitos respeitados? Qual direito?

12 Rima é a repetição de sons iguais no fim de duas ou mais palavras ou versos. Escreva as palavras que rimam no poema "O direito das crianças", que você leu, e sublinhe nelas os sons que se repetem.

_____

13 Separe as sílabas das palavras a seguir, retiradas do poema, e, para cada letra, escreva o tipo de fonema que foi usado: consoante (**C**), vogal (**V**) ou semivogal (**SV**). Siga o modelo.

> **segurança** sílabas → se-gu-ran-ça   tipo de fonema → CV-CV-CVC-CV

a) criança _____

b) protegida _____

c) saúde _____

d) não _____

e) questão _____

f) respeitar _____

14 Identifique os encontros vocálicos nas palavras a seguir e classifique-os.

a) direito

d) equestre

b) papagaio

e) meu

c) tranquilo

f) língua

15 Leia em voz alta cada palavra a seguir, indique quantas letras tem e quantos fonemas foram pronunciados.

a) mesa

b) vento

c) chuva

d) forças

e) velhice

f) que

16 Observe as palavras a seguir e identifique nelas: dígrafo vocálico, encontro vocálico, dígrafo consonantal e encontro consonantal.

> guarani   trinta   pressa   barrento

17 Leia bem rápido os trava-línguas. Cuidado para não se atrapalhar!

a) O tempo perguntou pro tempo quanto tempo o tempo tem. O tempo respondeu pro tempo que o tempo tem tanto tempo quanto tempo o tempo tem.

b) O pinto pia, a pia pinga. Quanto mais o pinto pia, mais a pia pinga.

c) Pedro pregou um prego na porta preta.

d) O que é que Cacá quer? Cacá quer caqui. Qual caqui Cacá quer? Cacá quer qualquer caqui.

Agora escolha um dos trava-línguas e explique qual é o jogo verbal, isto é, quais são as palavras (ou fonemas) que se repetem ou qual variação ocorre.

Gênero em foco — Trava-língua

Trava-língua é uma espécie de jogo verbal em que se deve dizer, bem rápido e com clareza, versos ou frases com muitas sílabas difíceis de pronunciar ou formadas com os mesmos sons, mas em ordem diferente. São oriundos da cultura popular e podem ter forma de prosa, versos ou frases. Os trava-línguas têm esse nome por causa da dificuldade de tentar pronunciá-los sem tropeços, sem "travar a língua". São textos divertidos, que nos ajudam a melhorar a pronúncia em geral, e são usados em brincadeiras e disputas entre amigos.

Ortografia

1 Leia alto e rápido este trava-língua.

> Sabia que a mãe do sabiá não sabia que o sabiá sabia assobiar?

Trava-língua.

2 Qual é a diferença, na escrita, entre **sabia** e **sabiá**?

3 Essa diferença na escrita corresponde a que outras diferenças?

Para que todos possam escrever, ler e entender um texto em português, é preciso usar sempre as mesmas letras, regras e sinais. Essa é a função da ortografia.

O sistema ortográfico ou ortografia é o conjunto de **letras** e **sinais** que usamos para grafar nossa fala. Ele resulta de acordos entre os estudiosos da língua.

O sistema ortográfico é um conjunto de regras que você deve saber de cor e usar em seus textos escritos. A leitura frequente de mensagens escritas – de revistas, jornais, livros, cartazes etc. – pode ajudá-lo a conhecer melhor a ortografia do português. Em caso de dúvida, não pense duas vezes: recorra a um dicionário, a um vocabulário ortográfico ou a uma gramática.

Acentuação gráfica

O acento gráfico é usado para marcar a sílaba tônica ou certas alterações que as palavras sofrem, por exemplo, a fusão de duas vogais.

Veja a seguir os acentos que usamos em português.

Acento	Função	Exemplos
acento agudo [′]	marca o som aberto da vogal tônica	vovó, café, ré, pé, pólens, árvore
acento circunflexo [^]	marca o som fechado da vogal tônica	vovô, mês, lâmpada, cômodo
acento grave [`]	marca a crase, que é a fusão de duas letras **a**	Foi à escola.

O uso de acento gráfico é regido por poucas regras. É só aprendê-las e empregá-las na hora certa. Assim, você será craque em acentuação gráfica. Sem mistério!

Antes, vamos recordar.

1 Faça a correspondência entre a classificação das palavras e a posição do acento tônico.

a) ☐ palavras oxítonas   I. acento tônico na antepenúltima sílaba

b) ☐ palavras paroxítonas   II. acento tônico na última sílaba

c) ☐ palavras proparoxítonas   III. acento tônico na penúltima sílaba

Como se usa o acento gráfico (agudo ou circunflexo)

Veja a seguir as palavras que levam acento gráfico.

Palavras oxítonas e monossílabas tônicas terminadas em:	Exemplos
a, **e**, **o** seguidos ou não de **-s**	cajás, má, vocês, vê, avôs, nó
em, **ens** nas palavras com mais de uma sílaba	armazéns, ninguém, parabéns
ditongos tônicos **éis**, **éu**, **ói** seguidos ou não de **-s**	fiéis, anéis, chapéus, véu, heróis, mói

Palavras paroxítonas terminadas em:	Exemplos
r, l, x, n, ps	repórter, útil, tórax, hífen (mas: hifens), bíceps
ditongo oral ou nasal	colégios, sótãos
i, u seguidos ou não de **-s**	táxi, júri, lápis
um, uns	álbum, álbuns
ã, ão seguidos ou não de **-s**	órfã, ímãs, órgão

Palavras proparoxítonas	Exemplos
todas são acentuadas	lâmpada, último, cúmulo, emocionadíssimo, píncaros, vendêssemos, trêmulo, árvore

Fique atento

Palavras paroxítonas terminadas em **-en** são acentuadas no singular, mas não no plural com **-ens**: hífen, hifens. Já as oxítonas terminadas em **-ém** são acentuadas no singular e no plural com **-éns**: armazém, armazéns.

Vocabulário

Acém: carne do lombo do boi.
Glúten: substância viscosa extraída de cereais depois de eliminado o amido.
Líquen: associação simbiótica entre uma alga e um fungo.
Lúmen: unidade de medida de um fluxo luminoso.

1 Sublinhe a sílaba tônica das palavras a seguir. Depois escreva-as no plural.

a) acém _____
b) alguém _____
c) abdômen _____
d) glúten _____
e) líquen _____
f) lúmen _____
g) pólen _____
h) porém _____
i) vaivém _____

Também são acentuadas as palavras a seguir.

Palavras em que as vogais **i** ou **u**, seguidas ou não de **-s**, formam hiato com a vogal anterior		
Vogais	u	i
oxítonas	ba-ú	pa-ís
	E-sa-ú	a-í
	Ja-ú	a-tra-í
paroxítonas	sa-ú-de	Lu-ís
	mi-ú-do	fa-ís-ca
	a-la-ú-de	ba-í-a
	ci-ú-me	ju-í-zes
	gra-ú-do	ra-í-zes
	ba-la-ús-tre	ca-fe-í-na

Fique atento

Não se usa acento agudo no **i** e no **u** precedidos de outra vogal que com eles forma hiato, quando são seguidos de:
- **l, m, n, r** ou **z** na mesma sílaba: (A-bi-ga-il, con-tri-bu-in-te, ju-iz, Ra-ul, ru-im);
- **nh** na sílaba seguinte (ta-i-nha, ven-to-i-nha).

71

2 Veja as palavras a seguir. Todas estão sem acento! Leia em voz alta cada palavra e preste atenção à pronúncia. Depois, organize-as no quadro de acordo com a sílaba tônica. De olho nas regras que aprendeu, acentue quando for necessário.

a-in-da	ba-i-nha	ca-pi-tal	ce-re-bro	cons-ci-en-cia
dis-ci-pu-lo	fe-mur	fo-le-go	gi-na-sio	he-roi
jo-quei	jo-vem	ma	ma-ra-cu-ja	ne-nens
nu	pa-ra-bens	pe	re-por-ter	ta-tu
te-nis	to-neis	ve-ne-no	vi-rus	

Monossílabas tônicas	Oxítonas	Paroxítonas	Proparoxítonas

Muita atenção aos casos a seguir!

Os verbos **ter** e **vir** e seus derivados recebem **acento circunflexo** na terceira pessoa do plural do presente do indicativo.

> ele **tem** – eles **têm**   ela **vem** – elas **vêm**

Mas os verbos derivados de **ter** e **vir** (**reter**, **manter**, **intervir**, **provir** etc.) recebem:

- **acento agudo** na terceira pessoa do singular do presente do indicativo;

> O juiz sempre **intervém** na hora certa.

- **acento circunflexo** na terceira pessoa do plural do presente do indicativo.

> Os obstáculos não **detêm** um caminhão grande como esse!

VectorsMarket/Shutterstock.com

Fique atento ■■■

Lembre-se de que não são acentuadas:
- palavras paroxítonas terminadas em **-ens**, como **nuvens**, **jovens**, **itens**;
- a primeira vogal tônica dos hiatos **oo** e **ee**, como **enjoo**, **voo**, **magoo**, **veem**, **leem**, **creem**.

As palavras usadas para nomear pessoas, lugares, animais de estimação etc. devem seguir as regras de acentuação vigentes. Em algumas situações, porém, nomes de pessoas são registrados, na Certidão de Nascimento, com uma grafia diferente da oficial. Nesses casos, a pessoa deve assinar o próprio nome do mesmo jeito que no registro civil.

As palavras usadas para nomear pessoas, lugares, animais de estimação etc. são os **substantivos próprios**, que você conhecerá melhor na Unidade 3.

3 Com ou sem acento? Escreva as palavras acentuando-as, se necessário.

a) eu abençoo

b) anel

c) anis

d) bainha

e) caju

f) conteudo

g) eu coo

h) que elas deem

i) eles cairam

j) eu sai

k) gaucho

l) hifens

m) jantar

n) meu pais

o) eu perdoo

p) rainha

q) raiz

r) viuva

Atividades

TEXTO 1

Leia o poema a seguir.

Mar português

Ó mar salgado, quanto do teu sal
São lágrimas de Portugal!
Por te cruzarmos, quantas mães choraram,
Quantos filhos em vão rezaram!
5 Quantas noivas ficaram por casar
Para que fosses nosso, ó mar!

Valeu a pena? Tudo vale a pena
Se a alma não é pequena.
Quem quer passar além do **Bojador**
10 Tem que passar além da dor.
Deus ao mar o perigo e o abismo deu,
Mas nele é que **espelhou** o céu.

PESSOA, Fernando. Mensagem. In: PESSOA, Fernando. Obra poética. Rio de Janeiro: José Aguilar, 1974. p. 82.

Vocabulário

Bojador: cabo localizado na costa do Saara Ocidental, conhecido como Cabo do Medo. Era um obstáculo para os navegadores portugueses avançarem rumo ao Oriente. Dizia-se na época que, depois dele, estava o Mar Tenebroso, hoje o Atlântico, onde havia criaturas fantásticas e assassinas, ondas muito altas e buracos dentro do mar que puxavam as embarcações.
Espelhar: refletir como um espelho.

1 Na primeira estrofe, a quem se dirige o eu poético? Observe as palavras usadas nos versos e indique quais delas nos mostram isso.

73

2 Ainda na primeira estrofe, por quem choraram as mães, rezaram os filhos, esperaram as noivas que ficaram sem se casar?

_____

_____

3 Responda o que significam os seguintes versos.

> Valeu a pena? Tudo vale a pena
> Se a alma não é pequena.

_____

_____

4 Os dois últimos versos da segunda estrofe apresentam características negativas e positivas do mar. Quais são elas?

_____

_____

5 No poema, encontramos coincidência de sons, também chamada de rima. Sublinhe no poema as palavras que rimam entre si.

6 Explique a acentuação gráfica das palavras sublinhadas no poema.

_____

_____

_____

7 Escreva as palavras a seguir e acentue-as graficamente, se necessário. Depois faça a correspondência para justificar a razão do uso (ou não) do acento gráfico de acordo com as regras.

Regras de acentuação

I. São acentuadas as paroxítonas terminadas em **r, l, x, n**.

II. São acentuadas as paroxítonas terminadas em ditongo oral ou nasal.

III. São acentuadas as paroxítonas terminadas em **i** e **u**, mesmo seguidos de **-s**.

IV. São acentuadas as paroxítonas terminadas em **um, uns**.

V. Não são acentuadas as paroxítonas terminadas em **ens**.

VI. Não são acentuados o **i** e o **u** tônicos em hiato, seguidos das consoantes **l, m, n, r** ou **z** na mesma sílaba.

VII. Não são acentuados o **i** e **u** tônicos seguidos de **nh** em outra sílaba.

☐ açucar	☐ colegio	☐ possivel	☐ triunfo
☐ ainda	☐ lapis	☐ rainha	☐ tuneis
☐ album	☐ moinho	☐ ruins	☐ itens
☐ amavel	☐ nuvens	☐ tenis	

8 Escolha as palavras adequadas, entre as sugeridas nos parênteses, para completar as frases.

a) A _____ do escritório _____ às cinco horas. (secretária/secretaria)(sai/saí)

b) Antigamente ela não _____ aos domingos. (saia/saía)

c) O Brasil é nosso _____ natal. (pais/país)

d) Ele _____ bobo se não aceitasse o presente. (seria/séria)

e) Eu já _____ que ia chover hoje. (sabia/sábia)

f) Mês passado eu _____ do curso de inglês. (sai/saí)

g) O _____ _____ cantando lá no alto da mangueira. (sabia/sabiá)(está/esta)

h) Os meus _____ viajaram de férias. (pais/país)

i) Preciso buscar meu boletim na _____. (secretaria/secretária)

j) _____ semana vamos ao cinema, mas estamos em _____ sobre o filme. (está/esta)(duvida/dúvida)

k) Que _____ linda você está usando! (saia/saía)

l) Ninguém _____ que você irá bem na prova! (dúvida/duvida)

9 Escreva a forma flexionada do verbo entre parênteses que completa cada frase a seguir.

a)

www.gazetaesportiva.com/times/real-madrid/hazard-tem-lesao-muscular-e-desfalca-o-real-por-tempo-indeterminado

Hazard _____ lesão muscular e desfalca o Real por tempo indeterminado   (ter)

Gazeta Esportiva, 16 ago. 2019. Disponível em: www.gazetaesportiva.com/times/real-madrid/hazard-tem-lesao
-muscular-e-desfalca-o-real-por-tempo-indeterminado. Acesso em: 16 ago. 2019.

b) — Ignorava, como todos, disse ele, o que esta carta _____ [...]. (conter)

MACHADO DE ASSIS. Contos fluminenses. *In:* MACHADO DE ASSIS. *Obra completa.* Rio de Janeiro: Nova Aguilar, 1994. v. II.

c) [...] Ciganinha, e Pele e Zito, também, _____ para a amparar. [...] (vir)

GUIMARÃES ROSA. Partida do audaz navegante. *In:* GUIMARÃES ROSA. *Primeiras estórias.* Rio de Janeiro: Nova Fronteira, 1962. p. 115. Disponível em: http://static.recantodasletras.com.br/arquivos/5206036.pdf?1430610030. Acesso em: 16 ago. 2019.

d)

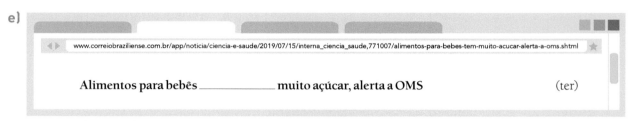

Neurologista _____ possibilidade de tratar autismo antes do diagnóstico: "quase uma prevenção" (ver)

TIENGO, Rodolfo. *G1,* 6 abr. 2019. Disponível em: https://g1.globo.com/sp/ribeirao-preto-franca/noticia/2019/04/06/neurologista-ve-possibilidade-de-tratar-autismo-antes-do-diagnostico-quase-uma-prevencao.ghtml. Acesso em: 16 ago. 2019.

e)

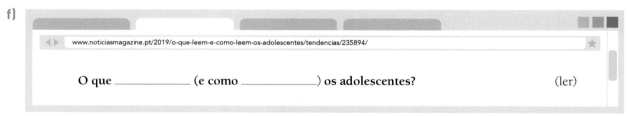

Alimentos para bebês _____ muito açúcar, alerta a OMS (ter)

Correio Braziliense, Brasília, DF, 15 jul. 2019. Disponível em: www.correiobraziliense.com.br/app/noticia/ciencia-e-saude/2019/07/15/interna_ciencia_saude,771007/alimentos-para-bebes-tem-muito-acucar-alerta-a-oms.shtml. Acesso em: 16 ago. 2019.

f)

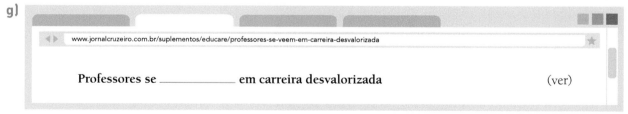

O que _____ (e como _____) os adolescentes? (ler)

TEIXEIRA, Sofia. *Notícias Magazine,* 9 jan. 2019. Disponível em: www.noticiasmagazine.pt/2019/o-que-leem-e-como-leem-os-adolescentes/tendencias/235894/. Acesso em: 16 ago. 2019.

g)

Professores se _____ em carreira desvalorizada (ver)

Cruzeiro do Sul, 28 set. 2018. Disponível em: www.jornalcruzeiro.com.br/suplementos/educare/professores-se-veem-em-carreira-desvalorizada. Acesso em: 16 ago. 2019.

h)

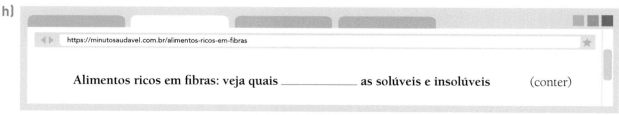

Alimentos ricos em fibras: veja quais _____ as solúveis e insolúveis (conter)

Minuto Saudável, 17 jul. 2019. Disponível em: https://minutosaudavel.com.br/alimentos-ricos-em-fibras. Acesso em: 30 ago. 2019.

Classes de palavras

Você, com certeza, já viu as latas de lixo para reciclagem: cada cor equivale a um tipo de material. Para usá-las, é preciso **separar** ou **classificar** o que será descartado.

Observe a imagem a seguir e escreva, nas etiquetas, para qual tipo de lixo cada cesto serve.

No mundo todo, as pessoas estão preocupadas com os danos que nós, seres humanos, e nossos hábitos da vida moderna temos causado ao planeta. Muitos países têm tomado atitudes em defesa do meio ambiente, como a preservação da natureza e dos recursos naturais, o reaproveitamento de dejetos ou de produtos usados para introduzi-los novamente no ciclo de produção, entre outras.

Na reciclagem, o lixo é considerado matéria-prima. Com esse processo, geramos uma quantidade menor de "lixo", poupamos recursos naturais, reduzimos a poluição e criamos novos empregos!

No Brasil, muitas cidades já adotaram o sistema de coleta seletiva de lixo. Primeiro, é preciso classificar e separar os tipos de lixo para dar a cada um o destino adequado na cadeia de reaproveitamento.

Da mesma forma, para conhecer melhor o mundo (objetos, coisas, seres etc.), as pessoas agrupam e classificam tudo o que as cerca. Para você, o que é **classificar**?

Desde o tempo das cavernas, os seres humanos classificam o mundo à sua volta, principalmente os outros seres vivos. Era preciso, por exemplo, saber o que poderia servir de alimento e o que deveria ser evitado, por oferecer perigo.

> Classificar significa agrupar em classes, observando aspectos de semelhança entre os elementos classificados.

Para classificar, é preciso definir quais **critérios** servirão de guia.

Imagine, por exemplo, um quarto com objetos variados: livros, cadernos, caixas de lápis de cor, marca-texto, bola, boneca ou boneco, tênis, sandálias. Só que está tudo misturado, não dá para achar nada!

Veja, agora, o mesmo quarto arrumado.

Para arrumar o quarto, foi preciso classificar, separar, agrupar etc. com base em critérios. Observe as etiquetas usadas na arrumação dos objetos do quarto.

Fácil, não? Pois bem, podemos fazer o mesmo com as palavras de nossa língua.

Observe o exemplo.

> A bola amarela

Nessa expressão, há três palavras e cada uma delas tem:

- uma forma diferente (por exemplo, os sons e as sílabas que as constituem são diferentes);
- um sentido diferente (**bola** é um objeto, **amarela** é uma característica etc.);
- uma função (**bola** é o centro da expressão, **a** e **amarela** acompanham **bola**).

Agora veja estas outras palavras:

> alegre, árvore, alegremente, cantava, casa, oba, cinco, de, era, mas, minha, nem, nós, os, para, primeiras, puxa, subitamente, uma, animados

Para separá-las e classificá-las, observamos, em cada palavra, as características a seguir.

O sentido	Toda palavra tem sempre uma forma relacionada a um sentido.
A forma	
A função	Cada palavra tem uma função na frase. É assim que os textos são compostos e a comunicação ocorre.

De acordo com esses três critérios de classificação, as palavras podem ser agrupadas em dez classes de palavras, também chamadas de classes gramaticais.

Variáveis	Invariáveis
substantivo artigo adjetivo pronome numeral verbo	advérbio preposição conjunção interjeição
São variáveis porque sua forma varia em gênero e número ou em número, pessoa, tempo e modo.	São invariáveis porque sua forma não varia, fica sempre a mesma.

1 Indique a classe gramatical dos pares de palavras a seguir. Se necessário, consulte as cores de cada classe no quadro acima.

a) árvore, casa _____

b) os, uma _____

c) alegre, animados _____

d) nós, minha _____

e) primeiras, cinco _____

f) de, para _____

g) mas, nem _____

h) cantava, era _____

i) subitamente, alegremente _____

j) puxa!, oba! _____

Escrita em foco ▪️◻️ Ortografia

Na língua escrita, além das letras do alfabeto e dos acentos de que já falamos (agudo, circunflexo e grave), usamos também alguns sinais auxiliares. São as marcas gráficas, que você já deve ter observado.

Marca gráfica	Função	Exemplo
Apóstrofo [']	Indica a retirada de um fonema na pronúncia e de uma letra na escrita.	pasta-d'água, olho-d'água
Til [~]	Indica a vogal nasal.	mãe, irmão, rã, lã, anã
Cedilha [ç]	Faz com que a letra **c** tenha o som do fonema /s/.	peça, abraço, açude
Trema ["]	Altera o som de uma vogal; usado apenas em palavras derivadas de nomes próprios estrangeiros, grafados com trema na língua estrangeira.	Müller, mülleriano
Hífen [-]	Liga elementos de palavras compostas.	vitória-régia, amor-perfeito
	Liga pronomes a verbos.	calou-se, perguntei-lhe
	Separa sílabas.	"Que-re-mos mú-si-ca!"
	Indica separação de palavras no fim da linha.	Os terremotos são movimentos bruscos e rápidos da crosta terrestre.

A letra **c** representa dois sons:

- antes de **a**, **o** e **u** → letra **c** com som de /k/ → **c**aminho, **c**orrida, **c**urioso;
- antes de **e** e **i** → letra **c** com som de /s/ → **c**erimônia, **c**ivil.

A letra **c** com cedilha [ç] também tem o som de /s/:

- antes de **a**, **o** e **u** → letra **ç** com som de /s/ → dan**ç**a, a**ç**o, a**ç**ude.

Lembre-se: **ç** somente é usado antes de **a**, **o** e **u**.

Lembre-se

O **til** [~] não é acento gráfico nem marca a sílaba tônica. É um sinal que indica ou marca a vogal nasal. Assim, ele pode ser usado:
- sobre uma vogal nasal tônica, como **pão**, **lã**;
- sobre uma vogal nasal átona, como **imã**, **dólmã**.

1 Use o acento gráfico ou a notação léxica que falta nas palavras a seguir. Se tiver dúvida, consulte as regras que você já estudou ou um dicionário.

a) a estatua

b) a estrela dalva

c) a segunda feira

d) assustou se

e) eu inicio

f) impossivel

g) ninguem

h) o bebe

i) o caráter

j) o espirito

k) o mal estar

l) o recem nascido

Dicionário em foco — Palavras-guia

Observe a página de dicionário ao lado. No topo dela, há duas palavras em destaque: **andorinha** e **anfíbio**. São as palavras-guia, a primeira e a última palavra da página. Assim, fica fácil achar outras palavras: qualquer uma que se situe entre elas na ordem alfabética pode ser encontrada nesta página.

FERREIRA, Aurélio Buarque de Holanda. *Dicionário Aurélio Júnior*. Curitiba: Positivo, 2011. p. 81.

andorinha ... **anfíbio²**

an.do.ri.nha *subst. fem.* Nome comum a várias aves de pequeno porte e asas longas.
an.do.ri.nhão *subst. masc.* Nome comum a aves de asas longas e voo muito rápido. [Plural: *andorinhões*.]
an.dra.jo *subst. masc.* Roupa velha, em trapos. [Também usado no plural.]
an.dra.jo.so (ó) *adj.* Coberto de andrajos. [Plural: *andrajosos* (ó).]
an.dro.ceu *subst. masc. Ciências naturais* Conjunto dos órgãos masculinos da flor, os estames. [Confronte *gineceu*.]
an.dro.gi.ni.a *subst. fem. Ciências naturais* Qualidade ou caráter de andrógino.
an.dró.gi.no *adj. e subst. masc. Ciências naturais* Hermafrodito.
an.droi.de (ói) *subst. 2 gên.* Autômato de figura humana.
an.dro.pau.sa *subst. fem. Saúde* Mudanças físicas e psicológicas em homens de 50 a 70 anos.
a.ne.do.ta *subst. fem.* 1. Relato breve de fato engraçado ou curioso. 2. *Por extensão* Piada.
a.ne.do.tá.ri:o *subst. masc.* Coleção ou conjunto de anedotas.
a.ne.dó.ti.co *adj.* Que encerra anedota.
a.nel *subst. masc.* 1. Pequena tira circular, geralmente de metal, simples ou com engaste de pedras, etc., usada no dedo como adorno. 2. Qualquer objeto ou órgão circular. 3. Caracol ou cacho de cabelo. 4. Cada elo de corrente. [Plural: *anéis*.]
a.ne.la.do *adj.* 1. Em forma de anel; anelar, anular. 2. Encaracolado (cabelo).
a.ne.lan.te *adj. 2 gên.* 1. Que deseja ardentemente. 2. Ofegante.
a.ne.lão *subst. masc.* Anel grosso, de prata ou de ouro. [Plural: *anelões*.]
a.ne.lar¹ *adj. 2 gên.* Veja *anelado* (1).
a.ne.lar² *verbo trans. dir.* Dar forma de anel a.
a.ne.lar³ *verbo trans. indir. e trans. dir.* 1. Desejar com ardor: *Anelava (por) um dia de sossego*. *Intrans.* 2. *Anelar³* (1). 3. Veja *ofegar*.
a.ne.lí.de:o *Ciências naturais adj.* 1. Dos, ou relativo aos anelídeos. • *subst. masc.* 2. Animal anelídeo. ★ *anelídeos* Filo de vermes de corpo mole e alongado, segmentado. Exemplos: minhoca, sanguessuga.
a.ne.mi.a *subst. fem. Saúde* Baixa, no sangue, de glóbulos vermelhos (hemácias) ou de hemoglobina.
a.nê.mi.co *adj.* 1. Relativo a, ou próprio da anemia. 2. Que sofre de anemia. 3. *Figurado* Sem força, sem vigor. • *subst. masc.* 4. Indivíduo anêmico.

a.ne.mo.me.tri.a *subst. fem.* Medição da direção, intensidade e velocidade do vento.
a.ne.mô.me.tro *subst. masc.* Instrumento para medir a velocidade ou a força do vento.
a.nê.mo.na *subst. fem.* 1. Erva de flores vistosas, dos climas frios. 2. Sua flor.
a.nê.mo.na-do-mar *subst. fem.* Animal que vive no fundo do mar, de vida solitária, e com coroa de tentáculos em torno da boca; actínia, flor-das-pedras. [Plural: *anêmonas-do-mar*.]
a.ne.quim *subst. masc. Brasileirismo* Tubarão muito feroz que chega a medir 6,5 metros; tubarão-branco. [Plural: *anequins*.]
a.nes.te.si.a *subst. fem. Saúde* Perda total ou parcial da sensibilidade, por efeito de doenças ou conseguida de propósito, nas operações cirúrgicas.
a.nes.te.si.ar *verbo trans. dir.* Provocar anestesia em.
a.nes.té.si.co *adj.* 1. Que anestesia. • *subst. masc.* 2. *Saúde* Medicamento anestésico.
a.nes.te.si:o.lo.gi.a *subst. fem. Saúde* Ramo da medicina que estuda os fenômenos da anestesia artificialmente provocada.
a.nes.te.si:o.lo.gis.ta *subst. 2 gên. Saúde* Especialista em ministrar anestésico (2), em intervenção cirúrgica.
a.nes.te.sis.ta *subst. 2 gên.* Veja *anestesiologista*.
a.nes.tro *subst. masc. Ciências naturais* Período de repouso sexual, em que a fêmea não é susceptível de acasalamento.
a.né.ti.co *adj.* Sem ética. [Antônimo: *ético*.]
a.neu.ris.ma *subst. masc. Saúde* Dilatação da parede da artéria ou da veia.
a.ne.xa.ção (cs) *subst. fem.* Ato de anexar(-se), ou o resultado deste ato.
a.ne.xar (cs) *verbo trans. dir. e indir.* 1. Juntar à coisa considerada como principal: *anexar outras cláusulas ao contrato*. 2. Reunir (um país, ou parte dele) a (outro). *Pronominal* 3. Reunir-se, juntar-se.
a.ne.xo (cs) *adj.* 1. Ligado, preso. 2. Aposso, ajuntado. • *subst. masc.* 3. O que está ligado como acessório. 4. Prédio dependente de outro, ou que o complementa.
an.fí.bi:o¹ *adj.* 1. Que vive tanto em terra como na água. 2. Que pode ser utilizado em terra ou na água.
an.fí.bi:o² *Ciências naturais adj.* 1. Dos, ou relativo aos anfíbios. • *subst. masc.* 2. Animal anfíbio. ★ *anfíbios* Classe de animais vertebrados, sem pelos ou esca-

- 81 -

---

1 Você encontraria a palavra **anel** nesta página olhando apenas as palavras-guia?

2 E a palavra **árvore**?

Em alguns dicionários, em vez de palavras completas, há apenas as três primeiras letras das palavras-guia, o que também ajuda na procura. Nesta página, por exemplo, as guias seriam: **and** e **anf**.

3 Faça a correspondência entre a linha de cima, de palavras para serem encontradas no dicionário, e a linha de baixo, de palavras-guia.

a) ☐ dança   b) ☐ desporto   c) ☐ desviar   d) ☐ dístico   e) ☐ dorso

I. doqueiro/duelar
II. disfarçado/distinto
III. destingir/determinável
IV. despertar/destinatário
V. damasco/decagrama

81

Atividades

Jorge Amado, autor baiano, escreveu muitos romances, como *Capitães de areia*, *Tieta do Agreste*, *Dona Flor e seus dois maridos*. Alguns foram transformados em novelas de TV ou em filmes. Conheça um pouco a prosa desse autor.

TEXTO 1

Madrugada

[...]

Com um beijo, a Manhã apaga cada estrela enquanto prossegue a caminhada em direção ao horizonte. Semiadormecida, bocejando, acontece-lhe esquecer algumas sem apagar. Ficam as pobres acesas na claridade, tentando inutilmente brilhar durante o dia, uma tristeza.

5 Depois a Manhã esquenta o Sol, trabalho cansativo, tarefa para gigantes e não para tão delicada rapariga. É necessário soprar as brasas consumidas ao passar da Noite, obter uma primeira, vacilante chama, mantê-la viva até crescer um fogaréu. Sozinha, a Manhã levaria horas para iluminar o Sol, mas quase sempre o Vento, soprador de fama, vem ajudá-la. Por que o bobo faz questão de dizer que estava passando ali quando todos sabem não existir tal casualidade e sim propósito deliberado? Quem não se dá conta da
10 secreta paixão do Vento pela Manhã? Secreta? Anda na boca do mundo.

[...]

AMADO, Jorge. *O Gato Malhado e a Andorinha Sinhá*. Rio de Janeiro: Record, 1984. p. 11.

1 Quais são os personagens desse texto?

_____

2 Na **personificação** são atribuídas qualidades de seres animados (voz, sentimentos, raciocínio etc.) a seres inanimados ou abstratos. Podemos dizer que nesse texto há personificação? Por quê?

_____

3 Assinale a alternativa correta. Segundo o texto, quais são as tarefas da Manhã?

a) ☐ Apagar as estrelas com um beijo.   c) ☐ Bocejar, semiadormecida.

b) ☐ Apagar as estrelas na tomada.   d) ☐ Esquentar e iluminar o Sol.

4 Como a Manhã faz para esquentar o Sol?

_____

5 Quem ajuda a Manhã nessa tarefa?

_____

6 De acordo com o texto, como o Vento se sente em relação à Manhã?

_____

7 O que quer dizer a expressão "Anda na boca do mundo"?

_____

8 Retire do texto uma palavra em que haja:

a) acento agudo. _____

b) acento circunflexo. _____

c) hífen. _____

d) til. _____

TEXTO 2

Leia o cartum a seguir.

TONIN, Piero. Disponível em: http://grafar.blogspot.com/2009/06/serie-do-mes-homens-das-cavernas_22.html. Acesso em: 23 jan. 2020.

9 O gênero cartum é engraçado porque um dos recursos que usa para criar humor é uma incoerência. Identifique esse recurso no cartum que você leu.

10 A charge ou o cartum costumam ironizar comportamentos humanos. No caso anterior, por meio do humor, que tipo de relacionamento está sendo criticado: político, profissional ou familiar? Quais são as pessoas envolvidas?

11 Reescreva a fala do cartum e acrescente uma palavra de sua escolha para acompanhar o substantivo **visitas**. Na primeira frase, escreva antes do substantivo, e na segunda, depois; assim, você enriquece as expressões nominais.

a) Estou guardando ele para as _____ visitas.

b) Estou guardando ele para as visitas _____.

12 Qual é a classe gramatical das palavras que você escolheu? Escolha uma delas e elabore novas frases com essa palavra. Não se esqueça de pontuá-las adequadamente.

_____
_____
_____
_____

Gênero em foco — Cartum e charge

Charge e cartum são desenhos humorísticos ou caricaturais, com ou sem legenda e balão, que geralmente têm apenas um quadro e são publicados na imprensa. Utilizam tanto a linguagem verbal como a não verbal e deixam bem evidente a opinião do autor. Para ler e entender bem um texto desse gênero, precisamos prestar atenção nas palavras, nos desenhos, nas cores, nos movimentos, na gesticulação e até nos sons.

O **cartum** comenta aspectos ligados ao comportamento humano de forma geral, sem situar no tempo ou no espaço. É uma espécie de anedota gráfica que censura ou ironiza atitudes humanas.

A **charge** tem como tema uma situação específica, situada no tempo e no espaço, e pode criticar e focar em um ou mais personagens, geralmente pessoas da vida pública, conhecidos.

Retomar

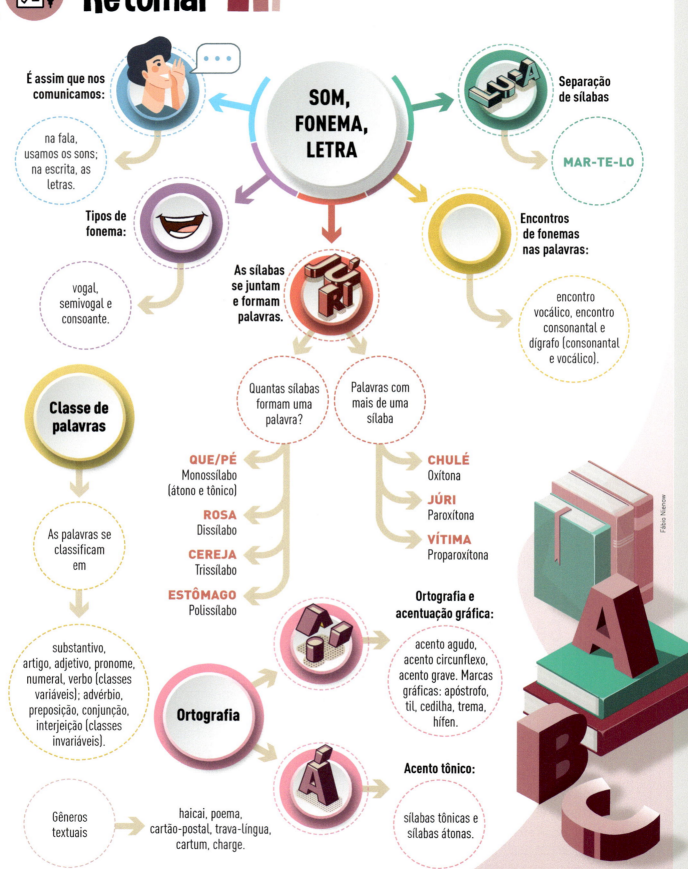

UNIDADE 3

Um levantamento realizado pelo IBGE (Instituto Brasileiro de Geografia e Estatística) com base no Censo 2010 identificou que os nomes mais comuns entre os brasileiros são Maria, com frequência de 11,7 milhões de pessoas, e José, com 5,7 milhões de pessoas. [...]
A pesquisa [...] observou que há, no país, 130.348 nomes diferentes, 63.456 masculinos e 72.814 femininos, sendo que há nomes comuns aos dois sexos. [...]

UM PAÍS de Marias e Josés: nomes são os mais frequentes no Brasil, diz IBGE. *UOL*, São Paulo, 27 abr. 2016. Disponível em: https://noticias.uol.com.br/cotidiano/ultimas-noticias/2016/04/27/um-pais-de-marias-e-joses-nomes-sao-os-mais-frequentes-no-brasil-diz-ibge.htm. Acesso em: 25 nov. 2019.

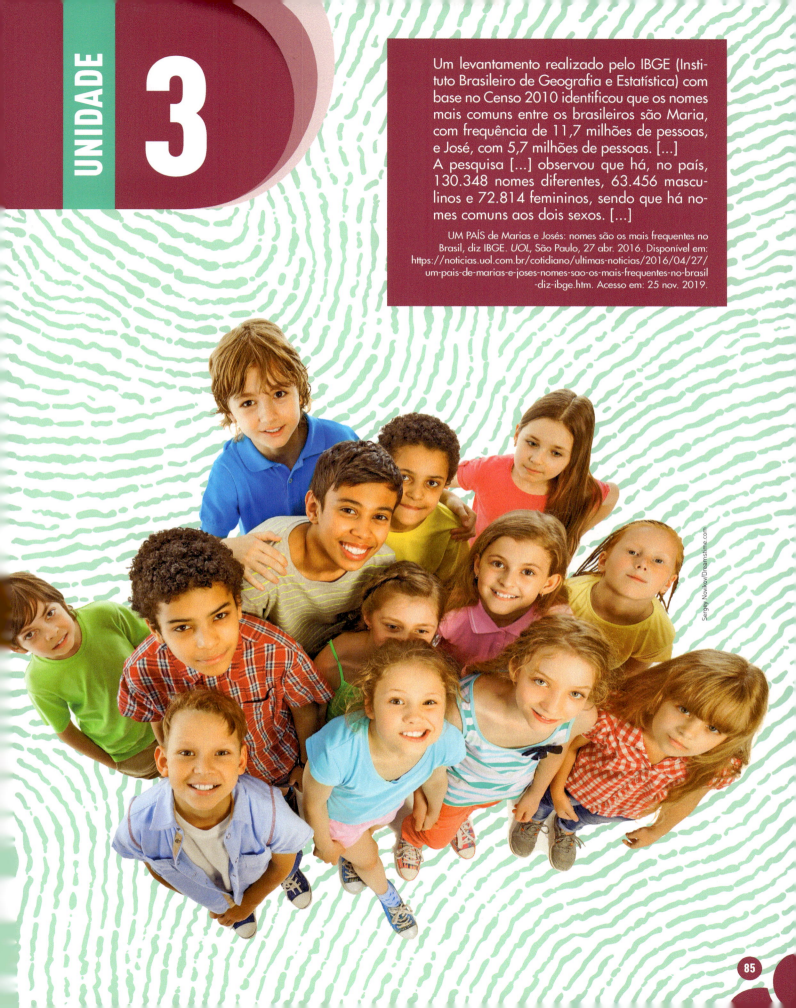

Substantivo: o que é, como se classifica, como se forma

Leia o poema a seguir.

O trabalho e o lavrador

O que disse o pão ao padeiro?

Antes do pão, eu fui farinha,
farinha que o **moinho** moía
debaixo do olhar do **moleiro**.

5 O que disse a farinha ao moleiro?

Um dia eu fui grão de trigo
que o **lavrador** ia colhendo
e empilhando no **celeiro**.

O que disse o grão ao lavrador?

10 Antes do trigo, fui semente,
que tuas mãos semearam
até que me fizesse em flor.

O que disse o lavrador às suas mãos?

Com vocês, lavro essa terra,
15 semeio o trigo, colho o grão,
moo a farinha e faço pão.

E a isso tudo eu chamo trabalho.

CAPPARELLI, Sérgio. O trabalho e o lavrador. *In:* CAPPARELLI, Sérgio. *111 poemas para crianças.* Porto Alegre: L&PM, 2010. p. 22.

> **Vocabulário**
>
> **Celeiro:** construção rural para armazenar grãos ou provisões.
> **Lavrador:** pessoa que trabalha na lavoura.
> **Moinho:** máquina para moer grãos de cereais, movida pelo vento, água ou motor; construção em que fica instalada essa máquina.
> **Moleiro:** dono de um moinho ou pessoa que nele trabalha.

1 No poema, quem está falando nas estrofes 2, 4, 6 e 8?

2 Para o eu poético, o que é trabalho?

3 Observe as palavras sublinhadas no texto e escreva cada uma na coluna relacionada a ela.

Servem para alimentação	Construções feitas pelos seres humanos	Referem-se a pessoas	Ligada à natureza	Partes do corpo humano

As palavras que você listou são substantivos.

Substantivo é uma das dez classes de palavras. Ele tem um papel importante em tudo o que dizemos, dando nome:

- aos **seres em geral** – visíveis ou imaginários, animados ou inanimados (homem, cidade, Zeus, gnomo, cavalo, menina, Maria, pedra);
- aos **sentimentos** (saudade, alegria, nervosismo);
- aos **estados** (velhice, febre);
- às **ações** (gritaria, viagem, limpeza);
- às **ideias** (justiça, verdade, opinião);
- às **qualidades** (bondade, inteligência).

> ↑ O **substantivo** é uma palavra variável, que sofre alterações em sua forma para expressar diferentes noções gramaticais, como plural, feminino e outras que veremos adiante.

4 Olhe à sua volta e escolha três objetos, animais ou pessoas. Escreva os substantivos que nomeiam o que você escolheu.

_____

_____

_____

5 Copie na tabela abaixo os substantivos a seguir, cada um na coluna adequada. Ao escrevê-los, coloque antes deles as palavras **a** ou **o** (por exemplo, "a alegria").

alegria	beleza	bondade	caderno	camelo
criatividade	confusão	construção	corrida	felicidade
inteligência	jacaré	lápis	martelo	menino
mesa	pescaria	rosa	saudade	zanga

Seres vivos	Ações	Objetos	Sentimentos	Qualidades

Substantivo: centro de uma expressão nominal

O substantivo é o **centro de uma expressão nominal**, porque está geralmente acompanhado e modificado por palavras de outras classes gramaticais (artigos, adjetivos, pronomes ou numerais) que completam ou alteram seu sentido:

o papagaio dourado	um sabiá colorido	as gatinhas manhosas	o cachorro feroz e assustador

Veja as expressões nominais a seguir. Observe como o substantivo pode ser acompanhado por várias palavras que se relacionam com ele.

Você tem **bola**?
        subst.

Tenho <u>uma</u> **bola**.
        art.   subst.

Tenho <u>uma</u> **bola** branca.
        art.   subst.   adj.

Essa é <u>a</u> <u>minha</u> **bola** <u>branca</u>.
        art. pron.   subst.   adj.

> Repare que o sentido básico contido no substantivo **bola** vai se expandindo e se tornando mais preciso à medida que são acrescentadas palavras à expressão nominal.

1 Os substantivos a seguir estão no poema de Sérgio Capparelli. Enriqueça e deixe mais preciso o sentido de cada um acrescentando palavras que formem expressões nominais.

a) _____ trabalho _____

b) _____ farinha _____

c) _____ dia _____

d) _____ mãos _____

e) _____ dia _____

f) _____ semente _____

g) _____ flores _____

h) _____ terra _____

Tipos de substantivo: classificação

Há diferentes tipos de substantivo. Eles se classificam quanto à significação e quanto à forma. Quanto à significação, os substantivos podem ser:

- comuns ou próprios;
- concretos ou abstratos;
- coletivos.

Substantivo comum e substantivo próprio

I. **Substantivo comum:** nomeia, de modo genérico, qualquer objeto, sentimento ou ser de uma espécie, sem particularizá-lo.

| sino | papagaio | palito | criança | país | onça | escola |

II. **Substantivo próprio:** nomeia determinado ser de uma espécie, destacando-o como único entre os outros do grupo – certa pessoa, determinada rua, um país específico etc. É escrito com inicial maiúscula.

| Noel | Roberto | Manaus | Brasil | Flamengo |

Leia o trecho a seguir, do livro *O Gato Malhado e a Andorinha Sinhá*, do escritor Jorge Amado, em que um gato conhece uma andorinha e se apaixona por ela, apesar de eles serem bem diferentes.

[...]
A história que a Manhã contou ao Tempo para ganhar a rosa azul foi a do Gato Malhado e da Andorinha Sinhá; ela a escutara do Vento, sussurrada com enigmática expressão e alguns suspiros – a voz **plangente**.
5 Eu a transcrevo aqui por tê-la ouvido do ilustre Sapo Cururu que vive em cima de uma pedra, em meio ao musgo, na margem de um lago de águas podres, em paisagem **inóspita** e **desolada**. [...] O Sapo Cururu é Doutor em Filosofia, **Catedrático** de **Linguística** e Expressão Corporal [...].

AMADO, Jorge. *O Gato Malhado e a Andorinha Sinhá*. São Paulo: Cia. das Letrinhas, 2008. p. 26.

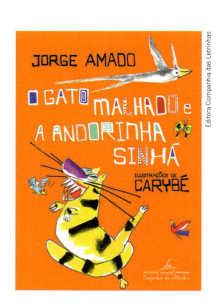

Catedrático: professor de uma universidade.
Desolado: que foi arruinado.
Inóspito: diz-se de lugar que não oferece condições para se viver.
Linguística: estudo da linguagem e dos princípios gerais de funcionamento e evolução das línguas.
Plangente: lamentoso.

1 Complete as lacunas.

Segundo o texto, essa história foi contada pelo _____, que a relatou para a

_____, que, por sua vez, narrou-a para o _____.

2 O autor personalizou elementos e seres da natureza atribuindo-lhes características de pessoas. Cite uma dessas características.

_____

3 No trecho lido, encontramos substantivos comuns e próprios. Escreva **C** para o substantivo comum e **P** para o substantivo próprio.

a) ☐ águas   e) ☐ lago   i) ☐ paisagem   m) ☐ suspiros

b) ☐ Andorinha Sinhá   f) ☐ Manhã   j) ☐ pedra   n) ☐ Tempo

c) ☐ Gato Malhado   g) ☐ margem   k) ☐ rosa   o) ☐ Vento

d) ☐ história   h) ☐ musgo   l) ☐ Sapo Cururu   p) ☐ voz

Substantivo concreto e substantivo abstrato

I. Substantivo concreto: nomeia os seres animados ou inanimados, reais ou imaginários, ou seja, pessoas, lugares, instituições, gêneros, espécies ou um de seus representantes.

gente	dente	bilhete	bola	gato	estrela	duende	gelo
lápis	fada	pedra	régua	peixe	chuva	nevoeiro	dinheiro
tribunal	círculo	algarismo	símbolo	Maria	Brasil	Terra	

II. Substantivo abstrato: nomeia qualidade, ação, sentimento, estado, modo de ser etc. Denota propriedades abstraídas dos seres concretos ou de suas ações. Essas noções não se explicam pelas oposições **animado** × **inanimado** ou **real** × **imaginário**.

- aspereza → propriedade de algo que é áspero.
- justiça → qualidade do que é justo.

Um substantivo abstrato não existe por si só, resulta de sua relação de sentido com outro substantivo: alguém precisa sentir amor para o "amor" existir (dependente). Já "pessoa", substantivo concreto, existe por si só (independente).

- saci → substantivo concreto.
- felicidade → substantivo abstrato (qualidade de alguém que está feliz).

Exemplos de substantivos abstratos:

verdade	limpeza	largura	altura	saúde	caridade	pureza	afeição	amor	ódio
paixão	felicidade	tristeza	coragem	honestidade	fidelidade	perfeccionismo			
inteligência	trabalho	doação	agradecimento	encontro	olhar	caça	viagem		
vitória	vida	solidão	morte	calor	frio	medo			

89

Leia o poema a seguir.

Voz que se cala

Amo as pedras, os astros e o luar
Que beija as ervas do atalho escuro,
Amo as águas de anil e o doce olhar
Dos animais, divinamente puro.

5 Amo a **hera** que entende a voz do muro,
E dos sapos, o **brando tilintar**
De cristais que se afagam devagar,
E da minha **charneca** o rosto duro.

Amo todos os sonhos que se calam
10 De corações que sentem e não falam,
Tudo o que é Infinito e pequenino!

Asa que nos protege a todos nós!
Soluço imenso, eterno, que é a voz
Do nosso grande e mísero Destino!...

ESPANCA, Florbela. *Poemas selecionados*. [S. l.]: Ciberfil Literatura Digital, 2002. p. 81.
Disponível em: www.dominiopublico.gov.br/download/texto/ph000240.pdf.
Acesso em: 20 ago. 2019.

1 No poema predomina o **silêncio** e se evidencia uma preferência pela **simplicidade** e **calma**. Circule algumas expressões que mostram essa escolha de palavras.

2 Complete:
Na última estrofe, quebra-se o silêncio e surge um "soluço imenso", que é _____.

Vocabulário

Brando: ameno.
Charneca: pântano, charco.
Hera: planta trepadeira usada para revestir muros.
Tilintar: barulho de sons agudos sucessivos.

3 Sublinhe no poema os substantivos concretos e copie a seguir o substantivo abstrato que encontrar.

_____

4 Indique, para cada frase, os substantivos abstratos correspondentes aos verbos destacados.

a) Eu viajei para **trabalhar**. Eu viajei por causa de um _____.

b) O grupo reuniu-se para **festejar**. O grupo reuniu-se para uma _____.

c) Nós vamos aproveitar para **comemorar**. Nós vamos aproveitar para fazer uma _____.

d) Quero **agradecer** pela sua gentileza com minha mãe. Aceite meu _____, ele é de coração.

e) Combinei de **encontrar** a Bia na saída da escola. Combinei um _____ com a Bia na saída.

5 Dê o substantivo abstrato correspondente às qualidades a seguir.

a) Paisagem bela _____

b) Tarefa difícil _____

c) Criança feliz _____

d) Muro alto _____

e) Professor inteligente _____

f) Solução simples _____

g) Senhora gentil _____

Fique atento

Conforme o contexto em que sejam usados, alguns substantivos abstratos podem ser empregados como concretos. É sempre importante olhar o contexto para compreender o sentido (e, consequentemente, a classificação) das palavras. Vejamos:
- A **redação** deste capítulo demorou pouco tempo.
  (redação = ato de redigir, portanto, substantivo abstrato.)
- A **redação** da Cristina está escrita em papel amarelo.
  (redação = trabalho escolar escrito, portanto, substantivo concreto.)
- Faça o **bem** sem olhar a quem.
  (bem = uma ação boa, positiva, portanto, substantivo abstrato.)
- Perdeu todos os seus **bens** no incêndio da casa em que morava.
  (bens = os pertences de alguém, portanto, substantivo concreto.)

6 Indique se as palavras em destaque nas frases são substantivos concretos ou abstratos.

a)

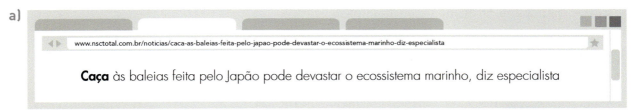

Caça às baleias feita pelo Japão pode devastar o ecossistema marinho, diz especialista

ARAÚJO, Priscila. *NSC Total*, 24 jul. 2019. Disponível em: www.nsctotal.com.br/noticias/caca-as-baleias-feita-pelo-japao-pode-devastar-o-ecossistema-marinho-diz-especialista. Acesso em: 14 ago. 2019.

b)

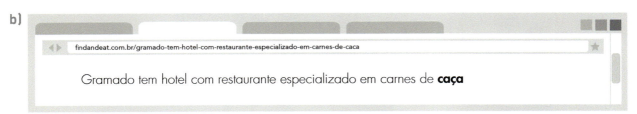

Gramado tem hotel com restaurante especializado em carnes de **caça**

VOLPATO, Marcelo. *Find & Eat*, 29 abr. 2017. Disponível em: findandeat.com.br/gramado-tem-hotel-com-restaurante-especializado-em-carnes-de-caca. Acesso em: 14 ago. 2019.

c)

Congresso da UNE, entenda o maior **encontro** do movimento estudantil

BLUMBERG, Patrícia. *In:* UNIÃO NACIONAL DOS ESTUDANTES. [ca. 2013]. Disponível em: https://une.org.br/2013/05/congresso-da-une-.entenda-o-maior-encontro-do-movimento-estudantil. Acesso em: 14 ago. 2019.

d)

Como acontece o **encontro** das águas do Rio Solimões e Rio Negro?

BLOG ADVENTURE CLUB. São Paulo, 24 fev. [201-?]. Disponível em: www.adventureclub.com.br/blog/curiosidades/como-acontece-o-encontro-das-aguas-do-rio-solimoes-e-rio-negro/. Acesso em: 14 ago. 2019.

Substantivo coletivo

É o substantivo comum que, mesmo estando no singular, nomeia um conjunto de seres ou coisas da mesma espécie.

- arquipélago → conjunto de ilhas
- esquadrilha → grupo de aviões
- matilha → grupo de cães de caça
- manada → conjunto de elefantes
- tripulação → profissionais que trabalham em um avião ou navio
- panapaná → grupo de borboletas
- bando → conjunto de aves ou de pessoas
- constelação → conjunto de estrelas
- fauna → conjunto de animais de uma região
- flora → conjunto de vegetais de uma região
- alcateia → grupo de lobos
- arvoredo → aglomerado de árvores

1 Observe as capas dos livros a seguir. Escolha uma delas para responder às questões.

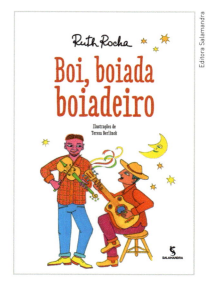

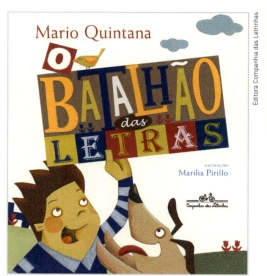

Na seção **Listas para consulta**, página 263, apresentamos alguns substantivos coletivos usados com mais frequência. Consulte essa lista sempre que precisar.

a) Qual é o título do livro? E onde o título está? Como você sabe que é o título?

_____

_____

b) Em sua opinião, qual é o assunto do livro?

_____

_____

c) Quem é o autor do livro?

_____

d) Qual é a editora do livro?

_____

2 Encontre nas capas dois substantivos coletivos e diga que tipo de conjunto eles nomeiam.

_____

3 Complete as frases relacionando as colunas de acordo com o substantivo coletivo (pode consultar a lista no fim do livro, se precisar).

a) [ ] Se muitos associados se reúnem,
b) [ ] Se compro cebolas,
c) [ ] Se muitos peixes nadam,
d) [ ] Se vários estudantes frequentam a mesma sala,
e) [ ] Se vejo muitas estrelas,
f) [ ] Se tenho muitos quadros,
g) [ ] Se ouço um grupo de cantores,
h) [ ] Se cuido de uma porção de bois,
i) [ ] Se tenho muitos livros,

I. vejo uma constelação.
II. tenho uma pinacoteca.
III. tenho uma biblioteca.
IV. eles formam uma turma.
V. há uma assembleia.
VI. zelo por uma boiada ou rebanho.
VII. compro uma réstia.
VIII. um cardume nada.
IX. ouço um coro.

Gênero em foco — Capa de livro

A capa de um livro traz informações importantes para o leitor. Nela encontramos: título, autor, ilustrador (se houver) e editora. Além disso, ela protege o livro e atrai o leitor – geralmente é bonita e colorida. A leitura da capa já é parte do processo de leitura do livro. As imagens nela contidas, o jogo de cores e formas – tudo sugere o que o leitor vai descobrir. Podemos encontrar pistas sobre os personagens, o enredo e o clima da narrativa (alegria, suspense, mistério, aventura etc.).

4 Leia o texto a seguir e complete as lacunas com o coletivo dos substantivos indicados.

Comportamento de _____ [de elefantes] é o comportamento de grupos de indivíduos que agem em conjunto sem nenhum planejamento prévio. Esse termo se refere ao comportamento de _____ de lobos, _____ [de bois], _____ de pássaros e também de seres humanos quando envolvidos, por exemplo, em tumultos, manifestações, encontros religiosos e eventos esportivos. É possível observar esse efeito também quando tomamos decisões, fazemos julgamentos e formamos nossas opiniões. Esse comportamento é muitas vezes explicado pelo medo que temos de não sermos aceitos pelo grupo, sendo melhor agir como todos estão agindo do que fazer diferente e correr o risco de não ser aceito.
[...]

COMPORTAMENTO de manada. In: MAIS INTELIGENTE. [20--]. Disponível em: https://maisinteligente.com.br/comportamento-de-manada. Acesso em: 14 ago. 2019.

5 Releia as três últimas linhas do texto e reflita: Você já viveu ou presenciou alguma situação em que foi preciso você ou alguém ceder para não contrariar os amigos que pensavam diferente?

6 A escritora Sylvia Orthof tem um livro chamado *Maria-vai-com-as-outras*. O que essa expressão significa?

7 Observe bem a imagem. Escreva até dois tuítes sobre o que pode estar acontecendo, incluindo, em seu texto, um substantivo coletivo. (Tuíte é uma mensagem instantânea com até 280 caracteres.)

8 No mundo todo, há uma preocupação com a proteção aos animais. Grupos se movimentam para acabar com tradições que os maltratam (na Espanha, contra as touradas; no Brasil, contra o uso de esporas nos rodeios etc.). O texto a seguir é uma petição escrita em Portugal para a proteção aos cães de caça. Leia e observe que o idioma é o português, só que na variante falada em Portugal.

---

https://peticaopublica.com/pview.aspx?pi=PT87240

Pelo fim da utilização de matilhas na caça

Para: Exmo. Sr. Presidente da Assembleia da República, Grupos Parlamentares, Deputado Único Representante do PAN

Em Portugal existem vários meios de caça, entre os quais os designados cães de caça. Conforme se trate de caça menor ou maior, poderão ser usados até dois cães por caçador ou até 50 cães, ou seja, a designada matilha.

5 No primeiro caso, o cão acompanha o caçador para ir buscar a presa depois de morta e trazê-la ao caçador. No segundo caso, os cães funcionam mesmo como arma contra o animal visado, isto porque é da luta entre os cães e a presa que resulta a morte ou quase morte desta. A 10 verdade é que no decurso deste acto muitas são as vezes em que também os cães usados acabam por **sucumbir** ou ficar gravemente feridos.

Esta situação consubstancia uma verdadeira incoerência legal já que o Decreto-Lei nº 315/2009, de 29 de outubro, no seu artigo 15 31º, vem já proibir a luta entre animais. Note-se, proíbe a luta entre animais e não somente a luta entre cães. No entanto, no seu nº 4, excepciona desta regra "qualquer evento de carácter cultural", o que acaba por legitimar a possibilidade de luta entre cães e javalis, por exemplo. A lei da caça permite a caça com recurso a matilhas 20 para várias espécies **cinegéticas**, como é o caso das raposas, javalis, veados, corços, etc.

[...] Estes animais são mantidos em muitos dos casos presos por **trelas** ou em **confinamento** extremo e apenas soltos nos dias em que a matilha é contratada para caçar, constituindo assim uma fonte 25 de rendimento para o **matilheiro**.

[...]

Por este motivo, a proibição imediata de utilização das matilhas actuais poderia colocar ainda mais **em causa** o seu bem-estar e sobrevivência, pelo que consideramos que apenas as matilhas já existentes e devidamente legalizadas podem continuar a participar na actividade cinegética, sendo proibido licenciamento de 30 novas matilhas ou o aumento das existentes.

Vocabulário

Cinegético: relativo à caça.
Confinamento: aprisionamento.
Em causa: sendo objeto de atenção; em discussão.
Matilheiro: quem conduz cães presos para a caça.
Signatário: aquele que assina um documento.
Sucumbir: morrer.
Trela: correia para animais, geralmente cães.

PELO fim da utilização de matilhas na caça. *In:* PETIÇÃO PÚBLICA. [2018?]. Disponível em: https://peticaopublica.com/pview.aspx?pi=PT87240. Acesso em: 19 ago. 2019.

Responda às questões a seguir.

9 Marque no texto um trecho que deixe claro o que os **signatários** estão pedindo.

10 A quem se destina a petição?

11 Sublinhe no texto as três palavras escritas de forma diferente da que usamos aqui no Brasil. Como é a grafia dessas palavras em nosso país?

_____

12 Qual o substantivo coletivo encontrado no texto? _____

13 O texto menciona dois tipos de caça: um em que os cães acompanham os caçadores e recolhem os animais abatidos e outro no qual ocorre uma luta entre os cães e a presa. Segundo a petição, em qual dos dois tipos os cães podem se ferir?

_____

14 Que fato é narrado no quarto parágrafo como parte da argumentação para apresentar o pedido em defesa dos animais?

_____

15 Imagine que em sua escola o parquinho está malconservado e com brinquedos quebrados. Sua turma resolveu fazer uma petição à direção da escola, pedindo providências. Segue o rascunho, mas faltam preencher alguns detalhes:

a) complete as lacunas das três primeiras linhas;
b) no 1º parágrafo, troque a expressão sublinhada pelo coletivo adequado;
c) no 2º parágrafo, narre um fato ocorrido no parquinho que comprove a necessidade de reparos;
d) no 3º parágrafo, preencha com um argumento em defesa do pedido (mostrar que é perigoso, que faz falta etc.).

Pelo conserto e conservação do parque de recreação da Escola _____

Para: sr. / sra. _____

Diretor / diretora da Escola _____
Gostamos muito de nossa escola. Os professores e as professoras são muito bons, os funcionários e as funcionárias são atenciosos conosco, a direção e a coordenação se preocupam para que tudo

corra direito. Temos uma sala com muitos livros _____ bem sortida e uma boa quadra de esportes.
    Mas o parquinho está malconservado e com brinquedos quebrados. Outro dia mesmo aconteceu

o seguinte: _____

_____

_____

Ora, isso mostra que é preciso agir rápido porque _____

_____

_____

Por esse motivo, pedimos que a direção tome logo providências para resolver a questão.

Signatários: _____

Gênero em foco — Petição

Petição é um termo jurídico que se refere à formulação escrita de pedido, feita por um advogado, perante o juiz competente. Fora da área do Direito, petição é um pedido por escrito, um requerimento, assinado por várias pessoas que concordam e que desejam o que está sendo solicitado. É um texto formal, com uma estrutura bem definida que deve ser seguida, por exemplo, usando os pronomes de tratamento adequados para se dirigir a autoridades, como Vossa Excelência, Meritíssimo, Senhor, dentre outros. O pedido aparece durante a argumentação, e podem ser descritos e narrados fatos que contribuam para a defesa da ideia. O texto deve conter elementos que contribuam para sua coesão, geralmente conjunções e advérbios. A coerência deve ser mantida para que a linha de exposição e de raciocínio seja respeitada. No início da petição, escreve-se a quem ela é dirigida. No final, assinam todos os que concordam.

Existem substantivos coletivos de unidades de tempo. Confira:

dia	24 horas	bimestre	2 meses	ano	12 meses	década	10 anos
semana	7 dias	trimestre	3 meses	biênio	2 anos	século	100 anos
novena	9 dias	semestre	6 meses	triênio	3 anos	milênio	1 000 anos
mês	30 dias						

Para um texto melhor, gramática!
Coletivos

Muitas vezes, usamos substantivos coletivos para evitar a repetição cansativa de uma expressão no texto. Já vimos que, geralmente, repetir as palavras torna o texto cansativo de ler.

1 Complete as frases com os substantivos coletivos correspondentes às expressões em destaque. Se precisar, consulte um dicionário ou a lista de coletivos na seção **Listas para consulta**, página 263.

a)

Temos um novo _____? Noivos estão usando flores na barba para o casamento... (conjunto de flores)

UOL NOTÍCIAS. Disponível em: www.uol.com.br/universa/noticias/redacao/2018/12/27/temos-um-novo-buque-noivos-estao-usando-flores-na-barba-para-o-casamento.htm?cmpid=copiaecola. Acesso em: 25 nov. 2019.

b)

_____ que aplica golpe do SMS é presa no ES (grupo de ladrões)

GAZETA ONLINE. Disponível em: www.gazetaonline.com.br/noticias/policia/2019/07/quadrilha-que-aplica-golpe-do-sms-e-presa-no-es-1014191220.html. Acesso em: 25 nov. 2019.

c)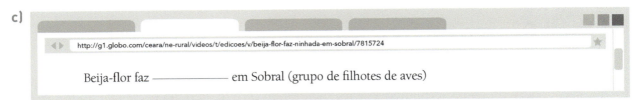

Beija-flor faz ——————— em Sobral (grupo de filhotes de aves)

G1. Disponível em: http://g1.globo.com/ceara/ne-rural/videos/t/edicoes/v/beija-flor-faz-ninhada-em-sobral/7815724. Acesso em: 25 nov. 2019.

d)

Panini lança ——————— de figurinhas das Séries A e B do Brasileirão (conjunto de figurinhas)

MÁQUINA DO ESPORTE. Disponível em: https://maquinadoesporte.uol.com.br/artigo/panini-lanca-album-de-figurinhas-das-series-e-b-do-brasileirao_37864.html. Acesso em: 25 nov. 2019.

Flexões do substantivo

Você se lembra das dez classes de palavras que conheceu na Unidade 2? Volte à página 79 e reveja o quadro das dez classes de palavras, variáveis e invariáveis.

Essa variação na forma para expressar gênero e número ou número, pessoa, tempo e modo chama-se **flexão**. Toda palavra que pertence a uma classe variável sofre flexões, que são obrigatórias na gramática da língua portuguesa.

Lembre-se

Um substantivo pode ser classificado de várias formas: comum ou próprio, concreto ou abstrato. Por exemplo:

chuva é...
- um substantivo comum porque nomeia um objeto, sentimento ou ser de uma espécie, sem particularizá-lo;
- um substantivo concreto porque nomeia um ser real.

Virgínia é...
- um substantivo próprio porque nomeia um ser particular de uma espécie;
- um substantivo concreto porque nomeia um ser real.

beleza é...
- um substantivo comum porque nomeia um objeto, sentimento ou ser de uma espécie, sem particularizá-lo;
- um substantivo abstrato porque nomeia uma qualidade, considerada um ser.

Flexionar uma palavra é alterar a forma de sua terminação para exprimir uma variação de sentido gramatical.

O substantivo sofre flexão de número (para exprimir o singular e o plural) e de gênero (para exprimir o masculino e o feminino).

Flexão de número: singular e plural

ZIRALDO. *Menino Maluquinho*. Disponível em: http://meninomaluquinho.educacional.com.br/PaginaTirinha/PaginaAnterior.asp?da=12072011. Acesso em: 20 ago. 2019.

1) Nessa tirinha, Julieta fez uma pergunta ao Menino Maluquinho e ele respondeu com outra pergunta. O que isso pode significar?

2) Na linguagem das HQs, o que significam os pontos de exclamação sobre a cabeça de Julieta e do Menino Maluquinho no segundo quadrinho?

3) Nas tirinhas, a expressão dos rostos é muito importante para entender o texto. Observe no terceiro quadrinho o traçado da boca dos três personagens e responda às perguntas a seguir.

   a) Qual é o único que sorri?

   b) Por que os outros dois não estão sorrindo?

4) Que confusão, hein? Escreva as palavras que faltam no texto a seguir, que esclarece toda a situação.

   - O que há em comum entre a pergunta de Julieta e a resposta de Bocão é que são sete os elementos citados. A pergunta de Julieta era sobre o nome das Sete _____ do Mundo.

     Mas Bocão respondeu com o nome dos sete _____ da história da Branca de Neve!

5) Qual é a classe das duas palavras que você escreveu em resposta à atividade anterior?

_____

6) Elas estão no plural ou no singular? _____

7) Como você sabe?

Flexão de número

A variação de número consiste na oposição entre a forma do **singular** (um) e a forma do **plural** (mais de um). Assim, a flexão de número possibilita indicar gramaticalmente a quantidade.

Para formar o plural, acrescenta-se à forma do singular a terminação **-s**. Essa é a regra geral, mas veremos logo adiante algumas outras formas de fazer a flexão de número.

Os substantivos estão no **singular** nos casos abaixo.

- Quando indicam um ser de uma espécie:

  No aquário, havia um **peixe** violeta.

- Quando indicam um conjunto de seres de uma espécie (os coletivos):

  Os pescadores seguiram o **cardume** de sardinhas.

Os substantivos estão no **plural** nos casos a seguir.

- Quando indicam mais de um ser de uma espécie:

  O menino ganhou três **peixes** para o aquário.
  Os **alunos** saíram para o recreio.

- Quando indicam mais de um conjunto de seres de uma espécie:

  Já encontramos vários **cardumes** de peixes durante este passeio.
  As **frotas** de trens da cidade foram renovadas.

99

Como se faz a flexão de número

Algumas regras simples podem nos ajudar.

I. Regra geral: acrescentar ao singular a terminação **-s**.

Substantivo no singular	Exemplos
terminado em **vogal**	escola/escolas, romã/romãs
terminado em **ditongo**	pai/pais, céu/céus
terminado em **-m**	álbum/álbuns

> No caso do termo **álbum**, por razões de ortografia, troca-se o **m** por **n** antes de se acrescentar **-s**.

II. Acrescentar a terminação **-es**.

Substantivo no singular	Exemplos
terminado em **-r**	talher/talheres, mar/mares
terminado em **-z**	luz/luzes, rapaz/rapazes
terminado em **-n**	abdômen/abdômenes, cânon/cânones
oxítono terminado em **-s**	inglês/ingleses, francês/franceses, país/países
monossílabo tônico terminado em **-s**	mês/meses

III. Para os substantivos terminados em **-ão**.

Esses substantivos não seguem o padrão dos itens anteriores. Eles podem formar o plural de três maneiras:

Substantivo no singular	Substantivo no plural	Exemplos
terminado em **-ão**	terminado em **-ãos**	cidadão/cidadãos, irmão/irmãos, mão/mãos
	terminado em **-ães**	alemão/alemães, cão/cães, pão/pães
	terminado em **-ões**	anão/anões, balão/balões, zangão/zangões

Sua prática como falante de português vai ajudá-lo a escolher a forma certa para cada palavra. Quando você ficar em dúvida, consulte um dicionário.

> Exceção:
> O plural do substantivo **cônsul** é **cônsules**.

IV. Para os substantivos terminados em **-l**.

Substantivo no singular	Substantivo no plural	Exemplos
terminado em **-al**	cai o **-l** e acrescenta-se **-is**	animal/animais, vegetal/vegetais
terminado em **-el**	cai o **-l** e acrescenta-se **-is**	papel/papéis, anel/anéis
terminado em **-ol**	cai o **-l** e acrescenta-se **-is**	anzol/anzóis, caracol/caracóis
terminado em **-ul**	cai o **-l** e acrescenta-se **-is**	azul/azuis
oxítono terminado em **-il**	troca-se o **-l** por **-s**	canil/canis, funil/funis
paroxítono terminado em **-il**	troca-se o **-l** por **-eis**	fóssil/fósseis, projétil/projéteis

V. Para os substantivos terminados em **-zinho/-zinha** e **-zito/-zita**.

Nesses casos, primeiro tomamos a palavra primitiva (aquela que deu origem à palavra terminada em **-zinho** ou **-zito**):

- animalzinho → animal

Então passamos a palavra primitiva para o plural:

- animal → animais

Tiramos o **-s** final:

- animais → animai-

E acrescentamos as terminações **-zinhos** ou **-zitos**:

- animai- → animaizinhos

Veja outros exemplos no quadro:

Substantivo no singular	Substantivo no plural	Exemplos
terminado em **-zinho**	substantivo primitivo no plural sem o -s + **-zinhos**	colheres + zinhas → colherezinhas cães + zinhos → cãezinhos
terminado em **-zito**	substantivo plural sem o -s + **-zitos**	cães + zitos → cãezitos

VI. Para os substantivos que não variam, a forma do plural é igual à do singular.

Substantivo no singular	Substantivo no plural	Exemplos
terminado em **-x**	invariável	o tórax → os tórax o telex → os telex
não oxítono terminado em **-s** invariável	invariável	o lápis → os lápis o ônibus → os ônibus o pires → os pires

1 Indique o plural dos substantivos a seguir.

a) o alemão _____

b) o amigo _____

c) o anão _____

d) o anelzinho _____

e) o ar _____

f) o capataz _____

g) o cidadão _____

h) a laranja _____

i) o leãozito _____

j) o míssil _____

k) o réu _____

l) o tonel _____

Plurais que alteram a pronúncia da vogal

Substantivos que, no singular, têm a vogal **o** fechada na sílaba tônica (por exemplo, **caroço**, pronunciado "carôço"), ao passar para o plural, recebem o **-s** no final e mudam a pronúncia da vogal **o** tônica, que passa a ser aberta (**caroços**, pronunciado "caróços"). Mas atenção: a pronúncia dessas palavras pode variar de uma região do Brasil para outra.

Veja, na tabela abaixo, alguns deles. Leia-os em voz alta para melhor perceber o que se quer mostrar.

Singular (pronúncia "ô")		Plural (pronúncia "ó")	
caroço	imposto	caroços	impostos
corpo	jogo	corpos	jogos
fogo		fogos	

Fique atento ■■■

Há também substantivos que, no plural, conservam a pronúncia fechada da vogal **o**. Veja alguns exemplos:

Singular (pronúncia "ô")	Plural (pronúncia "ô")
acordo	acordos
bolo	bolos
bolso	bolsos
cachorro	cachorros
choro	choros

101

Substantivos de um só número

Alguns substantivos somente são usados no plural.

- condolências → manifestação de pesar por infelicidade ou mal de outra pessoa
- copas → naipe de baralho
- espadas → naipe de baralho
- férias → período de descanso de trabalho ou escola
- núpcias → casamento
- óculos → dispositivo usado para corrigir ou proteger a visão
- olheiras → mancha escura ao redor ou debaixo dos olhos
- ouros → naipe de baralho
- pêsames → manifestação de pesar por infelicidade ou mal de outra pessoa
- víveres → provisão de comestíveis; alimentos, gêneros alimentícios

Outros substantivos somente são usados no singular.

- caridade → ajuda, piedade
- cobre → metal
- fé → confiança
- féria → salário, remuneração, diária de operário
- ferro → metal
- ouro → metal precioso

Por isso, às vezes, a alteração no número pode causar alteração no sentido do substantivo. Observe:

Singular	Significado
féria	salário
ferro	metal ou instrumento de passar roupa
cobre	metal
copa	ramagem

Plural	Significado
férias	descanso
ferros	aparelhos, instrumentos de tortura ou prisão
cobres	dinheiro
copas	naipe de baralho

1 Escreva as palavras que completam os itens a seguir escolhendo entre as palavras indicadas.

> copa ou copas   cobre ou cobres   féria ou férias

a) Depois de podar a _____ da última árvore, o jardineiro guardou suas ferramentas

no baú de _____ e foi para casa, conferindo a _____ do dia.

> ferro ou ferros   féria ou férias

b) Luísa está cansada de tanto trabalhar passando _____. Ela precisa tirar umas

_____ para relaxar.

Flexão de gênero: masculino e feminino

Leia o texto a seguir.

As heroínas brasileiras do nado

[...]

As atletas brasileiras do nado artístico incorporaram super-heroínas e conquistaram [...] classificação para a final da prova combinada no Mundial de esportes aquáticos, [...] realizado em Gwangju, na Coreia do Sul.

A equipe brasileira se apresentou ao tema de "Vingadores", e cada uma das dez atletas usou maiôs de super-heróis como Capitão América, Mulher Maravilha, Thor e The Flash.

O Brasil somou 81,6667 pontos, acabando a fase qualificatória na nona posição. Os 12 melhores conjuntos avançaram para a final da prova combinada, que não é disputada nos Jogos Olímpicos.

A melhor apresentação na fase classificatória foi da Rússia, com 96,5667 pontos, seguida por China (96) e Ucrânia (94,3333). [...]

[...]

AS HEROÍNAS do nado. *O Globo*, São Paulo, 19 jul. 2019, p. 25.

1 Onde foi realizado o Mundial de Esportes Aquáticos de que fala a notícia?

2 Depois da fase de qualificação, em que posição ficou o Brasil?

3 As 12 melhores equipes avançaram para a próxima fase. Qual é essa fase? Essa etapa também é disputada nos Jogos Olímpicos?

4 Heróis e heroínas são seres de sexo diferente, e as palavras **heróis** e **heroínas** têm gêneros diferentes. Sublinhe no texto os demais substantivos comuns.

5 Agora complete as tabelas a seguir organizando-os em gênero feminino e gênero masculino. Em outra lista, enumere os nomes próprios que encontrar na notícia.

Substantivos de gênero feminino	Substantivos de gênero masculino

Substantivos próprios	
Pessoas	Lugares

6 Em que coluna você incluiu o substantivo **atletas**? Por quê?

_____

_____

_____

_____

7 Observe novamente as palavras da tabela que você preparou. Qual substantivo pode se referir a seres de dois sexos (e, em consequência, a palavras de dois gêneros) quando fazemos uma pequena alteração nele?

_____

Como pudemos perceber, há alguns detalhes sobre os substantivos e o gênero que precisamos descobrir. Vamos, então, conhecer melhor a **noção gramatical de gênero**.

A noção de gênero é usada, em gramática, para classificar as palavras em **masculinas** e **femininas**. É uma noção gramatical geral; todos os **substantivos** têm seu gênero: seja os que designam os seres vivos (que são dotados de sexo), seja os que nomeiam os objetos inanimados (que não são dotados de sexo).

Assim, os substantivos podem ser do gênero masculino ou do gênero feminino. Observe:
- gênero feminino – a árvore, a casa, a saudade;
- gênero masculino – o prazer, o carro, o garfo.

São masculinos os substantivos que podem vir precedidos ou seguidos de outras palavras (artigos, pronomes ou adjetivos) masculinas.

> um aluno
> o futebol
> um quarto espaçoso
> este quiabo maduro

São femininos os substantivos que podem vir precedidos ou seguidos de outras palavras (artigos, pronomes ou adjetivos) femininas.

> uma escola
> a amizade
> uma conversa animada
> esta goiabada deliciosa

Fique atento ■■■

Não confunda gênero com sexo.

Gênero é uma categoria da gramática da língua e **sexo** é uma característica dos seres vivos.

Somente podemos falar de sexo masculino ou sexo feminino se estivermos falando de seres humanos ou animais, que são dotados de sexo.
- Sexo masculino: **o menino, o pato**.
- Sexo feminino: **a menina, a pata**.

Gênero feminino ou masculino é uma noção mais geral, que se aplica também aos objetos inanimados (que não têm sexo):
- Gênero masculino: **o avião, o pão, o gato, o amigo**.
- Gênero feminino: **a faca, a sapatilha, a gata, a amiga**.

Vamos voltar ao assunto do texto "As heroínas brasileiras do nado".

> Os <u>brasileiros</u> e as <u>brasileiras</u> que participaram do Mundial de Esportes Aquáticos de Gwangju foram premiados.

8 Observe os dois substantivos destacados na frase acima e responda: Podemos dizer que são substantivos femininos ou masculinos? Por quê?

_____

_____

9 Observe que esses substantivos têm forma muito similar, sendo um do gênero masculino e outro do gênero feminino. Comparando essas duas palavras, como você pensa que se forma o feminino?

_____

_____

Como se faz a flexão de gênero

Substantivos biformes

Os substantivos biformes referem-se a seres vivos e podem ser **flexionados** em gênero, isto é, suas terminações são alteradas para exprimir masculino ou feminino.

Para formar o feminino, a regra geral é acrescentar a terminação de gênero **-a**.

Substantivo masculino	Formação do substantivo feminino		Exemplos (masculino/feminino)	
terminado em **-o**	retira-se **-o**	acrescenta-se **-a**	menino aluno pato	menina aluna pata
terminado em **-e**	retira-se **-e**	acrescenta-se **-a**	elefante mestre parente	elefanta mestra parenta
palavra oxítona	–	acrescenta-se **-a**	peru	perua

Substantivo masculino	Formação do substantivo feminino		Exemplos (masculino/feminino)	
terminado em consoante	–	acrescenta-se **-a**	freguês cantor	freguesa cantora
terminado em **-dor** ou **-tor** (em alguns casos)	retira-se **-dor** ou **-tor**	acrescenta-se **-triz**	imperador ator	imperatriz atriz
terminado em **-ão**	retira-se **-ão**	acrescenta-se **-ã**	anão cidadão campeão cirurgião irmão	anã cidadã campeã cirurgiã irmã
		acrescenta-se **-oa**	leitão patrão ermitão	leitoa patroa ermitoa
		acrescenta-se **-ona**	comilão espertalhão sabichão	comilona espertalhona sabichona
terminado em vogal fechada **-ô**	retira-se **-ô**	acrescenta-se a vogal aberta **-ó**	avô bisavô	avó bisavó

1 Passe os substantivos masculinos para o feminino ou vice-versa.

a) o gato _____

b) o turco _____

c) a médica _____

d) o autor _____

e) a capitã _____

f) o deus _____

g) a doutora _____

h) a juíza _____

i) a marquesa _____

Agora, vamos conhecer outras formas de indicar o sexo de pessoas e animais, desta vez sem usar a flexão.

Substantivos uniformes

São substantivos que têm uma única forma para o feminino e para o masculino. Podem ser:

• **Substantivos comuns de dois gêneros:** referem-se a pessoas, e o gênero é indicado pela palavra (artigo, pronome ou adjetivo) que acompanha o substantivo.

Gênero masculino: O meu **dentista** recomendou cuidado com este dente.

Gênero feminino: Minha irmã está estudando para ser uma **dentista** de crianças.

Gênero feminino: Ela é uma **estudante** muito aplicada.

106

Gênero masculino: Paulo é <u>um</u> **estudante** que gosta muito de Ciências.

o/a **artista**	o/a **colega**	o/a **gerente**	o/a **intérprete**
o/a **cliente**	o/a **colegial**	o/a **indígena**	o/a **jornalista**

Para o substantivo **presidente**, usado normalmente como comum de dois gêneros, também ocorre o feminino **presidenta**. Por exemplo: a ex-presidenta Dilma Rousseff, primeira mulher a ocupar no Brasil o cargo de presidente da República, fez questão de ser chamada pela forma feminina do substantivo, destacando, assim, essa conquista alcançada pelas mulheres no país.

No texto a seguir aparecem vários profissionais.

A simpática gerente do hotel avisou à jornalista brasileira e ao animado intérprete que a famosa artista plástica já havia chegado. Mas o pianista russo só chegaria no dia seguinte, segundo informou a jovem prestativa.

1 Reescreva o texto trocando o sexo (e o gênero) desses profissionais. Preste atenção à concordância entre os substantivos e as palavras que os acompanham nas expressões nominais.

_____

_____

_____

2 Agora, sublinhe no texto escrito por você todos os substantivos comuns de dois gêneros.

- **Substantivos sobrecomuns:** são substantivos que têm apenas um gênero gramatical para designar pessoas de ambos os sexos. Veja:

a criança	a criatura	a pessoa	a vítima	a testemunha	o indivíduo

Aquela **pessoa** alta atrás de você era o Joaquim.
gênero feminino, sexo masculino

Maria é uma **pessoa** muito assustada!
gênero feminino, sexo feminino

Vitor é uma **criança** muito levada!
gênero feminino, sexo masculino

Luzia é a **criança** mais tranquila que conheço!
gênero feminino, sexo feminino

- **Substantivos epicenos:** são os nomes de animais que apresentam uma única forma para os dois gêneros e para os dois sexos. Observe:

a águia	a borboleta	a pulga	o crocodilo
a baleia	a cobra	o besouro	o gavião

Se houver necessidade de explicitar o sexo do animal, é só usar as palavras **macho** ou **fêmea** ligadas por hífen, mas o gênero do substantivo se mantém o mesmo.

A **baleia-macho** veio parar na praia.
gênero feminino, sexo masculino

A **baleia-fêmea** alimenta os filhotes.
gênero feminino, sexo feminino

107

Substantivos de gênero único

Indicam apenas um sexo e um gênero e têm substantivos correspondentes, também de sexo/gênero único, que designam o ser de outro sexo da mesma espécie.

Masculino	genro	bode	boi	compadre	padrasto	pai
Feminino	nora	cabra	vaca	comadre	madrasta	mãe

Fique atento ■■

Lembre-se de que **mulher** não é a flexão de feminino de **homem**.

Mulher é o substantivo feminino que corresponde ao substantivo masculino **homem** para designar o ser da mesma espécie.

Usando palavras derivadas

Com alguns substantivos, para indicar a mudança de sexo, usa-se uma palavra derivada. Observe o uso de terminações:

- duque → duqu**esa**
- galo → gal**inha**
- herói → hero**ína**
- imperador → impera**triz**

O substantivo **embaixador** tem dois femininos:
- um derivado: embaixatriz → a esposa do embaixador;
- um flexionado: embaixadora → chefe da embaixada.

Substantivos que mudam o sentido quando mudam de gênero

Alguns substantivos variam sua significação quando mudam de gênero. Observe:

o cabeça (chefe de um grupo)	**a cabeça** (parte do corpo)
o caixa (homem que trabalha recebendo pagamentos)	**a caixa** (objeto em que guardamos outros objetos)
o capital (dinheiro para movimentar um negócio)	**a capital** (cidade de onde se administra um país ou estado)
o guarda (o policial de trânsito)	**a guarda** (vigilância, proteção, cuidado)
o guia (pessoa que orienta)	**a guia** (formulário para preencher)

1 Complete as frases com **o**, **a**, **os** ou **as**.

a) N_____ capital mais populos_____ do país, _____ nov_____ guardas de trânsito têm muito trabalho no dia a dia das ruas.

b) _____ atent_____ caixas dos bancos, onde gira _____ vultos_____ capital gerado por negócios de todos os tipos, também terminam o dia com _____ cabeça cansad_____ de tanta atenção.

c) Já _____ animad_____ guias de turism_____ veem seu trabalho como um_____ delicios_____ caixa de surpresas.

Atividades

Leia o poema e preste atenção para descobrir quem está "falando".

TEXTO 1

A gaivota e a praia

Lá na areia,
Criança correndo,
Mãe gritando,
Pai jogando futebol,
5 Avô lendo jornal,
Avó cochilando
Debaixo do guarda-sol.

Lá na água,
Surfista na prancha,
10 **Pescador** pescando,
Passa uma lancha
Fazendo alvoroço
E mil peixinhos
Para o meu almoço.

15 Prefiro viver por aqui,
Longe da floresta,
Porque praia
É sempre uma festa!

LALAU; LAURABEATRIZ. *Sobre voos*: o que as aves brasileiras veem lá de cima. Barueri: Manole, 2008. p. 17.

1. No poema, quem está "falando"?

2. Onde ela diz que prefere viver?

3. Na última estrofe, qual verbo nos mostra que alguém está falando e dando suas opiniões? Como podemos tirar essa conclusão?

4. Se ela diz "Lá na areia" e "Lá na água", o que podemos concluir sobre sua localização? Onde será que ela está?

5. Faça as atividades a seguir.

   a) Escreva os substantivos que aparecem no título e nas duas primeiras estrofes.

   b) Você encontrou pelo menos um substantivo em cada verso?

c) Qual é o único verso da terceira estrofe que não tem um substantivo?

_____

d) Qual é a importância dos substantivos para esse poema? Justifique.

_____

_____

_____

6 Entre os termos sublinhados no poema, indique:

a) um substantivo biforme; _____

b) um substantivo uniforme comum de dois gêneros; _____

c) um substantivo uniforme sobrecomum; _____

d) um substantivo uniforme epiceno; _____

e) dois substantivos de gênero único. _____

7 Qual é a relação entre os substantivos **avô** e **avó**?

_____

8 Quais termos devem ser usados para indicar o sexo da gaivota?

_____

9 Reescreva as frases passando para o plural os substantivos destacados. Faça as demais mudanças necessárias nas frases.

a) O **cãozinho** não gosta desta **cidade**.

_____

b) O **animal** quase foi atropelado por um **ônibus** desgovernado!

_____

c) Esta noite o **cão** latiu muito no **canil**.

_____

d) Com um **lápis** azul, pinte o **balão** mais alto do **cartaz**.

_____

e) Estava na festa o **irmão** do **rapaz**?

_____

f) Na próxima **vez**, eu prometo aceitar esse **pão** e esse **suco** tão apetitoso.

_____

10 Indique a palavra que completa cada frase, passando o substantivo entre parênteses para o feminino.

a) Minha tia gosta de pintar, ela é uma famosa _____. (artista)

b) Não gosto muito da _____ principal deste filme. (ator)

c) Preciso conquistar uma nova _____ para o salão da minha mãe. (cliente)

d) A doutora Vanda é uma ótima _____. (dentista)

e) Uma _____ uniformizada queria falar com você. (estudante)

f) Meu amor, você é uma _____, roubou o meu coração! (ladrão)

11 Indique quais, entre as respostas da atividade anterior, são substantivos uniformes.

_____

_____

12 Relacione os itens das duas colunas de forma a estabelecer associação entre os substantivos que nomeiam seres da mesma espécie ou da mesma função.

Gênero masculino

a) ☐ bode

b) ☐ cão

c) ☐ carneiro

d) ☐ cavaleiro

e) ☐ cavalheiro

f) ☐ compadre

g) ☐ genro

h) ☐ padrinho

Gênero feminino

I. amazona

II. cabra

III. cadela

IV. comadre

V. dama

VI. madrinha

VII. nora

VIII. ovelha

Ampliar

Cada coisa, de Eucanaã Ferraz (Companhia das Letrinhas).

Já pensou em transformar objetos comuns do nosso cotidiano, como uma borracha, um brinco ou um parafuso, em poesia? Usando esses elementos cotidianos como inspiração, o autor cria belos poemas, reunidos nesse livro.

Retomar

SUBSTANTIVO

Nomeia os seres em geral, os sentimentos, os estados, as ações, as ideias e as qualidades.

É o centro de uma expressão nominal; é uma palavra variável, que sofre alterações em sua forma para expressar diferentes noções gramaticais.

Tipos de substantivos

 comum e próprio

 concreto e abstrato

 coletivo

Flexões do substantivo

- de número – singular e plural;
- de gênero;
- usando palavra derivada.

Substantivo de gênero único:
A MÃE
O PAI

Usando palavra derivada:
O FORMIGUEIRO

Biforme:
O MENINO
A MENINA

 Uniforme

Epiceno:
GIRAFA

Sobrecomum:
A CRIANÇA

Comum de dois gêneros:
O ATLETA
A ATLETA

Gêneros textuais

parlenda, capa de livro, petição.

112

UNIDADE 4

"Um pequeno passo para o homem, um grande salto para a humanidade."

Neil Armstrong, astronauta americano que, como comandante da nave Apollo 11, foi a primeira pessoa a pisar na Lua, em 20 de julho de 1969.

O astronauta Harrison H. Schmitt, piloto da Apollo 17, posa para fotografia perto da bandeira dos Estados Unidos implantada na superfície lunar, em 13 de dezembro de 1972.

Formação dos substantivos

Quanto à formação, os substantivos podem ser organizados em simples ou compostos e primitivos ou derivados.

Substantivos simples ou compostos

Os **substantivos simples** são formados por uma única palavra:

> lua   sal   escola

Os **substantivos compostos** são formados por mais de uma palavra ou por partes de duas ou mais palavras:

> couve-flor   porta-aviões   hidroavião   aguardente

As palavras que formam o substantivo composto geralmente são unidas por hífen, mas, como observamos nos exemplos, podem também se unir em uma palavra única. O dicionário pode ajudá-lo se tiver alguma dúvida.

1 Como vimos, o substantivo composto é formado de mais de uma palavra. Indique as palavras usadas para formar os substantivos compostos a seguir. Observe o modelo.

> hidrovia ➜ hidro + via

a) gasoduto _____

b) conta-gotas _____

c) pontapé _____

d) madressilva _____

e) malmequer _____

f) autorretrato _____

2 Agora, com as palavras a seguir, forme substantivos compostos.

a) bomba e relógio _____

b) guarda e comida _____

c) peixe e espada _____

d) beija e flor _____

e) bem, te e vi _____

Substantivos primitivos ou derivados

Os **substantivos primitivos** não se originam de outras palavras e servem de base para a formação de novas palavras:

mar   sol   pedra

Já os **substantivos derivados** originam-se de outras palavras:

- maresia → formado de **mar**
- insolação → formado de **sol**
- pedreira → formado de **pedra**
- tristeza → formado de **triste**

Muitos substantivos abstratos são derivados de:

- adjetivos: a **limpeza** → formado de **limpo**
  a **beleza** → formado de **belo**
- verbos: o **erro** → formado de **errar**
  o **choro** → formado de **chorar**

1 Indique os substantivos primitivos que deram origem aos substantivos derivados a seguir.

a) jardinagem _____

b) jornaleiro _____

c) jornalista _____

d) macarronada _____

e) pedrada _____

f) arvoredo _____

2 Indique os verbos primitivos que deram origem aos substantivos derivados a seguir.

a) juramento _____

d) leitura _____

b) lavadeira _____

e) navegante _____

c) leitor _____

f) bebedouro _____

3 Indique os adjetivos primitivos que deram origem aos substantivos derivados a seguir.

a) altura _____

b) beleza _____

c) esperteza _____

d) grandeza _____

e) limpeza _____

f) timidez _____

Graus do substantivo: aumentativo e diminutivo

Leia o texto a seguir para responder às questões.

Marte, o próximo salto gigantesco da humanidade

Fotografia de paisagem marciana retratada pela Nasa, 2011.

[...]

Em 1938, Orson Welles provocou pânico nos Estados Unidos com a transmissão **radiofônica** [...] que conta a invasão da Terra por marcianos. Cem anos depois, são os humanos que pretendem "invadir" Marte, com planos para uma primeira missão tripulada ao Planeta Vermelho na década de 2030. Mas transformar **ficção** em realidade será tarefa difícil, um salto [...] muito maior e mais complexo do que o que levou o astronauta americano Neil Armstrong a dar seu "pequeno passo" na Lua 50 anos atrás, na missão Apollo 11.

Desafio que começa com a distância. Se a Lua, a cerca de 400 mil quilômetros, parecia impossível de alcançar, Marte [...] é um destino no mínimo 136 vezes mais **longínquo**, o que vai demandar não só foguetes bem mais poderosos como naves maiores, mais avançadas e blindadas para proteger os astronautas no longo caminho até lá.

[...] Para lançar uma nave com pessoas, suprimentos, combustível e tudo mais, vamos precisar de foguetes superpoderosos, muito maiores do que os que temos hoje.

[...]

[...] Outro recurso que será fundamental obter em Marte – e na Lua – para sustentar a presença humana é água. Não só para beber, mas também para separar em hidrogênio e oxigênio, que servirão de combustível para as viagens de volta e, no caso do segundo, para respirar.

– É essencial que haja água utilizável nos locais escolhidos para descida, tanto na Lua quanto em Marte – conclui Oliveira [o físico Luiz Alberto Oliveira, **curador** do Museu do Amanhã]. – Só assim poderemos levar um pedacinho da Terra, de nosso **bioma**, para lá. Se quisermos deixar de ser apenas **terráqueos** e viver em outros mundos, não seremos apenas nós, os humanos, que teremos que nos adaptar. Vamos precisar cultivar alimentos e desenvolver tecnologias que nos permitirão não só sobreviver lá como reformar nosso modo de viver na Terra. Com as mudanças climáticas e outros tantos problemas de nosso mundo agora, de certa forma Marte também é aqui.

Vocabulário

Bioma: comunidade ecológica estável e desenvolvida, caracterizada geralmente por um tipo predominante de vegetação, por exemplo, o Cerrado, o Deserto, a Mata Atlântica.

Curador: quem organiza e mantém exposições de obras de arte em museus, galerias etc.

Ficção: história construída por meio de elementos imaginários e/ou elementos reais num contexto imaginário.

Longínquo: que está longe no espaço ou no tempo.

Radiofônico: que transmite sons por meio de ondas de rádio.

Terráqueo: (habitante) da Terra.

BAIMA, Cesar. Marte, o próximo salto gigantesco da humanidade. *O Globo*, 21 jul. 2019. Disponível em: https://oglobo.globo.com/sociedade/homem-na-lua-50-anos/marte-proximo-salto-gigantesco-da-humanidade-23821834. Acesso em: 26 ago. 2019.

1 Depois de o astronauta americano Neil Armstrong dar seu "pequeno passo" na Lua há mais de 50 anos, na Apollo 11, o ser humano não perdeu o interesse pelo espaço e pelas viagens interplanetárias. Segundo o texto, qual planeta ocupa atualmente o centro de pesquisas e esforços?

_____

2 O texto afirma que a tarefa de transformar o sonho de uma primeira missão tripulada ao Planeta Vermelho em realidade será tarefa difícil, mais complicada do que a viagem à Lua, porque Marte fica bem mais distante da Terra. O que será necessário construir para vencer esse obstáculo?

_____

3 Que elemento, ausente na Lua e em Marte, é indispensável para a vida humana? Segundo o texto, por que é tão importante?

_____

_____

Converse com os colegas sobre a questão a seguir.

atividade oral

4 Explique a frase dita por Oliveira, no final do texto:

Com as mudanças climáticas e outros tantos problemas de nosso mundo agora, de certa forma, Marte também é aqui.

5 No último parágrafo, encontramos um substantivo no grau diminutivo. Qual?

_____

6 Complete a lacuna.

A expressão "pequeno passo" é outra forma de diminutivo. Se quiséssemos usar apenas uma

palavra para o diminutivo desse substantivo usaríamos: _____.

7 Volte ao texto e sublinhe expressões (substantivo e adjetivo) que signifiquem aumento ou diminuição do substantivo.
Podemos alterar as palavras para, por exemplo, usá-las no diminutivo, que é um dos graus dos substantivos.
Quando queremos indicar o tamanho ou a intensidade daquilo que o substantivo representa, podemos usar o aumentativo ou o diminutivo (variação de grau).

- cachorrão → cachorro grande (tamanho)
- febrão → febre forte, alta (intensidade)

É a pessoa que fala ou escreve que escolhe se quer usar ou não a variação de grau, ou seja, ela é opcional. Esse tipo de variação não é imposto pela estrutura gramatical da língua portuguesa, como são as flexões que acabamos de ver.

Graus do substantivo		
Grau	**O substantivo fica**	**Exemplos**
normal	com seu significado normal	bola, casa, escola, nariz
diminutivo	com seu significado diminuído	bolinha, casinha ou casebre, escolinha, narizinho
aumentativo	com seu significado aumentado, exagerado	bolão, casarão, escolão, narigão

117

Formas de expressar o grau

Forma analítica: o substantivo fica na forma normal e o grau é expresso por palavras (adjetivos) que indicam aumento ou diminuição.

Grau	Exemplos
normal	chapéu
diminutivo analítico	chapéu **pequeno**, chapéu **mínimo**
aumentativo analítico	chapéu **grande**, chapéu **enorme**

Forma sintética: acrescenta-se uma terminação especial ao substantivo, mudando sua forma e criando um substantivo dele derivado.

Grau	Exemplos
normal	bola
diminutivo sintético	bo**linha**
aumentativo sintético	bol**ão**

1 Quais foram as terminações especiais usadas para indicar o diminutivo e o aumentativo?

_____

2 Usando as mesmas terminações indicadas na resposta da atividade anterior, forme o diminutivo e o aumentativo sintético do substantivo **menino**.

_____

Veja mais algumas terminações usadas para expressar os **graus diminutivo** e **aumentativo**.

Terminação	Grau normal	Grau diminutivo
-ote	menino	meninote
-acho	rio	riacho
-ebre	casa	casebre
-eco(a)	amor	amoreco
-ejo	lugar	lugarejo
-ete	palácio	palacete
-eto(a)	mala	maleta
-zinho(a)	cartão	cartãozinho
-ino(a)	pequeno	pequenino
-isco	chuva	chuvisco
-ito	rapaz	rapazito
-ota	ilha	ilhota
-ote	velho	velhote

Terminação	Grau normal	Grau aumentativo
-ona	mulher	mulherona
-aça	barca	barcaça
-aço	rico	ricaço
-alha	forno	fornalha
-alhão	grande	grandalhão
-alhaz	faca	facalhaz
-anzil	corpo	corpanzil
-ão	dedo	dedão
-aréu	fogo	fogaréu
-arra	boca	bocarra
-ázio	copo	copázio
-orra	cabeça	cabeçorra
-(z)arrão	homem	homenzarrão

Observe o quadro de síntese.

Grau	Forma analítica (usam-se adjetivos)	Forma sintética (altera-se a forma do substantivo)
diminutivo	uma bola pequena	uma bolinha
aumentativo	uma casa grande	um casarão

Quando usamos a terminação **-ão**, normalmente a palavra formada é masculina: a estrada → o estradão; uma prova → um provão; a parede → o paredão; uma sacola → um sacolão.

3 Nas frases a seguir, informe em que grau são usados os substantivos destacados.

a) Um cavalo **marinho**
com o meu **carinho**.

CAPPARELLI, Sérgio. Cavalo a galope. In: CAPPARELLI, Sérgio. *Tigres no Quintal.* São Paulo: Global, 2014. (Kobo e-Books).

b) Brotou do **chão** a poesia
na forma de uma **plantinha**
espigada, perfumosa,
se abrindo toda pra mim:
[...]

JUNQUEIRA, Sônia. *Poesia na varanda.* São Paulo: Autêntica, 2011. p. 6.

c) Cresceu tanto, mas não quis ser **pai**. Preferiu ser um **paizão** [...].

MARIA, Selma. *O livro do palavrão.* São Paulo: Editora do Brasil, 2015. p. 21.

d) João aproveita a chance e sai do **caldeirão**. Ele pega a harpa depressa e corre para o pé de **feijão**. [...]

GUIMARÃES, Telma. *João e o pé de feijão.* São Paulo: Editora do Brasil, 2011. p. 26.

Valores de sentido do aumentativo e do diminutivo

Muitas vezes, as formas aumentativas e diminutivas não indicam uma variação de tamanho, mas outras significações, como as apresentadas a seguir.

- Ideia negativa de desprezo, ironia, ofensa, oposição, repulsa.

> beiçorra   narigão   casebre   cachorrão   jornaleco   salariozinho

Por exemplo: Com esse **salariozinho** não dá para fazer aquela viagem!

- Ideia de elogio.

> amigão   provão   golaço

Por exemplo: No último domingo, Gustavo fez um **golaço** de bicicleta.

- Ideia de carinho, ternura, saudade, dando ênfase

> amiguinho   beijão   mansinho

Danielle, uma jovem de 20 anos que é cega, é a dona do animal e a cena foi contada por sua irmã Michele [...]: "O cão-guia da minha irmã leva ela sempre de **mansinho** à loja de animais sem ela perceber. Eu adoro cachorros", tendo a publicação acabado por viralizar com quase 150 mil compartilhamentos e quase 500 mil curtidas.

CÃO-GUIA leva dona à loja [...]. *TopMídia News,* 16 jul. 2019. Disponível em: www.topmidianews.com.br/geral/cao-guia-leva-dona-a-loja-de-animais-sempre-que-vao-ao-shopping-sem/114302. Acesso em: 28 ago. 2019.

Para um texto melhor, gramática!
Novos sentidos para aumentativos e diminutivos

Muitas vezes, formas que originariamente eram aumentativas ou diminutivas, com o passar do tempo, acabam assumindo significados especiais. Esses novos significados são diferentes do sentido da palavra primitiva. Não podemos mais, nesses casos, falar em sentido aumentativo ou diminutivo. São palavras no grau normal.

Calção: calça curta, que não passa da altura do joelho. **Cartão**: papel muito encorpado. **Portão**: porta que dá acesso, da rua, ao terreno, a um jardim, à garagem etc. **Cartilha**: livro para ensina a ler. **Pastilha**: bala de açúcar, que contém medicamento ou essência de sabor ou cor.

Atividades

TEXTO 1

Leia a notícia a seguir, publicada originalmente no jornal *O Globo*, em 1969, logo após a volta dos astronautas da viagem à Lua.

HÁ 50 ANOS

A partir de 1980, viagem a Marte

25/7/1969

As caixas lacradas trazidas pelos astronautas da Lua foram transportadas a Houston por dois aviões e ficarão 50 dias no Laboratório de Recepção Lunar, até ter-se a certeza de que não oferecem perigo. Algumas amostras serão depois cortadas e entregues a mais de 700 cientistas de nove países, para análise. George Mueller, diretor de voos tripulados da ANAE, revelou que Marte pode ser conquistado do mesmo
5 modo que a Lua. Garantiu que astronautas dos EUA desceriam naquele planeta a partir de 1980.

A PARTIR de 1980, viagem a Marte. *O Globo*, São Paulo, 25 jul. 1969.

1 Essa notícia mostra a preocupação dos cientistas com o material trazido da Lua. Por que eles estavam apreensivos? Que preocupação era essa? *atividade oral*

2 Pelo título da notícia, vê-se que planejavam uma viagem a Marte em 1980. Isso aconteceu? Se precisar, confira o texto "Marte, o próximo salto gigantesco da humanidade", que você leu na página 116.

_____

3 Sublinhe os substantivos comuns que aparecem no texto.

a) Entre eles há dois substantivos derivados. Quais? De que substantivos são derivados?

_____

_____

b) E há três substantivos abstratos? Quais são?

_____

4 Forme palavras derivadas dos substantivos a seguir.

a) caixa _____   b) perigo _____

5 De que substantivos primitivos foram formadas as palavras a seguir?

a) goiabada _____   d) leiteiro _____

b) criancice _____   e) chuvarada _____

c) cozinheira _____   f) revoo _____

Leia o poema a seguir.

TEXTO 2

Meu automóvel

Eu tenho um automóvel
diferente
que não assusta bicho
nem atropela gente.

5 Um automóvel
que espera na sua
até a tartaruga
atravessar a rua.

Um automóvel
10 que não ganha corrida
mas nunca fez ninguém
perder a vida.

Um automóvel
que durante a viagem
15 sem pressa nenhuma
admira a paisagem.

Um automóvel
que não polui o ar.
Subam nele, crianças:
20 vamos passear.

PAES, José Paulo. *Lé com cré*. São Paulo: Ática, 1994. p. 26.

6 Quem é o autor do poema "Meu automóvel"?

_____

7 Nesse poema, o eu-poético fala de um automóvel diferente. Cite duas características desse automóvel e explique por que ele é diferente dos outros.

_____
_____

8 Quem você acha que é diferente dos outros: o automóvel ou o motorista? Por quê?

_____
_____

9 Explique como essas características do motorista podem ajudar a transformar nossa vida em sociedade.

_____
_____

10 O eu poético apresenta uma boa solução para o trânsito perigoso de nossas cidades. Qual seria essa solução? _____

11 Classifique os substantivos a seguir em:

> • comum ou próprio;   • concreto ou abstrato.

a) automóvel _____   **d)** vida _____

b) bicho _____   **e)** pressa _____

c) gente _____   **f)** ar _____

12 Observe os substantivos abaixo e indique um para cada frase a seguir. Assim, você evitará o uso de "coisa", "objeto" e outros termos de sentido vago.

> brinquedos   instrumento   ferramenta   substâncias   ingredientes   utensílio

a) O bisturi é um _____ usado pelos cirurgiões.

b) A panela, entretanto, é um _____ da cozinha.

c) A serra é uma _____ usada pelo carpinteiro.

d) Para fazer um pudim são necessários alguns _____ .

e) O óleo e a água são duas _____ líquidas.

f) Os patins e as bolas são _____ divertidos.

13 Responda rapidamente:

a) Um vidro grande é uma _____ .

b) Um sapato grande é um _____ .

c) Uma casa enorme é um _____ .

d) Um menino pequeno é um _____ .

e) Um caderno pequeno é um caderninho ou uma _____ .

f) Um prato enorme é um _____ .

14 Reescreva as frases passando os substantivos destacados para o aumentativo sintético.

a) O **homem** ia guiando a **barca**. _____

b) Com esta sede, só um **copo** de água! _____

15 Dê o diminutivo analítico das palavras a seguir.

a) tempo _____

c) sol _____

b) gato _____

16 Complete a legenda de cada uma das fotografias indicando o coletivo adequado.

a)

_____ de bananas maduras.

e)

_____ de pinturas contemporâneas.

b)

_____ de abelhas africanas.

f)

_____ de músicos de *rock*.

c)

_____ de ônibus novos.

g)

_____ de lobos famintos.

d)

_____ de pássaros coloridos.

h)

_____ de peixes bonitos.

Artigo

Embora distante, o céu sempre teve importância para o ser humano. Os navegadores antigos, de épocas em que não havia GPS ou instrumentos sofisticados de orientação, guiavam-se consultando os astros, a posição das estrelas. Outro exemplo são os povos indígenas, que conheciam e observavam sempre o céu.

Leia o texto a seguir e entenda por que eles observam o espaço sideral.

http://parquedaciencia.blogspot.com/2013/08/a-astronomia-dos-indios-brasileiros.html

A Astronomia dos índios brasileiros!

[...] Como os povos antigos sabiam qual a época certa para o plantio ou se a maré estaria alta ou baixa? A resposta é: olhando o céu!

A observação do céu está na base da cultura de todos os povos antigos. O céu seria a morada de divindades e espíritos que controlariam as forças da natureza. Por meio da observação da posição dos astros, [...] as
5 civilizações previam eventos climáticos, marcavam a passagem de tempo e se localizavam.

Os indígenas americanos – inclusive os brasileiros – não eram diferentes: contemplavam o céu imaginando desenhos e os associavam a lendas e divindades. Para eles, a Terra é um reflexo imperfeito de tudo que há no céu. Baseavam o cultivo e a colheita e épocas de caça e pesca na posição dos astros prevendo, por exemplo, se o tempo estaria mais chuvoso ou mais seco.
10 [...]

Ao contrário dos demais povos, os índios formavam desenhos no céu utilizando não só as estrelas, mas qualquer mancha visível (galáxias ou nebulosas). Além disso, suas constelações estão quase todas situadas na região da Via Láctea – aquela mancha esbranqui-
15 çada observada à noite no céu e que se trata da porção visível da nossa galáxia. A essa mancha esbranquiçada, os índios chamavam Tapi'i
20 rapé – Caminho da Anta. Duas constelações muito conhecidas pelos extintos tupinambás do norte e pelos tupis-guaranis do sul são o
25 Homem Velho e a Ema.
[...]

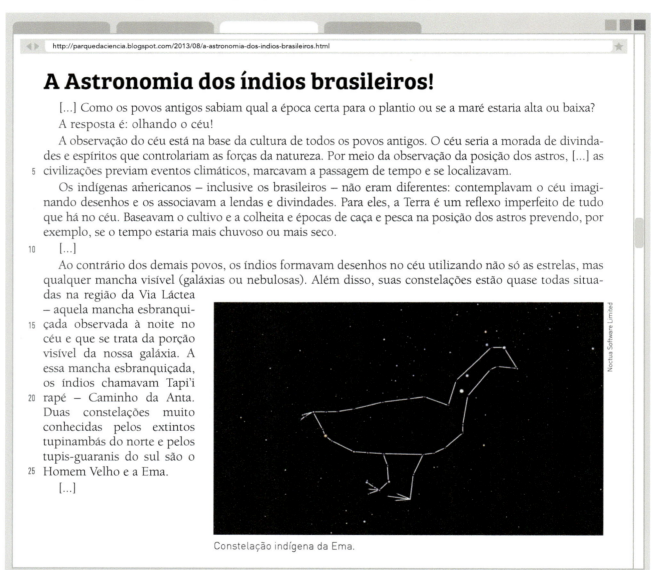

Constelação indígena da Ema.

DIAS, Alan Henrique Abreu. A Astronomia dos índios brasileiros! *Parque da Ciência Newton Freire Maia*. Disponível em: http://parquedaciencia.blogspot.com/2013/08/a-astronomia-dos-indios-brasileiros.html. Acesso em: 22 ago. 2019.

1 Segundo o texto, com que finalidades os antigos povos indígenas usavam a observação do céu? Cite pelo menos duas delas.

_____

_____

2 Para esses povos, qual era a função espiritual do céu?

_____

3 As palavras a seguir pertencem a qual classe gramatical?

| observação | povos | céu | forças | civilizações |
| passagem | indígenas | | reflexo | cultivo |

_____

4 Procure as palavras da atividade anterior nos parágrafos 3 e 4 do texto e transcreva as palavras que as antecedem.

_____

5 Qual é, então, a função dessas palavras no texto? Você sabe qual é sua classe gramatical?

_____

_____

> **Artigo** é uma das dez classes de palavras.
> É a palavra variável que se coloca antes de um substantivo para defini-lo, particularizá-lo ou generalizá-lo, indicando-lhe o gênero (masculino ou feminino) e o número (singular ou plural). Ele é um companheiro do substantivo: quase sempre o substantivo vem precedido de um artigo.

Os artigos podem ser classificados em **definidos** ou **indefinidos**, como veremos a seguir.

Artigos definidos: o, a, os e as

Determinam o substantivo de forma precisa, definida.

> Como **os** povos antigos sabiam qual **a** época certa para **o** plantio?

Leia o texto do balão de fala para responder às questões.

1 O que o rapaz está comentando sobre o amigo? *atividade oral*

2 Qual é o sentido da frase "Você é o cara!"?

3 O que o uso do artigo definido nessa frase ajudou a destacar sobre o garoto?

Artigos indefinidos: um, uns, uma e umas

Determinam o substantivo de modo vago, indefinido, impreciso.

> Toda noite ouvimos **um** gato andando no telhado de casa.

1 Relacione as frases numeradas em romanos a um dos sentidos apresentados a seguir.

a) ☐ Meu sonho é ser **um pesquisador** do laboratório de Botânica.

b) ☐ Meu sonho é ser **o pesquisador** do laboratório de Botânica.

c) ☐ O diretor recebeu **uns pedidos** de ajuda da turma C.

d) ☐ O diretor recebeu **o pedido** de ajuda da turma C.

I. A turma C fez alguns pedidos de ajuda.

II. Há vários pesquisadores no laboratório e eu quero ser um deles.

III. A turma C fez apenas um pedido de ajuda.

IV. Só há um pesquisador no laboratório e eu quero ser esse profissional.

2 Relendo a atividade anterior, podemos afirmar que os artigos definidos e indefinidos contribuem para a construção da frase e podem alterar seu sentido. Essa afirmação é:

a) ☐ verdadeira.　　　　　　　　　　**b)** ☐ falsa.

Flexão dos artigos

O artigo, assim como o substantivo que ele normalmente acompanha, sofre as flexões de número e gênero.

Flexão de número	
Singular	Plural
o, a, um, uma	os, as, uns, umas

Flexão de gênero	
Masculino	Feminino
o, um	a, uma

Muitas vezes, é pelo artigo que conseguimos saber o gênero ou o número do substantivo.

1 Observe os artigos em destaque nas frases a seguir e indique o gênero e o número dos substantivos sublinhados. Siga o modelo.

> **A** estudante emprestou o livro para **os** colegas.
> estudante: feminino singular　　　　　colegas: masculino plural

a) **A** colega de Duda diz que ele é **um** estudante exemplar.

_____

b) Vou mostrar **o** neném para **a** pediatra.

_____

c) **Os** pediatras examinaram com cuidado **a** neném doente.

_____

d) Você vai perder **o** ônibus!

_____

e) Os primeiros ônibus da excursão já estão na porta da escola.

_____

> **Lembre-se**
>
> O artigo concorda sempre em gênero e número com o substantivo que ele acompanha:
>
> | Artigo | | Substantivo |
> |---|---|---|
> | masculino singular | + | masculino singular |
> | masculino plural | + | masculino plural |
> | feminino singular | + | feminino singular |
> | feminino plural | + | feminino plural |

Ariel Fajtlowicz

2 Coloque um artigo (definido ou indefinido) antes de cada substantivo prestando atenção à concordância.

a) _____ avião

b) _____ computadores

c) _____ escola

d) _____ árvores

e) _____ passarinho

f) _____ trens

O artigo pode se unir a outras palavras

Quando o artigo é usado junto das palavras **a**, **de** ou **em** (que são da classe invariável das preposições), ele pode se unir a elas.

Essa união pode acontecer das formas descritas a seguir.

• Combinação: quando as palavras combinadas não perdem nenhum som.

> Esta semana vou **ao** dentista.
> **a** (preposição) + **o** (artigo) = **ao**

• Contração: quando uma das palavras unidas perde algum som.

de	+ **a(s)** = da(s)
de	+ **o(s)** = do(s)
em	+ **um(ns)** = num(ns)
em	+ **uma(s)** = numa(s)
em	+ **a(s)** = na(s)
em	+ **o(s)** = no(s)
a	+ **a(s)** = à(s)

Fique atento ■■■

Na Unidade 2, vimos que o acento grave marca a crase, ou seja, a fusão de duas letras **a**. Quando acontece contração ou fusão da palavra **a** (preposição) com os artigos **a** e **as**, precisamos marcá-la com o **acento grave [`]**.

Amanhã vamos **a** (preposição) + **a** (artigo) praia. = Amanhã vamos à praia.

1 No texto da página seguinte, sublinhe um exemplo de contração de artigo com cada uma das preposições **de**, **em**, **a**. Depois, desfaça a contração, explicando, em cada caso, qual preposição e qual artigo foram usados. Confira o modelo.

A pesquisa sugere que a Lua foi formada cerca de 60 milhões de anos após a formação do Sistema Solar [...].

> preposição **de** + artigo definido **o**

Com as rochas coletadas durante a missão Apollo 14, os pesquisadores dizem que finalmente descobriram a idade exata da Lua: 4,51 bilhões de anos.

A pesquisa sugere que a Lua foi formada cerca de 60 milhões de anos após a formação do Sistema Solar [...].

"Estabelecer a idade da Lua é fundamental para a compreensão da evolução do Sistema Solar e da formação de planetas rochosos, incluindo a Terra. No entanto, apesar da sua importância, a idade da Lua nunca foi determinada com precisão", relata a equipe liderada por Melanie Barboni [...].

Não há rochas bem preservadas na superfície lunar para que os pesquisadores pudessem datar com precisão o surgimento da Lua. A maioria das pedras trazidas pelos astronautas do Apollo são brechas (misturas de diferentes rochas que foram esmagadas pelos meteoritos).

Então, em vez de tentar encontrar pedaços de rochas que estiveram lá desde o surgimento, a equipe transformou as pedras em zircônio – um mineral que se formaria à medida que a Lua esfriasse.

[...]

ALMEIDA, Giovane. Cientistas podem ter descoberto a idade exata da Lua. *Ciencianautas*, 11 maio 2017. Disponível em: https://cienciaunautas.com/cientistas-podem-ter-descoberto-idade-exata-da-lua. Acesso em: 22 ago. 2019.

Para um texto melhor, gramática!
Uso do artigo

O artigo pode ser usado para substantivar, ou seja, transformar palavras de outras classes (pronomes, adjetivos, verbos etc.) em substantivos. Para isso, basta colocar o artigo antes dessas palavras.

Observe como os substantivos em destaque são, originariamente, de outras classes (algumas delas foram mencionadas na Unidade 2 e serão aprofundadas nos próximos anos):

- O **nada** me assusta. (**Nada** é originalmente um pronome indefinido.)
- Não aceito um **não** como resposta. (**Não** é originalmente um advérbio de negação.)
- O **bater** da porta me acordou. (**Bater** é originalmente um verbo.)
- O **sete** é um número mágico. (**Sete** é originalmente um numeral.)

1 Observe a imagem ao lado. O que aconteceu com o menino dos retratos?

2 Você acha que o visual dele mudou?

3 Os substantivos **antes** (em "o antes") e **depois** (em "o depois") referem-se a que momentos?

4 As palavras **antes** e **depois** são originalmente da classe gramatical dos advérbios (que vamos estudar adiante). Como se transformaram em substantivos?

O antes.   O depois.

Omissão do artigo

A ausência do artigo pode ter uma função significativa na frase. Muitas vezes, ao deixarmos de colocar o artigo definido, estamos tornando indefinido (ou seja, generalizando) o substantivo que ele acompanharia.

MOREIRA, Isabela. Metade da nova equipe [...]. *Galileu*, 14 jan. 2016. Disponível em: https://revistagalileu.globo.com/Ciencia/noticia/2016/01/metade-da-nova-equipe-de-astronautas-da-nasa-e-formada-por-mulheres.html. Acesso em: 22 nov. 2019.

Vocabulário
Jet (inglês): jato.
Nasa: sigla de National Aeronautics and Space Administration (Administração Nacional de Aeronáutica e Espaço, dos EUA).
Supersônico: que tem ou alcança velocidade superior à do som.

Na notícia, vários artigos são empregados antes dos substantivos (**as** mulheres, **a** agência espacial americana, **uma** viagem, **as** astronautas da nova turma etc.). Observe, no entanto, a omissão do artigo em:
- *jets* supersônicos;
- em grandes profundidades;
- voos de avião em altas velocidades.

Nesses casos, a ausência do artigo está generalizando os substantivos: "vários" jets supersônicos, "vários" mergulhos", "qualquer" profundidade grande, sem especificar qual, "muitos" voos de avião em altas velocidades.

1 Leia as frases dos itens em algarismos romanos e relacione-as a um dos sentidos apresentados nos itens com quadrinhos.

I. Tentar ser o único fotógrafo da formatura.

II. Convidou algumas amigas do colégio.

III. Só tem receitas fáceis, e as difíceis estão em outro livro.

IV. Tem algumas receitas fáceis e outras difíceis.

V. Tentar participar como um fotógrafo entre outros da formatura.

VI. Convidou todas as amigas do colégio.

a) ☐ Dani convidou para a festa amigas do colégio.

b) ☐ Dani convidou para a festa as amigas do colégio.

c) ☐ Este livro tem receitas fáceis de fazer.

d) ☐ Este livro tem as receitas fáceis de fazer.

e) ☐ Para tentar ser fotógrafo da formatura, fale com a Comissão de Festas.

f) ☐ Para tentar ser o fotógrafo da formatura, fale com a Comissão de Festas.

O artigo é, muitas vezes, omitido antes de nomes de pessoas ou de **meu**, **teu**, **seu**, **nosso** (pronomes possessivos), seus femininos e plurais. Observe:

> Quando Pedro telefonou, eu estava dormindo. (sem artigo)
> Você conhece **a** Maria Beatriz? (com artigo)

> Rita viu meu irmão na praia. (sem artigo)
> Você gostou d**a** sua nova professora? (com artigo)

Antes de alguns nomes de lugar, o artigo é também omitido.

> Ele vai viajar para Portugal com o avô. (sem artigo)
> Minha irmã viajou para **o** Canadá. (com artigo)

> **Não** se usa artigo antes dos nomes próprios dos seguintes estados brasileiros: Alagoas, Goiás, Mato Grosso, Mato Grosso do Sul, Minas Gerais, Pernambuco, Rondônia, Roraima, Santa Catarina, São Paulo, Sergipe e Tocantins.

2 Complete as frases com as preposições entre parênteses fazendo, quando necessário, a combinação ou a contração com o artigo adequado.

a) Você já foi passar as férias _____ Bahia? (em)

b) Meu primo foi _____ Ceará visitar a vovó. (a)

c) Quero muito conhecer as cidades históricas _____ Minas Gerais. (de)

d) O Luan agora vai morar _____ Rio de Janeiro. (em)

e) Mal chegou _____ Paraná, Elias já vai viajar _____ São Paulo. (de/para)

Para um texto melhor, gramática!
Emprego do artigo

Além de acompanhar os substantivos para definir, particularizar ou generalizar e indicar-lhes o gênero e o número, os artigos podem ter outros papéis, também importantes.

Os artigos podem fazer referência a alguma experiência vivida em outro momento, uma situação da qual o locutor e o interlocutor tenham conhecimento:

- "Não vai apertar **o** botão errado de novo! Não quero ir parar no 12º outra vez." – Supõe-se que, antes, alguém já tenha apertado um botão "errado" que fez o elevador ir para o 12º andar.

- "Certo, agora você já pode calçar **os** tênis." – A presença do advérbio **agora** e o uso do artigo indicam que o item tênis já foi mencionado antes.

Podem também retomar uma palavra que tenha sido usada antes. Leia o texto a seguir para ver um exemplo.

O urso que não era
Frank Tashlin

Era uma vez um urso que estava à beira de uma grande floresta, olhando fixamente para o céu. Lá bem no alto, um bando de gansos voava em direção ao Sul. O urso sabia que o inverno chegaria em breve e que ele deveria procurar uma caverna para hibernar. E foi exatamente o que ele fez. O que ele não contava era que, durante aquele inverno, uma
5 fábrica seria construída bem em cima da caverna que ele havia escolhido. Com a chegada da primavera, o urso desperta, mas não consegue acreditar que não está mais sonhando: o capataz insiste que ele volte imediatamente ao trabalho – afinal de contas, ele não é um urso. Como provará para os patrões da fábrica (e para si mesmo) que ele é um urso?

Para quem acha que não conhece o autor deste livro, basta pensar nos clássicos episódios das séries
10 Looney Tunes e Merrie Melodies dos anos 1930 e 1940. Sim, Tashlin era uma das geniais mentes criativas por trás das aventuras de Pernalonga, Patolino e Gaguinho – o que fica evidente no traço inconfundível desse mestre da ironia e do *nonsense*. Escrito originalmente em 1946, *O urso que não era* vem encantando há décadas gerações de crianças e adultos.

Considerado um clássico da comédia satírica, o livro esconde diversas camadas e possibilidades de
15 interpretação, seja pela crítica social que faz, seja pela abordagem da construção da identidade e da alienação no trabalho.

O URSO que não era. *In*: BOITEMPO EDITORIAL. [20--]. Resenha do livro. Disponível em: www.boitempoeditorial.com.br/produto/o-urso-que-nao-era-814. Acesso em: 26 ago. 2019.

3 Nessa pequena resenha crítica, a editora apresenta a história de *O urso que não era*. O título se refere ao momento em que o urso acorda e não acredita no que vê nem no que ouve: os funcionários da fábrica pensam que ele também trabalha lá. O próprio animal fica confuso. Que frase do primeiro parágrafo mostra essa confusão do animal?

_____

4 Explique o uso dos artigos indefinidos e definidos destacados a seguir considerando sua função no texto.

a) "Era uma vez um urso" (linha 1): _____

b) "O urso sabia que o inverno chegaria" (linhas 2 e 3): _____

c) "ele deveria procurar uma caverna para hibernar" (linha 3): _____

d) "uma fábrica seria construída bem em cima da caverna" (linhas 4 e 5): _____

5 Adiante, no texto, lemos:
"**o urso** desperta" / "afinal de contas, ele não é **um urso**".
E, agora, como podemos entender o uso do artigo indefinido **um**?

Gênero em foco ▮▮▮ Resenha crítica

Resenha é um resumo do conteúdo de uma obra, filme, artigo, notícia. Deve ser bem objetiva e informativa, mostrando autor, assunto, personagens, público-alvo etc. **Resenha crítica**, como o nome indica, é uma análise crítica da obra, que mostra os pontos fortes e os aspectos positivos, bem como os pontos negativos, as deficiências e o que poderia ser mais bem trabalhado, sempre por meio de argumentos e não apenas de opiniões.

6 O que pode estar subentendido em cada frase? Relacione uma coluna a outra.

a) ☐ Finalmente comprei **uma camisa nova**.

b) ☐ Finalmente comprei **a camisa nova**.

c) ☐ Pode deixar, eu faço **a limpeza** na cozinha.

d) ☐ Pode deixar, eu faço **uma limpeza** na cozinha.

I. Alguém comenta que a cozinha está suja e o emissor se prontifica a limpá-la.

II. Alguém lamenta porque não vai poder fazer a limpeza na cozinha e o emissor da frase se prontifica a fazê-la.

III. O emissor queria determinada camisa havia muito tempo e conseguiu comprá-la.

IV. O emissor queria uma camisa nova havia muito tempo e conseguiu comprá-la.

Dicionário em foco ▮▮▮ Verbete

Leia uma parte do verbete **mangueira** do *Dicionário Houaiss da Língua Portuguesa*.

Nesse trecho observamos:
- a classe e o gênero da palavra, abreviados: **s.f.** (substantivo feminino);
- a data da primeira aparição da palavra em português: **1858**;
- a definição da palavra: "tubo flexível, de tecido, borracha ou plástico, destinado a conduzir líquidos ou gases";
- palavras que têm o mesmo sentido de mangueira: **manga**, **borracha**;
- exemplos de uso da palavra: "‹m. para apagar incêndios›" (note que, no exemplo, o verbete aparece abreviado).

Cada dicionário tem, em prefácios ou notas prévias, a lista das abreviaturas e os sinais adotados nele.

> ▶ s.f. (1858) tubo flexível, de tecido, borracha ou plástico, destinado a conduzir líquidos ou gases; manga, borracha ‹m. para apagar incêndios›.

MANGUEIRA. In: DICIONÁRIO HOUAISS DA LÍNGUA PORTUGUESA. Rio de Janeiro: Objetiva, 2009. p. 1233.

Gênero em foco ■■■ Verbete

Verbete é o conjunto de sentidos, exemplos e outras informações pertinentes contidos numa entrada de dicionário, enciclopédia, glossário etc. Em um verbete, a linguagem é objetiva e organizada de forma a expor de modo bem preciso as informações a respeito do assunto ou da palavra em questão.

1 Leia as perguntas a seguir, verifique no dicionário as definições das palavras listadas e marque a resposta certa.

a) ☐ Qual destas palavras nomeia um peixe?

I. Ornitorrinco.

II. Pacu.

III. Bromélia.

IV. Pardal.

b) ☐ Qual nomeia uma ferramenta?

I. Estrofe.

II. Empecilho.

III. Verruma.

IV. Várzea.

c) ☐ Qual nomeia uma peça de vestuário?

I. Espartilho.

II. Jaqueira.

III. Camiseiro.

IV. Meia-sola.

d) ☐ Qual nomeia uma planta?

I. Alfafa.

II. Bônus.

III. Cuscuz.

IV. Ônus.

⚡ **Ampliar**

As crônicas marcianas,
de Ray Bradbury,
adaptado por Dennis Calero (Globo).

Em *As crônicas marcianas*, uma das principais obras-primas de ficção científica é apresentada em versão quadrinhos. São 26 narrativas em que o autor se depara com o cotidiano de um planeta estranho – mas não mais estranho que o nosso – e com o choque cultural entre terráqueos e marcianos. Não há pistolas *laser*, discos voadores e homens verdes com anteninhas na cabeça. O olhar original do autor foca em donas de casa marcianas que bebem "fogo elétrico", colonizadores terráqueos que recebem comida congelada de "*icebergs* voadores" e um jardineiro que planta árvores em Marte para inundar de oxigênio a atmosfera rarefeita.

2 Indique a classe gramatical e o gênero de cada uma das palavras da resposta da atividade anterior.

Caleidoscópio

ABREVIAÇÕES, REDUÇÕES E SIGLAS

O português é uma língua viva, vivíssima! Falada por mais de 200 milhões de pessoas, nos cinco continentes! Novas palavras são criadas de acordo com as necessidades do mundo moderno.

As **abreviações** ou **reduções** são uma forma de criar palavras muito usadas em conversas por mensagem instantânea, notícias, textos de trabalho etc. A nova palavra se forma pela redução de uma palavra ou expressão longa. Como todos têm pressa, as mensagens e os textos trocados costumam ser bem curtinhos.

As **siglas** são parecidas com a abreviação: resultam da redução de longos títulos às letras iniciais das palavras que os compõem.

a/c – aos cuidados
bibl. – bibliografia
cód. – código
defin. – definição
econ. – economia
fed. – federal
ingl. – inglês

automóvel – auto
fotografia – foto
motocicleta – moto
metropolitano – metrô
pneumático – pneu
cinematógrafo – cinema – cine

ONU – Organização das Nações Unidas
CD – *compact disc* (Disco Compacto)
RPG – *role playing game* (jogo em que os participantes desempenham papéis)
CPF – Cadastro de Pessoas Físicas
CEP – Código de Endereçamento Postal
CNH – Carteira Nacional de Habilitação
DDD – Discagem Direta a Distância
FAB – Força Aérea Brasileira
Funai – Fundação Nacional do Índio
TRE – Tribunal Regional Eleitoral
CEO – Chief Executive Officer
DNA – *deoxyribonucleic acid* (Ácido Desoxirribonucleico)
Aids – Acquired Immunodeficiency Syndrome (Síndrome da Imunodeficiência Adquirida)
Fifa – Fédération Internationale de Football Association (Federação Internacional de Futebol)
HTTP – Hypertext Transfer Protocol
JPEG – Joint Photographic Experts Group
SMS – Short Message Service
WWW – World Wide Web

 **Atividades**

① Um texto publicitário tem o objetivo de divulgar um produto, um serviço, uma empresa etc., descrevendo-o e, quase sempre, elogiando-o, para conquistar o consumidor. Além da parte verbal, que é curta e objetiva, o que mais encontramos em cartazes, *outdoors* etc. de propaganda?

② E para que servem esses recursos?

③ A imagem a seguir é um cartaz de propaganda de uma loja de hortaliças, frutas, legumes etc. que faz alusão a um filme nacional intitulado *Dois filhos de Francisco*, baseado na vida dos cantores da dupla sertaneja Zezé Di Camargo & Luciano. Observe o cartaz e responda às questões.

a) No texto, que palavras nos fazem pensar em "sertanejo"?

b) E que imagens ajudam na referência à dupla de cantores?

c) A palavra **milhos** nos faz pensar em qual palavra do título do filme?

d) Essas duas palavras têm uma relação de semelhança de significado ou de som?

④ Compare os trechos a seguir.

> Dois filhos de Francisco / Dois milhos de Francisco
> Os dois filhos de Francisco / Os dois milhos de Francisco

a) Que palavra foi acrescentada?

b) A presença dessa pequena palavra teria o efeito de deixar subentendido que:

☐ estamos falando de dois entre outros filhos/milhos (referência indefinida).

☐ estamos falando dos dois únicos filhos/milhos (referência definida).

135

5 O cartaz de propaganda usou o verbo **estourar** para aproveitar dois dos vários sentidos da palavra. Quais foram esses dois sentidos?

a) ☐ Rebentar com grande estrondo; explodir.

b) ☐ Romper, com barulho ou não.

c) ☐ Dispersar-se (bando de animais) de forma rápida e confusa.

d) ☐ Fazer sucesso.

e) ☐ (Fazer) sofrer lesão grave; machucar(-se).

6 Explique sua resposta à questão anterior.

_____

7 E a palavra **estrela** foi usada com que sentido?

a) ☐ Astro com luz própria.

b) ☐ Artista principal ou de renome.

8 A linguagem das propagandas costuma explorar o duplo sentido das palavras. Por que você acha que isso é feito?

_____

_____

9 Reescreva as frases a seguir deixando os termos destacados mais definidos, precisos. Observe, no exemplo, que foi trocado o artigo indefinido pelo definido, além de acrescentados alguns detalhes para enriquecê-lo. Você pode inventar à vontade.

> Encontrei **um amigo** no cinema.
> Encontrei **o meu amigo Manoel** no cinema.

a) Preparei **uma sobremesa** para o almoço.

_____

b) Vamos fazer **uma brincadeira**.

_____

c) Ouvi **um carro** chegando.

_____

d) Acabei de tomar **um picolé** na sorveteria.

_____

e) Maria e **uma prima** saíram.

_____

Gênero em foco — Cartaz ou texto de propaganda

Cartaz ou **texto de propaganda** é um texto publicitário que, em geral, procura seduzir o leitor, convencê-lo de alguma coisa. Seu objetivo é divulgar um produto, um serviço ou uma empresa, descrevendo-o e, quase sempre, elogiando-o, para conquistar e convencer o consumidor a adotar determinado comportamento (comprar tal produto, aderir a tal campanha, assistir a tal programa etc.). Geralmente, a parte verbal é curta e objetiva.

Por exemplo:
- "Não perca esta promoção!";
- "Compre e concorra a prêmios".

Muitos cartazes usam textos visuais, compostos de imagens, cores, grafismos, letras grandes etc. Esses recursos visuais são importantes na argumentação; eles tornam o texto agradável de ler e ajudam a reforçar as comparações do texto verbal. Quando se faz um cartaz ou uma propaganda, palavra e imagem devem estar articuladas, contribuindo para criar a surpresa e a novidade – fatores que ajudam a chamar a atenção e a fazer pensar.

Leia a tira a seguir.

TEXTO 2

SOUSA, Mauricio de. *Mônica*. São Paulo: Globo, 2006. p. 50. (Coleção As Melhores Tiras).

10 Para cumprir o desafio da Mônica, Cebolinha começou a enumerar várias possibilidades.

a) Quantas "coisas" são citadas na tirinha?

_____

b) De que classe são as palavras: **broche**, **doce** etc., que ele usou na enumeração?

_____

c) Cada um deles vem acompanhado de um artigo. Que tipo de artigo foi usado? Explique essa escolha.

_____

_____

11 Explique o que significa o desenho do último quadrinho. Ainda são a Mônica e o Cebolinha?

_____

_____

12 Usando o artigo, podemos substantivar palavras de outras classes, por exemplo, o verbo saber: "O **saber** enriquece o homem". Identifique em quais frases a seguir as palavras em destaque estão empregadas como substantivos.

a) ☐ **Amanhã** iremos decidir esta questão.

b) ☐ Tenha confiança no **amanhã**.

c) ☐ Assim que ela deu o **sim**, eles marcaram o casamento.

d) ☐ Eu irei ao teatro, **sim**.

e) ☐ Vá ao bazar e compre **dois** lenços para mim.

f) ☐ O **dois** é um número par.

g) ☐ Eu estava **certo** de que ele viria.

h) ☐ Não troque o **certo** pelo duvidoso.

13 Use o artigo para esclarecer o gênero e/ou o número dos substantivos das frases a seguir de acordo com o sentido deles nas frases.

a) Coloque _____ pires na prateleira.

b) _____ intérprete louro ficou ao lado d_____ violonista estrangeira.

c) Entreguei _____ caixa de sapatos para _____ caixa da loja, para que ele me informasse o preço.

d) _____ alunas foram para _____ ônibus.

Retomar

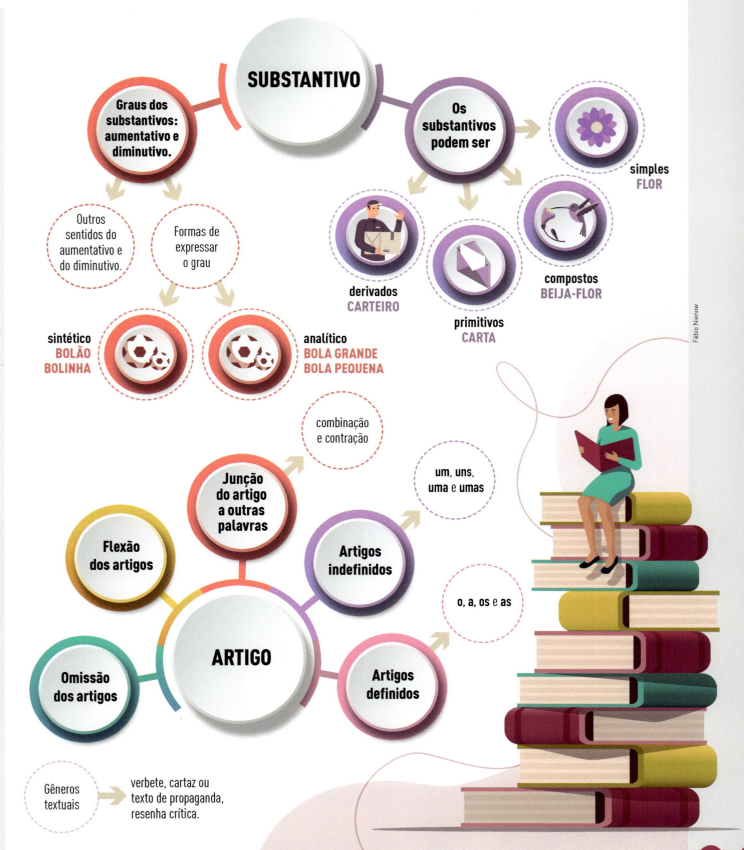

UNIDADE 5

> Jogo lançado. Pelé marcado. Pelé marcadíssimo. Pelé ultramarcado. Pelé cercado. Pelé agarrado. Pelé derrubado. Pelé sufocado. Bola na área, gol de Pelé.
>
> NOGUEIRA, Armando. *Na grande área*. Rio de Janeiro: Lance! Publicações, 2008. p. 64-65.

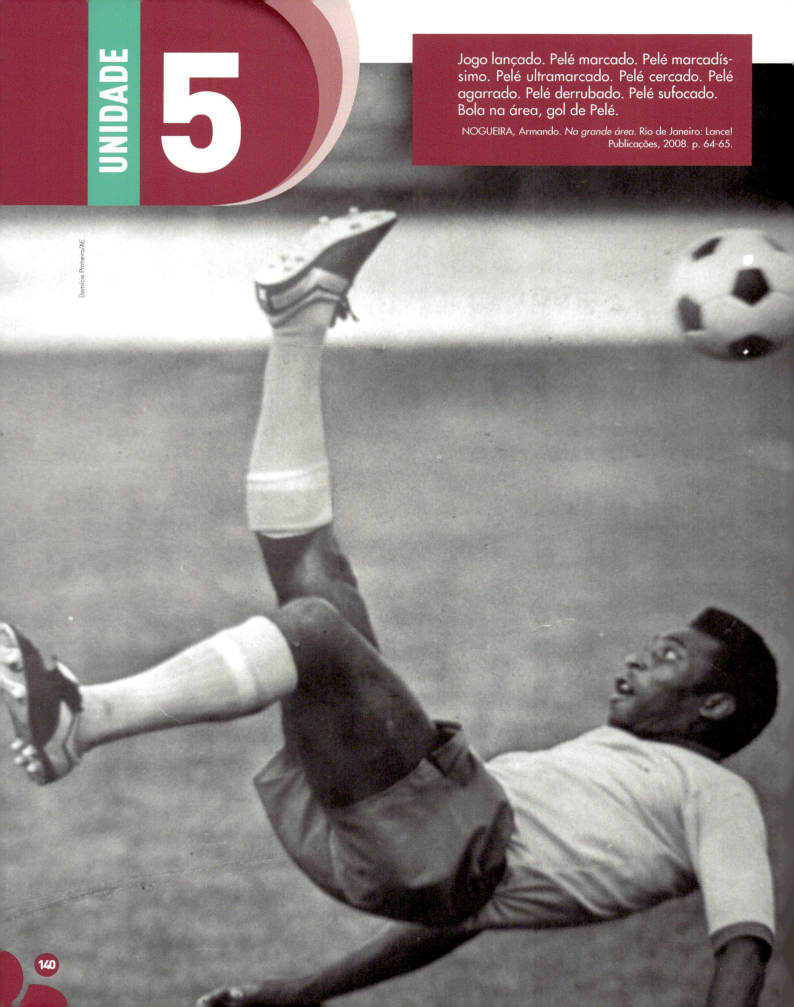

Adjetivo e locução adjetiva: o que são, como se formam

Leia o texto a seguir.

O Lobo e o Cão

Em um caminho, encontraram-se um Lobo e um Cão. O Lobo, vendo a vitalidade do Cão, disse: – Tenho inveja de te ver tão gordo, com o pescoço grosso e o pelo reluzente. Digo isso porque ando sempre magro e arrepiado. O Cão respondeu: – Se fizeres o mesmo que eu, também engordarás. Estou em uma casa, onde me dão de comer e tratam-me bem, enquanto meu trabalho é somente latir quando percebo ladrões próximos da casa. Por isso,
5 se queres, podes vir comigo. O Lobo, aceitando, passou a caminhar junto com o Cão, mas em dado momento perguntou: – O que é isso, companheiro, que vejo? Teu pescoço está todo esfolado. O Cão respondeu: – Para que de dia eu não morda aos que entram na casa, sou preso com uma corda. De noite me soltam e assim fico até pela manhã, quando tornam a me prender. O Lobo, ouvindo isso, disse: – Vou dispensar tua fartura pra mim. A troco de não ser **cativo**,
10 prefiro me empenhar pelo meu sustento e, se necessário, jejuar, desde que esteja livre. Dizendo isso, se foi.

SHAFAN, Joseph. *As fábulas de Esopo*. [Adaptado da obra de] Esopo. [S. l.]: A. José C. Coelho, 2008. p. 26.

Vocabulário

Cativo: que perdeu sua liberdade.

1 O texto que você leu é uma fábula. Esse gênero textual tem uma linguagem bem diferente daquela que aparece em jornais e revistas. O que você sabe sobre ele?
Leia o boxe no fim da página para confirmar e ampliar seu conhecimento desse gênero de texto.

2 Você conhece outra fábula? Como ela se chama?

Gênero em foco — Fábula

Fábula é uma narrativa, em prosa ou em verso, na qual os personagens são animais ou objetos que falam e se comportam como gente. Geralmente apresenta situações do nosso dia a dia. No final dela, há sempre algum ensinamento prático ou moral, que é uma espécie de conclusão do que se passou na história (a moral da história). Serve para aconselhar, alertar sobre algo que poderia acontecer na vida real, para ensinar, criticar ou mesmo para lutar por ideias. Ao retratar outros seres com comportamento de pessoas, a fábula faz pensar no desempenho humano, sendo, por isso, (re)contada através dos tempos. Os mais célebres fabulistas foram o grego Esopo e o francês La Fontaine. Algumas fábulas famosas são: "A Cigarra e a Formiga", "O Lobo e o Cordeiro" e "A Tartaruga e a Lebre".

3) Observe as palavras sublinhadas na primeira linha do texto e identifique a que classe de palavras elas pertencem.

_____

4) Leia o texto mais uma vez e relacione os substantivos a seguir com as palavras abaixo.

a) cão　　　　b) lobo　　　　c) pescoço　　　　d) pelo

☐ grosso　　☐ reluzente　　☐ arrepiado　　☐ magro　　☐ gordo

5) Quanto ao sentido, que contribuição essas palavras trazem para os substantivos?

_____

6) O que podemos aprender lendo essa fábula? Na fala de qual animal encontramos esse ensinamento?

atividade oral

7) O cuidado em proteger os animais e evitar-lhes maus-tratos é uma preocupação cada vez mais comum em nossa sociedade. Como esse cuidado se manifesta, por exemplo, em relação aos animais domésticos?

O autor do texto escolheu as palavras que julgava necessárias para fornecer detalhes importantes dos animais. Assim, os substantivos vieram acompanhados de termos que descrevem as características ou qualidades deles.

Esses termos são adjetivos.

Adjetivo **é uma das dez classes de palavras**. Assim como o artigo, acompanha o substantivo.

Reveja os exemplos:　　　　　　　　　Observe também os seguintes:

| cão **gordo** | lobo **magro** | belo **dia** | dado **momento** |

> **Adjetivo** é a palavra variável que caracteriza o substantivo (ou o pronome), atribuindo-lhe qualidade, estado, aparência.

| ladrões **próximos** | O céu está **azul**. |
| substantivo adjetivo | substantivo adjetivo |

| casa **confortável** | Ele é **pequeno**. |
| substantivo adjetivo | pronome substantivo adjetivo |

Essa mesma tarefa do adjetivo — de caracterizar o substantivo — pode ser desempenhada por uma **locução adjetiva**. Locução adjetiva é o conjunto de duas ou mais palavras que têm, na frase, o valor de um adjetivo. Observe:

Vitalidade **do cão**.

Animal **de pelúcia**.

142

8 No texto a seguir, escreva nas lacunas adjetivos que enriqueçam os substantivos e a descrição da árvore.

Era uma **árvore** _____. Seu **tronco** _____ fazia com que a copa ficasse bem lá

no alto e os **galhos** _____ abrigavam **ninhos** _____. Acompanhei quando um

beija-flor _____ construiu seu ninho e depois vi nascerem os **filhotes** _____

e _____.

Nome substantivo e nome adjetivo

Substantivos e **adjetivos** fazem parte do amplo grupo dos nomes que designam ou caracterizam os seres em geral: indicam objetos, sentimentos, noções, coisas de nosso mundo (o substantivo) e qualidades, características (o adjetivo).

O nome substantivo e o nome adjetivo são muito parecidos.

Nem sempre é possível descobrir se uma palavra solta pertence a uma ou a outra classe gramatical. Mas se observarmos nossos textos, quando essas palavras aparecem combinadas, vemos que existe uma diferença de função entre o substantivo e o adjetivo.

O adjetivo acompanha o substantivo, que é sempre o centro de uma expressão nominal. O substantivo pode até vir sozinho, desacompanhado de um adjetivo. Observe:

o	lobo
artigo	substantivo

o	lobo	selvagem
artigo	substantivo	adjetivo

1 Complete as lacunas das afirmações a seguir.

a) O substantivo **lobo** aparece antecedido pela palavra **o**, que pertence à classe gramatical dos _____.

b) A ideia básica contida no substantivo **lobo** foi expandida e seu sentido se tornou mais preciso com a palavra _____, que é um _____.

2 A locução adjetiva pode ter o mesmo papel. Repare:

O caminho da floresta.	Um trabalho à noite.

Agora, indique as palavras dos dois exemplos acima que pertencem às classes gramaticais a seguir.

a) Substantivo: _____

c) Adjetivo (locução adjetiva): _____

b) Artigo: _____

💡 **Ampliar**

Editora Letramais

Dora: a raça do amor,
de Jaime Ribeiro (Letramais).

Dora é a história de Paulinho, um garoto que se tornou viciado em jogos eletrônicos e cuja vida mudou depois de conhecer e adotar uma cadelinha muito especial. O livro aborda assuntos importantes e atuais como preconceito, *bullying*, trabalho em equipe, cuidado com os animais, adoção, respeito à família e prevenção de dependência digital, sempre de forma divertida e em linguagem simples. Você vai gostar!

Se pensarmos em um nome como **cara**, por exemplo, só poderemos afirmar se é substantivo ou adjetivo ao vê-lo em uso, ou seja, dentro de um contexto. Por exemplo:

Hoje você está com **cara** alegre.
substantivo — adjetivo

Não posso comprar uma blusa **cara**!
substantivo — adjetivo

Portanto, há palavras que podem funcionar como adjetivo ou como substantivo. Veja outro exemplo:

Eu tenho um amigo **português**.
substantivo — adjetivo

O **português** louro é o pai dela.
substantivo — adjetivo

Para ter certeza se uma palavra é adjetivo ou substantivo, ou seja, a fim de sabermos sua classe gramatical, precisamos observar como ela funciona na frase. A principal distinção entre substantivo e adjetivo é **funcional**, ou seja, está relacionada a sua função em determinado contexto.

- Totó é um **cachorro** amigo!
  substantivo / adjetivo

- José é um **amigo** fiel desde que a gente se conheceu na escola!
  substantivo / adjetivo

Leia o texto a seguir.

Parque Adaptado traz diversão e inclusão para crianças [com] deficiência física

Crianças [com] deficiência física se divertiram com brinquedos e Papai Noel

Um dia de alegria e inclusão social, com direito a Papai Noel. Assim se deu a inauguração do 1º Parque Infantil Adaptado de Mato Grosso do Sul, [localizado] dentro do Parque das Nações Indígenas em Campo Grande. O *Diário Digital* esteve na inauguração e logo de cara encontrou a pequena Isadora, de 6 anos, e sua mãe, Soeli Rodrigues Ferraz, ansiosas para chegar ao parque adaptado. Isadora estava tímida, ao contrário da mãe que estava ansiosa, preparando a menina na cadeira de rodas.

Mas só foi chegar ao local que Isadora abriu um largo sorriso e começou a balançar nos primeiros brinquedos que foram construídos especialmente para crianças como ela, [com] deficiência física e [que] se locomove com a ajuda de muletas especiais e cadeira de rodas. A alegria é contagiante. A mãe, Soeli, estampava um sorriso no rosto pela alegria de ver a filha brincando em um local feito para ela. "Pela primeira vez, ela [Isadora] não teve que se adaptar ao meio. O meio se adaptou a ela. Isso é motivo de muita alegria e um grande passo para a interação social com outras crianças", diz Soeli.
[...]

VARELA, Marcelo. Parque Adaptado traz diversão e inclusão para crianças [...]. *Diário Digital*, Campo Grande, 18 dez. 2014. Disponível em: www.diariodigital.com.br/geral/o-meio-se-adaptando-as-criancas/123841. Acesso em: 27 ago. 2019.

1 Responda às questões.

a) Logo que chegou à inauguração do 1º Parque Infantil Adaptado de Mato Grosso do Sul, como estava a menina Isadora? _____

b) E sua mãe? _____

c) Mas depois de conhecer melhor o local, como ficou a menina? _____

2 O que é um parque infantil adaptado? A quem ele se destina principalmente?

_____

_____

3 Como a construção de locais adaptados como esse parque pode ajudar na interação social dessas crianças com outras?

_____

_____

4 Sublinhe no texto os adjetivos que acompanham os substantivos a seguir e escreva-o nos fios correspondentes.

a) _____ Isadora

c) deficiência _____

e) _____ passo

b) _____ sorriso

d) muletas _____

f) interação _____

Locução adjetiva

Vimos que podemos substituir um adjetivo por um conjunto de duas ou mais palavras que desempenham a mesma função do adjetivo, isto é, que são a ele equivalentes.

- vitalidade canina → do cão
- dia alegre → de alegria
- pescoço esfolado → com esfoladura
- parque infantil → para crianças

Eis algumas locuções adjetivas e os adjetivos correspondentes:

Locução adjetiva	Adjetivo
cirurgia **do abdômen**	cirurgia **abdominal**
beleza **de anjo**	beleza **angelical**
exame **da boca**	exame **bucal**
população **do campo**	população **rural**
águas **da chuva**	águas **pluviais**
navegação **de rio**	navegação **fluvial**

> Na seção **Listas para consulta**, página 264, você encontra vários exemplos da correspondência entre locução adjetiva e adjetivo.

Nem sempre há um adjetivo que corresponda à locução adjetiva. Veja:

- chuva **da manhã** → chuva **matinal** ou **matutina**
- estrela **da madrugada** → estrela –

145

Leia a tirinha a seguir.

SOUSA, Mauricio de. *Turma da Mônica*. Tirinha 21. Disponível em: http://turmadamonica.uol.com.br/quadrinhos/?tg_personagem=monica&tg_quadrinho=tirinhas. Acesso em: 27 ago. 2019.

1 Você sabe responder à pergunta que a Mônica faz na tirinha?

2 No primeiro quadrinho, é usada uma locução adjetiva para descrever um substantivo. Qual é a locução adjetiva? Que substantivo ela está qualificando?

3 No segundo quadrinho, é usada uma locução adjetiva para descrever três substantivos diferentes. Qual é a locução adjetiva? Que substantivos ela qualifica ou caracteriza?

4 Observe bem o último quadrinho e explique o que aconteceu.

Para um texto melhor, gramática!
Locução adjetiva

Muitas locuções adjetivas comuns na fala correspondem, na escrita formal, a adjetivos.
- pedra **da lua** → pedra **lunar**

A escolha entre um adjetivo e uma locução adjetiva pode também ser determinada pelo gênero de texto usado e por sua finalidade.

Em um artigo de divulgação científica, por exemplo, espera-se encontrar a expressão **dores abdominais**, enquanto em uma conversa entre amigos é mais provável ouvir **dor de barriga**.

Leia o trecho a seguir e conheça o menino brasileiro que ganhou um prêmio da Nasa.

■ **TECNOLOGIA**

Brasileiro de 7 anos escreve livro e ganha prêmio da Nasa

[...]
João Paulo Guerra acabou de completar sete anos e já conseguiu o que muitos apenas sonham: um prêmio da Nasa.

Nascido em São Paulo, o menino sempre foi fascinado pelo espaço. Aos quatro anos, pediu um telescópio de presente e, aos seis, criou uma história sobre um foguete criado por crianças que vai à Lua. Os pais incentivaram o pequeno a desenvolver a narrativa, que se tornou o livro No mundo da Lua e dos planetas, publicado em português e inglês.

No fim de 2016, a família de João descobriu que o Centro de Pesquisa da agência espacial americana realiza um concurso anual para jovens de até 18 anos. Para participar, o menino transformou a história do livro em um jogo virtual.

João contou com a ajuda de professores para desenvolver o Sonic World Space Settlement, no qual três crianças constroem um foguete de material reciclado e viajam pelo espaço a bordo dele. No jogo, o protago-
20 nista, Mike, tem que chegar até uma estação espacial.

Ao todo, seis mil crianças e adolescentes de 25 países participaram do concurso. O pequeno brasileiro ganhou o prêmio na categoria Mérito Literário. A pre-miação ocorre entre os dias 24 e 29 de maio em Saint
20 Louis, no estado americano do Missouri.

BRASILEIRO de 7 anos escreve livro e ganha prêmio da Nasa. *Galileu*, 3 abril 2017. Disponível em: https://revistagalileu.globo.com/Ciencia/noticia/2017/04/brasileiro-de-7-anos-escreve-livro-e-ganha-premio-da-nasa.html. Acesso em: 22 nov. 2019.

1 No terceiro parágrafo descobrimos por que João Paulo ganhou esse prêmio da Nasa. O que ele criou?

_____

2 Qual foi a inspiração dele para criar esse *game*?

_____

3 Que interesses João Paulo pode ter despertado nas crianças e adolescentes ao transformar a história do livro em um jogo virtual?

_____

_____

4 No texto, localize os substantivos a seguir e sublinhe os adjetivos ou locuções adjetivas que os acompanham.

a) agência (linha 12)

b) brasileiro (linha 23)

c) história (linha 14/15)

d) jogo (linha 15)

5 Nas expressões a seguir, substitua as locuções adjetivas por adjetivos equivalentes.

a) mundo da lua _____

b) mundo dos planetas _____

Agora, troque o adjetivo a seguir por uma locução adjetiva.

c) estação espacial _____

6 Relacione as colunas de modo que os adjetivos assinalados correspondam às locuções adjetivas com o mesmo sentido. Se tiver dúvida, consulte seu fiel amigo, o dicionário.

a) ☐ suco **pancreático**

b) ☐ menino **brasileiro**

c) ☐ impressões **digitais**

d) ☐ sofrimento **renal**

e) ☐ amolecimento **ungueal**

f) ☐ vértebras **cervicais**

g) ☐ exercício **abdominal**

h) ☐ massagem **dorsal**

i) ☐ descoberta **científica**

j) ☐ material **reciclado**

k) ☐ problema **cardíaco**

I. da barriga/do abdome

II. de coração

III. nas costas

IV. dos dedos

V. do pâncreas

VI. da ciência

VII. do pescoço

VIII. dos rins

IX. das unhas

X. de reciclagem

XI. do Brasil

Gênero em foco ▮▮▮ Artigo de divulgação científica

Artigos de divulgação científica são textos informativos, com frases claras e vocabulário preciso. Seu objetivo, como o nome indica, é divulgar as descobertas mais recentes no campo das ciências em geral e outros assuntos ligados a elas.

Dependendo do receptor e do meio em que são divulgados, esses textos se estruturam com uma linguagem mais ou menos científica, com um vocabulário mais ou menos técnico. O objetivo da utilização de terminologia científica é exprimir, com a maior precisão possível, os fenômenos estudados e não prejudicar a compreensão do leitor. Esse gênero de texto pode ser encontrado em periódicos científicos, revistas de grande circulação, livros didáticos, revistas dirigidas ao público infantojuvenil, dicionários e enciclopédias, *blogs* ligados às ciências etc.

Formação dos adjetivos

Assim como os substantivos, os adjetivos podem ser simples ou compostos e primitivos ou derivados.

Adjetivos	Formação	Exemplos
simples	apenas uma palavra	amarelo, feliz, brasileiro
compostos	mais de uma palavra	amarelo-ouro, franco-brasileiro, infantojuvenil
primitivos	não se originam de outras palavras; servem de base para a formação de palavras derivadas	azul, claro, curto, verde, triste
derivados	originam-se de outras palavras (substantivos, verbos ou adjetivos)	saboroso (derivado do substantivo **sabor**), infeliz (derivado do adjetivo **feliz**), encontrável (derivado do verbo **encontrar**)

1 Indique as palavras que originam os adjetivos a seguir.

a) Descontente: derivado do adjetivo _____.

b) Grandalhão: derivado do adjetivo _____.

c) Brasileiro: derivado do substantivo próprio _____.

d) Enraivecido: derivado do substantivo comum _____.

e) Lamentável: derivado do verbo _____.

f) Pensativo: derivado do verbo _____.

Adjetivos pátrios ou gentílicos

Referem-se a países, estados, cidades, continentes, regiões, povos. Indicam a nacionalidade, a origem de algo (ser, objeto etc.).

- um problema → **francês**
- uma caravela → **portuguesa**
- um violino → **cigano**
- uma menina → **americana**

1 Observe os nomes **brasileiros**, **brasileiras** e **brasileira** usados em um jornal. Depois, indique a classe das palavras destacadas a seguir.

a) No título "**Brasileiras & Brasileiros**". _____

b) Na expressão "Associação **Brasileira** da Flórida Central". _____

> Como os adjetivos pátrios referem-se a países, estados, cidades, continentes etc., muitos deles são derivados de substantivos por meio do acréscimo de uma terminação especial, chamada sufixo:
> - Chile → chil**eno**
> - Espanha → espanh**ol**
> - França → franc**ês**
> - Peru → peru**ano**
> - Noruega → norueg**uês**
> - Uruguai → uruguai**o**
>
> Veja no quadro alguns adjetivos pátrios relativos aos estados brasileiros e capitais.
>
> | Estado | Adjetivo pátrio | Capital | Adjetivo pátrio |
> |---|---|---|---|
> | Acre | acriano | Rio Branco | rio-branquense |
> | Alagoas | alagoano | Maceió | maceioense |
> | Amapá | amapaense | Macapá | macapaense |
> | Amazonas | amazonense | Manaus | manauense |

Com os adjetivos pátrios compostos, podemos nos referir a dois povos ou a dois lugares ao mesmo tempo.

Repare no exemplo a seguir em que, na forma composta, o primeiro adjetivo é empregado em uma forma reduzida (**luso** em lugar de **lusitano**).
- a tradição **brasileira** → do Brasil
- a tradição **luso-brasileira** → de Portugal e do Brasil

Observe a seguir alguns adjetivos pátrios compostos frequentemente usados.

> Você pode ver a lista completa dos gentílicos relativos aos estados brasileiros e suas capitais na seção **Listas para consulta**, página 265.

Forma reduzida usada na composição
- anglo (inglês)
- euro (europeu)
- franco (francês)
- greco (grego)
- ítalo (italiano)
- nipo (nipônico, japonês)
- sino (chinês)

Adjetivos pátrios compostos
- → colégio **anglo-brasileiro**
- → intercâmbio **euro-asiático**
- → relações **franco-germânicas**
- → antiguidade **greco-romana**
- → estudos **ítalo-suíços**
- → arte **nipo-mexicana**
- → guerra **sino-japonesa**

2 Leia a charge e responda ao que se pede.

Eleito papa em março de 2013, Francisco tem orientado a Igreja Católica contra a desigualdade, promovido a humildade e acolhida aos mais vulneráveis e incentivado a abertura da Igreja, alcançando, entre católicos, pessoas de outra fé e também sem religião, a imagem de quem se propõe a uma renovação, com ênfase no amparo e na evangelização.

a) Retire da charge os adjetivos pátrios e substitua cada um deles por uma locução adjetiva correspondente.

_____

b) O rapaz da esquerda conta vantagem porque o novo papa é argentino. Qual pode ser a nacionalidade dele?

_____

c) Sabendo-se que o papa é o líder religioso e político da Igreja Católica, por que a fala do rapaz da direita apresenta uma vantagem maior?

_____

d) Que palavra dita pelo rapaz da direita mostra que ele acha estar contando uma vantagem maior ainda que a do outro?

_____

Posição do adjetivo

Geralmente colocamos o adjetivo depois do substantivo que ele modifica.

- flores → brancas
- flores → azuis

Às vezes o adjetivo é posicionado antes do substantivo.
Nesse caso, alguns adjetivos podem assumir um sentido diferente, figurado. Repare:

- um homem **grande** → alto ou gordo
- um **grande** homem → magnífico, excelente, importante
- uma mulher **pobre** → sem recursos
- uma **pobre** mulher → sofrida, coitada, infeliz

 **Para um texto melhor, gramática!**
Adjetivo

O adjetivo – ou qualquer expressão adjetiva – exerce um importante papel em nossos textos, escritos ou falados. Ele ajuda a caracterizar os seres, tornando o enunciado mais preciso, ou até mesmo mais expressivo.

Leia a descrição a seguir.

[...] Logo depois o tempo clareia de repente, o céu aparece com um azul muito **levinho**, o sol vai esquentando sem ficar tão quente como em fevereiro e o dia nasce desse jeito **lavado** que todo mundo conhece, a terra e a areia **assentadas**, as folhas **com lustro**, o ar **limpíssimo**, muitas novidades em cada canto, **grande** movimentação **de bichos** e uma certa alegria **despropositada**, uma certa crença em que, **lavado** assim,
5 **luminoso** assim, o universo não é **indiferente**, mas **propício**. [...]

RIBEIRO, João Ubaldo. *Viva o povo brasileiro*. Rio de Janeiro: Objetiva, 2011. p. 136-137.

O escritor João Ubaldo Ribeiro descreve uma manhã que nasce limpa depois de uma chuvarada forte: entre as locuções adjetivas e os adjetivos usados, alguns estão destacados no texto. Dá quase para sentir o ar fresco, o cheiro de terra úmida e para ouvir a algazarra dos pássaros.

1 Indique os substantivos que os adjetivos em destaque no texto acompanham. Mas atenção:
- além dos adjetivos, há algumas locuções adjetivas;
- um substantivo pode ter mais de um adjetivo;
- a posição do adjetivo varia (antes ou depois do substantivo).

Siga o modelo:

Substantivos (adjetivos): jeito (lavado)

2 Qual é a finalidade de uma descrição?

3 Considerando a finalidade de um texto descritivo, qual é a importância ou função dos adjetivos presentes nele?

Concluindo: se fazemos uma descrição, o uso de adjetivos variados e bem escolhidos enriquece o que queremos dizer, dando "colorido" e precisão ao texto.

Escrita em foco ▮▮▮ Uso do S e do Z

Leia a anedota a seguir.

A tia do garotinho vai embora. A mãe manda que ele lhe estenda a mão. Ele obedece. A mãe continua na pedagogia:
— O que se diz quando uma visita vai embora?
— Graças a Deus!

SARRUMOR, Laert. *Mil piadas do Brasil*. São Paulo: Nova Alexandria, 2003. p. 46.

1) A troca comunicativa que aparece na anedota envolve quantas e quais pessoas?

_____

2) A surpresa é um recurso humorístico usado com frequência nas anedotas.

a) Que alternativa indica o que a mãe esperava que o menino educadamente dissesse?

I. ☐ Graças a Deus!   II. ☐ Até logo!   III. ☐ Já vai tarde!

b) Por que você acha que o garotinho respondeu diferente do esperado?

c) Criança costuma dizer o que pensa. Isso pode criar situações engraçadas? Por quê?

3) Indique em quais palavras do texto são usadas as letras com som /s/ ou /z/.

_____

4) Na última sílaba da palavra **obedece**, qual é a letra consoante usada? E qual o seu som?

_____

Muitas vezes ficamos em dúvida sobre como escrever palavras com esses e outros sons. Vamos aprender um pouco o emprego das letras com som /s/ e /z/.

Uso da letra **s**:

Letras	Com som de	Uso	Exemplo
s	[cê]	no início das palavras	**s**apato
		depois de vogal, na mesma sílaba	e**s**tender
ss	[cê]	entre vogais, no interior da palavra	pa**ss**a
s	[zê]	entre vogais, no interior da palavra	ca**s**a
		depois de ditongos, no interior da palavra	pou**s**a

Fique atento

Nas formas dos verbos **pôr** (e seus derivados) e **querer**, usa-se a letra **s**.

Verbo	eu...	ele...	nós...	elas...	se eu...	quando ele...
pôr	pus	pôs	pusemos	puseram	pusesse	puser
querer	quis	quis	quisemos	quiseram	quisesse	quiser
repor	repus	repôs	repusemos	repuseram	repusesse	repuser

Gênero em foco — Anedota

Uma **piada** ou **anedota** é uma narrativa pequena, de final engraçado e às vezes surpreendente, cujo objetivo é provocar risos ou gargalhadas em quem a ouve ou lê. É um recurso humorístico que utilizamos na vida cotidiana e também na comédia. Pode ser ainda um episódio histórico curioso e pouco divulgado.

5 Complete a tabela, seguindo o modelo da página anterior, com a conjugação dos verbos **depor** e **compor**.

6 Complete as palavras com **s** ou **ss**. Se preciso, consulte um dicionário.

a) agre_____ão

b) a_____a

c) a_____unto

d) cau_____a

e) deu_____a

f) discu_____ão

g) _____ínte_____e

h) pa_____eio

i) pri_____ão

j) _____abão

k) _____audação

l) _____o_____ego

Mais exemplos da letra **s** com som /z/:

Uso		Exemplos
nos adjetivos terminados em -oso/-osa		nervosa, estudioso, gostosa, amistoso
nas terminações -**esa**/ -**isa**, quando indicam	nacionalidade	inglesa, francesa, japonesa
	origem	camponesa, montanhesa
	título de nobreza	princesa, baronesa, duquesa
	profissão ou ocupação	poetisa, sacerdotisa, papisa, profetisa

Uso da letra **z**:

Uso	Exemplos
em palavras derivadas de outras que já apresentam **z** na forma primitiva	deslize → deslizar razão → razoável
nas terminações -**ez** e -**eza** (quando formam substantivos abstratos provenientes de adjetivos)	frio → frieza inválido → invalidez
na terminação -**izar** (ao formar verbos)	civilizar, colonizar
na terminação -**ização** (ao formar substantivos)	civilização, colonização
em palavras derivadas com as terminações -**zal**, -**zeiro**, -**zinho**, -**zinha**, -**zito** e -**zita**	café → cafezal, cafezeiro, cafezinho

7 Escreva a palavra completa usando adequadamente **s** ou **z**. Siga o modelo.

a) vazio →   esvaziar

b) raiz → _____

c) Holanda → _____

d) limpo → _____

e) macio → _____

f) nobre → _____

g) perigo → _____

h) hospital → _____

i) árvore (diminutivo) → _____

j) cão (diminutivo) → _____

> Em muitas palavras, a letra **x** soa como **z**. Por exemplo: e**x**agero, e**x**ame, e**x**ato, e**x**austo, e**x**ecutar, e**x**emplo, e**x**ibir, e**x**ílio, ê**x**ito, e**x**orcizar, e**x**ótico, e**x**uberante.

8 Complete cada palavra com sua respectiva letra. Depois, no caderno, organize a lista em três grupos: palavras escritas com **z**, com **s** e com **x**. Se precisar, consulte o dicionário.

a) burgue____a

b) cateque____e

c) chine____a

d) cru____ada

e) delicio____o

f) e____agerar

g) e____aminar

h) e____ilados

i) frie____a

j) gelatino____a

k) gracio____o

l) ine____ato

m) limpe____a

n) metamorfo____e

o) pobre____a

p) poeti____a

q) profeti____a

r) rique____a

s) teimo____o

> Escrevem-se com **z** as palavras:
> - azar, azeite, azedo, amizade, buzina, bazar, catequizar, chafariz, cicatriz, coalizão, cuscuz, proeza, vizinho, xadrez, verniz etc.
>
> O uso de **s** ou **z** ajuda a evidenciar a diferença de sentido em palavras que são pronunciadas do mesmo modo:
> - cozer (cozinhar) e coser (costurar);
> - prezar (ter em consideração) e presar (prender);
> - traz (forma do verbo trazer) e trás (parte posterior).
>
> Lembre-se de que uma consulta ao dicionário pode resolver qualquer dúvida de ortografia.

Atividades

Leia o texto a seguir.

TEXTO 1

Numa escola

A professora pergunta:
– Quem sabe como se chamam as pessoas nascidas na Paraíba?
– Paraibanos, professora.
– Muito bem, Joel. E como se chamam as pessoas
5 nascidas em Minas Gerais, Lícia?
– Mineiros, professora.
– Isso. E agora você, Teo. Como se chamam as pessoas nascidas no Rio Grande do Norte?
– Todas elas, professora?

Texto da autora.

1 Em que parte do texto ficamos sabendo onde se passa a história?

_____

2 Quantos personagens aparecem no texto? _____

3 O sinal que marca o início das falas dos personagens é:

a) ( ) dois-pontos.

b) ( ) ponto final.

c) ( ) ponto de interrogação.

d) ( ) travessão.

atividade ✓ oral

4 O que a professora perguntava aos alunos?

5 A anedota é engraçada porque a professora esperava um adjetivo gentílico como resposta, mas não foi isso o que Teo entendeu. O que o menino pensou? De que classe de palavras seria a resposta que Teo achou que deveria dar?

_____

_____

_____

6 Esse texto é uma anedota. Que pistas nos permitem dizer isso? Se tiver dúvida, consulte o boxe **Gênero em foco** sobre anedotas, na página 152.

_____

_____

7 No texto, há quatro ocorrências de artigo em contração com outras palavras. Transcreva essas contrações.

_____

8 Além das contrações que você indicou na atividade anterior, há no texto dois artigos, sendo que um deles se repete três vezes. Indique as contrações e artigos no:
a) feminino e singular.

_____

b) feminino e plural.

_____

c) masculino e singular.

_____

9 Indique os adjetivos pátrios mencionados no texto.

_____

10 Identifique os artigos, os substantivos e os adjetivos nas expressões nominais a seguir, organizando-os na tabela.

- a estrada interminável
- uma fábula infantil
- a galinha caipira
- o litoral paraibano
- um belo dia
- o grande ator

Artigos	
Substantivos	
Adjetivos	

11 Nas frases a seguir, as palavras destacadas modificam os substantivos. Reescreva as frases substituindo tais palavras por outras, de modo a fazer uma combinação surpreendente ou até engraçada, como no modelo. Não se esqueça de usar as reticências.

> Ela viajava num tapete **mágico**.
> Ela viajava num tapete... **elétrico**.

a) Vi o filme da Bela **Adormecida**.

_____

b) Encontramos uma lâmpada **mágica**.

_____

c) Na história havia um lobo **mau**.

_____

d) Na caverna estavam Ali Babá e os **quarenta** ladrões.

_____

_____

Leia o texto a seguir.

Censo Agro dá visibilidade à produção agrícola de povos indígenas no Maranhão

Editoria: IBGE | Leandro Santos, do Maranhão
19/04/2018 09h00 | Atualizado em 31/05/2019 19h17

Mais que coletar dados, o Censo Agropecuário 2017 também contribui para que se conheça mais sobre os povos indígenas, que têm seu dia celebrado em 19 de abril. Até o final de 2019, o IBGE vai divulgar uma publicação especial com informações sobre a produção agrícola das comunidades tradicionais do país.

No Maranhão, durante o trabalho de coleta de dados para o Censo Agro, os **recenseadores** percorreram diversas terras indígenas e constataram o modo peculiar como essa população lida com a terra. Apesar das dificuldades enfrentadas, como o desmatamento e outras formas de destruição, essas comunidades lutam diariamente para que sejam mantidas vivas as tradições herdadas dos seus **antepassados**.

[...]

Licia Rubinstein/Agência IBGE Notícias

Uma das aldeias visitadas pelos recenseadores no Maranhão foi a Axinguirendá, localizada no município de Centro do Guilherme, a cerca de 440 km de São Luís. Ela está situada na Terra Indígena Alto Turiaçu, onde vivem os índios da etnia ka'apor.

Não é fácil chegar ao local onde a comunidade está situada. São cerca de 20 quilômetros de distância entre a região central de Centro do Guilherme e a aldeia, caminho esse feito o tempo todo por uma estrada **vicinal** e, em alguns trechos, dentro da mata.

A dificuldade de chegar ao local ajuda indiretamente na preservação da cultura desse povo ao afastar os visitantes. [...]

Os indígenas da Aldeia Axinguirendá sobrevivem da **agricultura de subsistência**, pesca e também da caça, atividade essa que, por sua vez, é feita dentro da mata fechada. Já a criação de animais é bem restrita.

No dia a dia, membros da comunidade precisam se deslocar frequentemente até a região central do município Centro do Guilherme em busca de algum tipo de mantimento. Todas essas informações foram repassadas aos recenseadores do IBGE pelos responsáveis pela aldeia, uma vez que apenas os homens falam português. As mulheres e as crianças menores de cinco anos de idade falam, apenas, tupi-guarani.

A comunidade ainda conserva muito das tradições dos seus antepassados, o que ainda pode ser visto na divisão do trabalho, por exemplo: enquanto os homens são responsáveis pela caça e pela pesca, as mulheres ocupam-se dos afazeres domésticos e da agricultura. Durante a coleta de dados, por exemplo, um grupo de mulheres produzia farinha, realizando desde o corte da mandioca ao produto final.

[...]

Vocabulário

Agricultura de subsistência: sistema de produção agrícola que visa à sobrevivência do agricultor e de sua família. São usados recursos técnicos pouco desenvolvidos (instrumentos agrícolas mais utilizados: enxada, foice e arado). A produção é baixa em comparação às grandes propriedades rurais mecanizadas.
Antepassados: gerações anteriores de um indivíduo; ancestrais.
Recenseadores: agentes que vão às residências das pessoas para recolher o conjunto de dados estatísticos de uma população (censo).
Vicinal: próximo, adjacente.

SANTOS, Leandro. Censo Agro dá visibilidade [...]. *Agência de notícias IBGE*, 31 maio 2019. Disponível em: https://agenciadenoticias.ibge.gov.br/agencia-noticias/2012-agencia-de-noticias/noticias/20930-censo-agro-da-visibilidade-a-producao-agricola-de-povos-indigenas-no-maranhao. Acesso em: 28 ago. 2019.

12 Por que é importante para um país fazer censos periódicos de toda a sua população?

_____

_____

_____

_____

_____

13 Quem são e o que fazem os recenseadores?

_____

_____

_____

14 Quais são algumas das dificuldades enfrentadas pelos recenseadores em certas comunidades – por exemplo, a Aldeia Axinguirendá, no Maranhão?

_____

_____

_____

15 Por que as informações foram repassadas aos recenseadores do IBGE apenas pelos homens responsáveis pela Aldeia Axinguirendá?

_____

_____

_____

16 Localize no texto e sublinhe o trecho que explica como os indígenas da Aldeia Axinguirendá sobrevivem.

17 Pense em um exemplo de como essas comunidades podem manter vivas as tradições herdadas de seus antepassados e comente com os colegas e o professor.

atividade oral

18 Indique os adjetivos ou locuções adjetivas que acompanham os substantivos sublinhados no texto.

a) Censo _____

b) povos _____

c) publicação _____

d) produção _____

e) comunidades _____

f) modo _____

19 No texto, a palavra **antepassados** está empregada como substantivo. Observe:

[...] lutam diariamente para que sejam mantidas vivas as tradições herdadas dos seus antepassados.

20 Redija uma frase em que essa mesma palavra funcione como adjetivo.

_____

_____

_____

21 Forme um adjetivo derivado de cada um dos adjetivos a seguir completando as expressões nominais. Siga o modelo.

> tranquilo → uma noite intranquila

a) responsável → um funcionário

_____

b) poluído → uma cidade

_____

c) previsível → um acidente

_____

d) possível → um encontro

_____

22 Forme um adjetivo derivado de cada um dos substantivos a seguir completando as expressões nominais. Siga o modelo.

> prazer → uma tarde prazerosa

a) Brasil → o cinema _____

b) campo → uma paisagem _____

c) problema → uma situação _____

_____

23 Vamos treinar mais um pouco os adjetivos e ampliar o vocabulário. Relacione as colunas estabelecendo a correspondência entre a locução adjetiva em destaque e o adjetivo de sentido equivalente. Se tiver dúvida, consulte o dicionário ou a seção **Listas para consulta**, página 264.

Locuções adjetivas

a) ☐ desvio **do septo** (ou do nariz)

b) ☐ doença **do fígado**

c) ☐ fidelidade **de cachorro**

d) ☐ gesto **de gato**

e) ☐ higiene **da boca**

f) ☐ hipertensão **do olho**

g) ☐ jornal **de parede**

h) ☐ cordão **do umbigo**

i) ☐ tônico **para o cabelo**

j) ☐ injeção **dentro da veia**

Adjetivos

I. bucal	**VI.** intravenosa
II. canina	**VII.** mural
III. capilar	**VIII.** nasal
IV. felino	**IX.** ocular
V. hepática	**X.** umbilical

24 Nas frases a seguir, as palavras em destaque são substantivos. Crie frases em que elas funcionem como adjetivos. Siga o modelo.

> O **pequeno** chorava sem parar!
> O **menino pequeno** quase caiu.

a) O **preguiçoso** acaba trabalhando dobrado.

_____

_____

b) Essa casa está cheia de **barata**.

_____

_____

c) O **sertanejo** está acostumado com a seca, mas este ano ela está muito demorada!

_____

_____

25 Agora faça o contrário. Crie frases em que os adjetivos em destaque funcionem como substantivos. Lembre-se de que o substantivo vem quase sempre acompanhado de um artigo.

a) A **pobre** garota ficou assustada com o trovão.

_____

_____

b) Os portugueses recebem bem os profissionais **brasileiros** em seu país.

_____

_____

c) Por favor, chame aquela menina **loura**.

_____

_____

Adjetivo: gênero, número e grau

1 Leia a frase a seguir e responda ao que se pede.

> Ela dizia que todo livro tinha **palavras mágicas poderosas escondidas**.
>
> RIBEIRO, Jaime. *Dora: a raça do amor*. São Paulo: Letramais, 2018. p. 17.

a) Identifique na tabela a seguir a classe, o gênero e o número das palavras destacadas acima. Siga o modelo.

Palavra	Classe da palavra	Gênero	Número
escondidas	adjetivo	feminino	plural

b) E se a frase mencionasse apenas uma palavra? Como ficaria o trecho destacado no singular?

c) E se fosse mencionado um verso? Como ficaria a expressão?

d) Baseando-se em suas respostas, o que é possível concluir quanto às flexões de número (singular e plural) e de gênero (masculino e feminino) na relação entre o substantivo e o adjetivo?

Gênero dos adjetivos

Quando estudamos os substantivos, vimos que a noção de gênero é usada, em gramática, para classificar as palavras em masculinas e femininas.

O mesmo acontece com os adjetivos, porque, como os artigos, eles precisam concordar em gênero e número com o substantivo que acompanham.

Quanto ao gênero, os adjetivos podem ser:

Uniformes – os que têm uma só forma para indicar os dois gêneros. Não sofrem nenhuma alteração para exprimir masculino ou feminino.

> uma fruta **doce** / um suco **doce**
> uma música **triste** / um filme **triste**
> uma jogadora **ágil** / um menino **ágil**

São também invariáveis os adjetivos: **hindu**, **(des)cortês**, **melhor**, **pior**, **anterior**, **superior**, **interior** e tantos outros.

159

Biformes – são os que têm duas formas: uma para indicar o masculino e outra para o feminino. Portanto, esses adjetivos sofrem flexão de gênero.

Variação no adjetivo: flexão de gênero

A tabela a seguir indica como se forma o feminino dos adjetivos simples.

	Como flexionar	Exemplos	
		Masculino	Feminino
Regra geral	forma do masculino + **a**	cru inglês assustador	crua inglesa assustadora
Casos particulares			
adjetivo terminado em -o	tira-se o **o** e insere-se um **a**	giz **branco**	saia **branca**
quando o adjetivo termina em -ão	tira-se o **ão** e insere-se um **ã**	corpo **são**	mente **sã**
quando o adjetivo termina em -ão	tira-se o **ão** e insere-se um **ona**	neném **chorão**	samambaia-**chorona**
quando o adjetivo termina em -eu	tira-se o **eu** e insere-se um **eia**	país **europeu**	cidade **europeia**

1 Complete as lacunas com a forma feminina dos adjetivos em destaque, conforme o exemplo. Em caso de dúvida, consulte o dicionário.

> o peixe **cru** → a verdade **crua**

a) o freguês **glutão**: uma menina _____

b) o meu amigo **calabrês**: a linguiça _____

c) um dia **alegre**: uma festa _____

d) um *e-mail* **animador**: uma proposta _____

e) um prato **salgado**: uma *pizza* muito _____

f) um telefonema **vão**: uma esperança _____

Variação no adjetivo: flexão de número

- O adjetivo também pode sofrer a flexão de número (singular ou plural) para concordar com o substantivo a que se refere.
- O plural dos adjetivos simples, formados por uma palavra, é igual ao dos substantivos. Observe a tabela a seguir.

Adjetivo simples no singular	Adjetivo simples no plural	Exemplos	
		Singular	Plural
termina em vogal	acrescenta-se **-s**	a escola moderna, o cliente árabe	as escolas modern**as**, os clientes árab**es**
termina em consoante	acrescenta-se **-es**	o rapaz feliz, o mar assustador	os rapazes feliz**es**, os mares assustador**es**
substantivo funcionando como adjetivo	fica invariável	o vestido rosa, o agasalho vinho, o engarrafamento monstro	os vestidos ros**a**, os agasalhos vinh**o**, os engarrafamentos monstr**o**

1 Passe para o plural as frases a seguir.

a) A reunião fica animada quando eles chegam.

_____

b) Que menino esperto!

_____

c) Meu tio comprou um carro prata dessa vez.

_____

d) A notícia do dia é: você precisa estudar muito nesta próxima semana.

_____

Agora, observe os títulos de notícias a seguir e faça o que se pede.

I.

Comércio registra **queda** nas vendas em abril [...]

CNC, jun. 2010. Disponível em: http://cnc.org.br/editorias/politica/noticias/comercio-registra-queda-nas-vendas-em-abril-mas-deve-fechar-o-ano-com. Acesso em: 29 ago. 2019.

II.

Obra em **pista** do Aeroporto de Manaus altera horário de voos [...]

G1 AM, 22 jul. 2019. Disponível em: https://g1.globo.com/am/amazonas/noticia/2019/07/22/obra-em-pista-do-aeroporto-de-manaus-altera-horario-de-voos-ate-final-de-dezembro.ghtml. Acesso em: 29 ago. 2019.

III.

Chuvas continuam nesta quinta, mas com intensidade de fraca a moderada

Diário de Pernambuco, 24 jul. 2019. Disponível em: www.diariodepernambuco.com.br/noticia/vidaurbana/2019/07/chuvas-continuam-nesta-quinta-fraca-a-moderada.html. Acesso em: 29 ago. 2019.

IV.

Conceição Evaristo: uma **escritora** [...] brasileira

EVARISTO, Conceição. Entrevista cedida a Vagner Amaro. Carta Capital, 27 ago. 2018. Disponível em: https://biblioo.cartacapital.com.br/entrevista-conceicao-evaristo. Acesso em: 29 ago. 2019.

V.

https://cultura.estadao.com.br/noticias/televisao,serie-itinerarios-do-olhar-resgata-a-historia-de-fotografos-brasileiros,70002992537 ⭐

Série "Itinerários do Olhar" resgata a história de **fotógrafos** [...]

ORICCHIO, Luiz Zanin. *O Estado de S. Paulo*, 2 set. 2019. Disponível em: https://cultura.estadao.com.br/noticias/televisao,serie-itinerarios-do-olhar-resgata-a-historia-de-fotografos-brasileiros,70002992537. Acesso em: 2 set. 2019.

2 Indique a classe gramatical das palavras destacadas. _____

3 Em seu caderno, modifique os títulos das notícias acompanhando cada palavra destacada com um adjetivo. Escolha entre as que se seguem: **avariada**, **ondulada**, **carioca**, **demorada**, **moderada**, **moderna**, **pesadas**, **vertiginosa**, **brasileiros**, **profissionais**, **investigativos**.

4 Além do sentido das palavras, que outros fatores você precisou observar para escolher os adjetivos adequados?

_____

5 Que relação entre substantivo e adjetivo o levou a fazer essa observação?

_____

_____

6 O que se modificou nos títulos de notícias após o acréscimo dos adjetivos?

_____

_____

7 Considerando a finalidade do texto jornalístico – informar –, você diria que há predomínio de substantivos ou de adjetivos em notícias de jornal? Se necessário, pesquise em diferentes jornais para fundamentar sua resposta.

_____

Os **adjetivos compostos**, formados por mais de uma palavra, flexionam-se conforme as regras a seguir.

Adjetivos compostos no singular	Adjetivos compostos no plural (como flexionar)	Exemplos	
		Singular	Plural
formado por dois adjetivos (regra geral)	só o último elemento vai para o plural	história **infantojuvenil**, olho **verde-escuro**	histórias **infantojuvenis**, olhos **verde-escuros** (exceções: azul-celeste, azul-marinho, que são invariáveis)
nome de cor que termina por substantivo	invariável	líquido **verde-garrafa**, caneta **amarelo-ouro**	líquidos **verde-garrafa**, canetas **amarelo-ouro**
o adjetivo surdo-mudo	ambos os elementos vão para o plural	colega **surda-muda**, homem **surdo-mudo**	colegas **surdas-mudas**, homens **surdos**-**mudos**

8 Passe as expressões a seguir para o plural.

a) o menino surdo-mudo

b) o olho azul-celeste

c) um desenho verde-oliva

d) o acordo luso-brasileiro

e) o vestido verde-escuro

f) um cidadão norte-americano

g) a melancia amarelo-ouro

h) uma batata roxo-batata

i) aquela astrônoma norte-americana

j) uma estrela recém-descoberta

9 Complete as expressões nominais com os adjetivos propostos a seguir flexionando-os adequadamente, ou seja, respeitando a concordância com o substantivo.

> animado   assustado   atrasado
> maduro   podado   desligado

a) o avião _____

b) um passarinho _____

c) os computadores _____

d) uma música _____

e) as árvores _____

f) umas mangas _____

Grau dos adjetivos

A tirinha a seguir lembra uma história que a maioria das pessoas conhece. Você sabe qual?

SOUSA, Mauricio de. *Turma da Mônica*. Tirinhas, 2011. Disponível em: http://turmadamonica.uol.com.br/tirinhas/index.php?a=18. Acesso em: 29 ago. 2019.

1 No primeiro quadrinho, que adjetivo acompanha o substantivo **garota**?

2 Ainda no primeiro quadrinho, a personagem Mônica estabelece uma comparação.

a) Quem ou o que são comparados?

b) Em relação a que qualidade Mônica pretende ser comparada?

c) Que palavras indicam que está sendo feita uma comparação?

3 O que Mônica está fazendo no segundo quadrinho?

_____

4 Que característica dos espelhos nos permite afirmar que o uso do provérbio popular "Quem cala consente" não foi adequado a essa situação? Explique sua resposta.

5 O que podemos afirmar a respeito da personalidade da Mônica com base nessa tirinha? Explique sua resposta.

Para aumentar ou diminuir a intensidade da característica expressa pelo adjetivo, podemos variar o grau do adjetivo. Como acontece nos substantivos, **essa variação de grau é uma escolha do falante, e não uma flexão obrigatória**.

Adjetivo	Grau comparativo	Grau superlativo
alto	mais alto do que	altíssimo
esperto	tão esperto quanto	espertíssimo
bonito	menos bonito do que	muito bonito

Assim, um adjetivo pode ser usado nos graus comparativo e superlativo. Observe o quadro acima.

Grau comparativo

Ocorre quando comparamos a característica expressa pelo adjetivo com outra característica do mesmo ser ("ele é mais esperto do que estudioso") ou com a mesma característica em relação a outros seres ("ele é menos atrapalhado do que você").

Observe na tabela ao lado a classificação do grau comparativo.

Grau comparativo	Grau comparativo
de superioridade	O meu carro é **mais** veloz **que** o dele. Paulo é **mais** inteligente **do que** estudioso.
de igualdade	Esta rua está **tão** esburacada **quanto** a próxima. Meu cachorro é **tão** manso **quanto** brincalhão.
de inferioridade	Essa música é **menos** animada **do que** a outra. Meu avô é **menos** careca **do que** grisalho.

> Sou construtor menor.
> Os raminhos com que
>   arrumo
> as escoras do meu ninho
> são mais firmes do que as paredes
> 5 dos grandes prédios do mundo. Ai ai!
>
> BARROS, Manoel de. *Cantigas para um passarinho à toa.*
> Rio de Janeiro: Galerinha, 2005. p. 15.

1 Nos versos 2, 3, 4 e 5, há uma comparação. Que elementos são comparados?

_____

a) Que qualidade está sendo comparada? _____

b) Qual é o adjetivo utilizado na comparação? _____

c) Em que grau está empregado o adjetivo **firmes**? A presença de que palavras confirma sua resposta?

_____

_____

2 É possível afirmar que, no poema de Manoel de Barros, o eu poético é um passarinho? Justifique sua resposta citando palavras usadas no texto.

_____

3 Em **construtor menor**, o adjetivo **menor** tem o sentido de:

a) ☐ "mais grande".   b) ☐ "mais pequeno".   c) ☐ "menos pequeno".

4 Por que o eu poético afirma ser "construtor menor"? *atividade oral*

5 Apesar de se dizer "construtor menor", o que o eu poético afirma sobre a qualidade de sua construção em comparação com os grandes prédios do mundo?

_____

Acabamos de ler no poema o adjetivo **menor**. Alguns adjetivos formam o comparativo de superioridade e o superlativo de modo especial, como **pequeno**, **grande**, **bom**, **mau**. Mais adiante voltaremos a eles para esclarecê-los melhor.

Como formar o grau comparativo

É só deixar o adjetivo em sua forma normal e colocar antes e depois dele as palavras que indicam a comparação de superioridade, igualdade ou inferioridade.

Grau comparativo de	Formação	Exemplos
superioridade	**mais** + adjetivo + **que** ou **do que**	O jardim da escola é **mais** florido **do que** o da biblioteca pública.
igualdade	**tão** ou **tanto** + adjetivo + **quanto**	O gramado da sua casa está **tão** verde **quanto** o da minha.
inferioridade	**menos** + adjetivo + **que** ou **do que**	Agora estou **menos** faminto **do que** estava logo depois do jogo.

Na Unidade 4, lemos sobre viagens à Lua e a outros planetas. Leia agora o artigo de divulgação científica voltado para jovens e depois faça o que se pede.

Viajar para Marte pode levar 30 minutos, diz Nasa

A Nasa, agência espacial americana, estuda uma técnica de lançamento de espaçonaves que pode reduzir o tempo de viagem para Marte, que atualmente é de seis a oito meses, para apenas 30 minutos.

Chamada de propulsão de energia direcionada, essa técnica consiste em disparar um *laser* de alta potência – entre 50 e 100 gigawatts – em uma espaçonave e, com isso, acelerá-la a uma fração significativa da velocidade da luz, cerca de 30%.

O plano da Nasa é usar essa técnica para explorar exoplanetas que podem abrigar vida e que estejam em um raio de 25 anos-luz.

Também seria possível visitar a Alpha Centauri, que é a terceira estrela mais brilhante no céu vista a olho nu e está a pouco mais de quatro anos-luz de distância do Sol. Nesse caso, a viagem levaria 15 anos.

Esse tipo de lançamento é estudado por um pesquisador da Nasa [...].

O pesquisador garante que a tecnologia para fazer isso já existe e não é coisa de ficção científica [...]

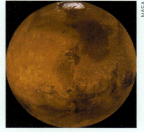

AGRELA, Lucas. Viajar para Marte pode levar 30 minutos, diz Nasa. *Exame*, 29 fev. 2016. Disponível em: https://exame.abril.com.br/ciencia/viajar-para-marte-pode-levar-30-minutos-diz-nasa. Acesso em: 25 nov. 2019.

1. Vimos que, em artigos de divulgação científica, é usado um vocabulário preciso e muitas vezes técnico para exprimir os fenômenos e as descobertas apresentados (confira o boxe sobre esse gênero de texto na página 148). Encontre e sublinhe no texto substantivos e adjetivos referentes à linguagem técnica da ciência.

2. Qual a finalidade da nova técnica que está sendo estudada pela Nasa, apresentada no texto?

_____

_____

3. Escreva uma frase que explique a vantagem dessa nova técnica pensando no tempo que atualmente demora a viagem. Use os adjetivos **rápido**(a) ou **lento**(a) no grau comparativo e diga se foi empregado o comparativo de superioridade, inferioridade ou igualdade.

_____

_____

4. Elabore frases com as expressões a seguir empregando os adjetivos no grau comparativo.

> técnica mais nova
> potência menos alta
> proposta melhor ("mais boa")

_____

_____

5. Reescreva as frases a seguir substituindo o grau dos adjetivos conforme se pede.

a) Criaram uma espaçonave mais veloz que as anteriores.

I. grau comparativo de inferioridade

_____

II. grau comparativo de igualdade

_____

b) Os astronautas vão visitar uma estrela tão brilhante quanto as já conhecidas.

I. grau comparativo de superioridade

_____

II. grau comparativo de inferioridade

_____

Grau superlativo

Releia a seguir o texto que aparece na introdução desta unidade.

> Jogo lançado. Pelé marcado. Pelé marcadíssimo. Pelé ultramarcado. Pelé cercado.
> Pelé agarrado. Pelé derrubado. Pelé sufocado.
> Bola na área, gol de Pelé.
>
> NOGUEIRA, Armando. *Na grande área.*
> Rio de Janeiro: Lance! Publicações, 2008. p. 64-65.

1. No texto, um mesmo adjetivo é usado em uma gradação ou intensificação.

a) Qual é esse adjetivo? De que formas ele se apresenta no texto?

_____

_____

b) Em todas essas formas, o adjetivo se refere a qual substantivo?

_____

c) Essa gradação ou intensificação contribui para exprimir qual ideia em relação ao substantivo em questão?

_____

_____

O grau superlativo acontece quando a característica expressa pelo adjetivo está em grau máximo ou muito intenso:

> altíssimo espertíssimo marcadíssimo
> muito bonito

O grau superlativo pode ser relativo ou absoluto.

Grau superlativo relativo

No **superlativo relativo**, o adjetivo indica aquele ou aquilo que, em relação a um grupo, se sobressai por ter uma qualidade ou modalidade em grau superior ou inferior aos outros elementos.

"POR QUE Usain Bolt é o homem mais rápido da história? A ciência tentou explicar". IG, 25 jul. 2017. Disponível em: https://esporte.ig.com.br/maisesportes/atletismo/2017-07-25/usain-bolt-estudo.html. Acesso em: 30 ago. 2019.

- Quem sobressai: **Bolt**.
- Total de unidades parecidas: **da história**.
- Qualidade que todos têm: **rapidez**.
- Em que grau ele sobressai: **superioridade**.

Veja como formar o grau superlativo relativo:

Grau superlativo	Antes do adjetivo	Depois do adjetivo	Exemplos
de superioridade	as palavras o **mais** ou a **mais**	as palavras **de**, **entre**, **em** ou **sobre**	o mais esperto **da** classe a **mais** gelada **entre** todas
de inferioridade	as palavras **o menos** ou **a menos**		**o menos** assustado **no** grupo **a menos** colorida, **das** camisas

Leia a seguir o texto sobre o personagem Junim.

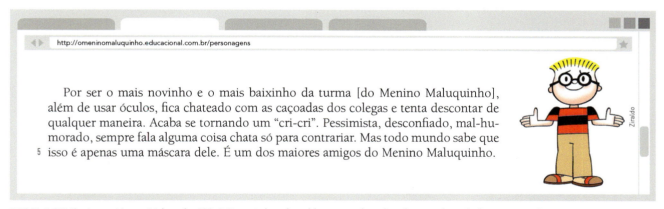

PERSONAGENS – Junim. *Menino Maluquinho*, [20--]. Disponível em: http://omeninomaluquinho.educacional.com.br/personagens. Acesso em: 30 ago. 2019.

1 Para descrever Junim, personagem das histórias do Menino Maluquinho, de autoria de Ziraldo, foram usados muitos adjetivos. Sublinhe os adjetivos e indique se eles estão empregados com alguma variação de grau ou se estão em sua forma normal. Se for o caso, indique o grau do adjetivo.

_____

_____

2 Em seu caderno, elabore frases usando os adjetivos nos graus indicados.
   a) pessimista (grau superlativo relativo de superioridade)
   b) desconfiado (grau superlativo relativo de inferioridade)
   c) mal-humorado (grau superlativo relativo de superioridade)

Grau superlativo absoluto

No grau superlativo absoluto, o adjetivo apresenta uma qualidade, uma quantidade, um atributo etc. no grau mais intenso (ou no menos intenso), sem relacioná-lo a outros elementos.

> Jair estava marcadíssimo!   Maria é muito esperta!

Veja como formar o grau superlativo absoluto:

Grau superlativo absoluto	Como formar	Exemplos
analítico	acompanhar o adjetivo com palavras que alteram seu grau (**muito**, **bastante**, **extremamente**, **grandemente** etc.)	Esse livro é muito interessante. Esse livro é extremamente interessante.
sintético	alterar a forma do adjetivo acrescentando à palavra uma terminação, um sufixo (os mais usados são: **-íssimo**, **-ílimo**, **-érrimo**)	Foi um passeio agradabilíssimo! Ela estava felicíssima na festa de aniversário!

Veja alguns superlativos absolutos sintéticos:

Adjetivo	Superlativo absoluto sintético
agradável	agradabilíssimo
amargo	amarguíssimo ou amaríssimo
amigo	amicíssimo
antigo	antiquíssimo
belo	belíssimo

> Veja na seção **Listas para consulta**, página 266, uma relação mais completa.

Agora leia um texto sobre Julieta, também da turma do Menino Maluquinho.

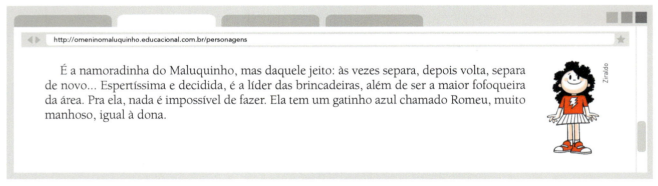

É a namoradinha do Maluquinho, mas daquele jeito: às vezes separa, depois volta, separa de novo... Espertíssima e decidida, é a líder das brincadeiras, além de ser a maior fofoqueira da área. Pra ela, nada é impossível de fazer. Ela tem um gatinho azul chamado Romeu, muito manhoso, igual à dona.

PERSONAGENS – Julieta. *Menino Maluquinho*, [20--]. Disponível em: http://omeninomaluquinho.educacional.com.br/personagens. Acesso em: 30 ago. 2019.

1 Transcreva do texto um adjetivo no grau superlativo absoluto sintético. _____

2 Identifique no texto um adjetivo formado do verbo **decidir** e responda se está empregado em sua forma normal ou em alguma das formas de grau.

_____

3 Passe o adjetivo da atividade anterior para o superlativo absoluto analítico.

_____

4 Passe-o agora para o superlativo absoluto sintético. _____

5 Localize no texto e escreva um adjetivo no grau superlativo absoluto analítico.

_____

6 Os textos sobre Junim e Julieta apresentam personagens da turma do Menino Maluquinho. Considerando essa finalidade, explique a importância dos adjetivos nos textos.

_____

_____

_____

_____

7 Já sabemos que, para aumentar ou diminuir a intensidade da característica expressa pelo adjetivo, podemos variar seu grau. Explique por que, nesses textos em que se descrevem pessoas que pertencem a um grupo, os adjetivos usados no grau superlativo e comparativo são importantes.

_____

_____

_____

_____

8 Complete as lacunas com os adjetivos nos graus indicados.

a) bom

I. Pedro é _____ nadador

_____ Eliseu. (comparativo de superioridade)

II. Você é o _____ aluno da turma. (superlativo relativo de superioridade)

III. Mas Tuna também é _____ aluna. (superlativo absoluto sintético)

b) mau

I. Eliane é _____ costureira

_____ Janete. (comparativo de superioridade)

II. Assim Bento vai ter o _____ resultado da prova. (superlativo relativo de superioridade)

III. Jonas obteve um _____ resultado na maratona. (superlativo absoluto sintético)

c) pequeno

I. Minha redação é _____ a sua. (comparativo de superioridade)

II. Esta loja oferece o _____ prazo de pagamento da praça. (superlativo relativo de superioridade)

III. Preciso de um prazo _____ para terminar o trabalho. (superlativo absoluto sintético)

Lembre-se

Alguns adjetivos formam o comparativo de superioridade e o superlativo de modo especial. Observe.

Adjetivo	Comparativo de superioridade	Superlativo	
		relativo de superioridade	absoluto sintético
bom	**melhor que** ou **do que** (significa "mais bom do que")	**o melhor**	**ótimo**
mau	**pior que** ou **do que** (significa "mais mau do que")	**o pior**	**péssimo**
grande	**maior que** ou **do que** (significa "mais grande do que")	**o maior**	**máximo**
pequeno	**menor que** ou **do que** (significa "mais pequeno do que")	**o menor**	**mínimo**

Leia a tira a seguir.

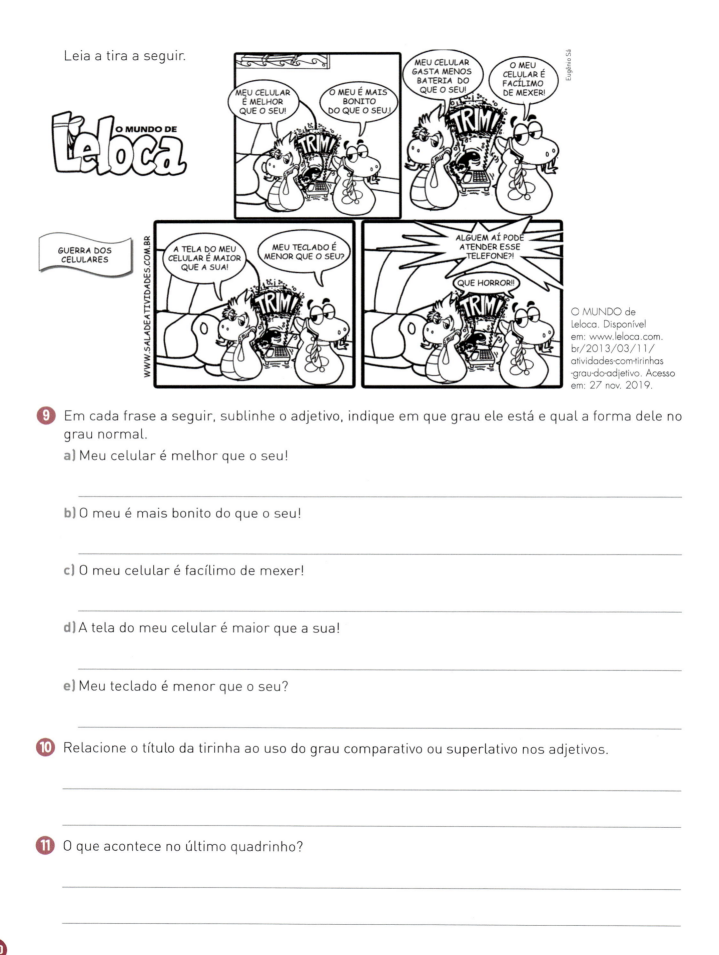

O MUNDO de Leloca. Disponível em: www.leloca.com.br/2013/03/11/atividades-com-tirinhas-grau-do-adjetivo. Acesso em: 27 nov. 2019.

9 Em cada frase a seguir, sublinhe o adjetivo, indique em que grau ele está e qual a forma dele no grau normal.

a) Meu celular é melhor que o seu!

_____

b) O meu é mais bonito do que o seu!

_____

c) O meu celular é facílimo de mexer!

_____

d) A tela do meu celular é maior que a sua!

_____

e) Meu teclado é menor que o seu?

_____

10 Relacione o título da tirinha ao uso do grau comparativo ou superlativo nos adjetivos.

_____

_____

11 O que acontece no último quadrinho?

_____

_____

Outras formas de superlativo

Você deve ter observado que, na lista de superlativos absolutos sintéticos, por exemplo, algumas formas são mais raras do que outras. No uso diário, vamos modificando um pouco as maneiras de falar, dando preferência a certas formas, enquanto outras vão sendo abandonadas.

É o caso das terminações **-ésimo**, **-aço** e **-ão**, antes pouco usadas para formar superlativos, mas que passaram a ser comuns na língua falada, sendo empregadas de forma altamente expressiva; ou o uso do artigo definido, pronunciado com ênfase especial antes do adjetivo, que passa a ter valor de superlativo. Veja esses e outros casos no quadro a seguir.

Superlativos	Formado com	Exemplos
absolutos sintéticos	terminações **-ésimo**, **-aço**, **-ão**	elegantésimo, assustadaço, fortão
	uso de **hiper-**, **super-**, **extra-**, **ultra-** etc.	ultrarrápido, superinteressante, hiperdifícil, extra-humano Placa da Rua Superbacana, no conjunto habitacional Cidade AE Carvalho em São Paulo (SP), 2019.
absolutos analíticos	uso repetido do adjetivo	Isso vai ser fácil, fácil!
	uso do artigo definido	Ele pensa que é o bom!

1 Agora, volte ao texto da página 166 e diga qual adjetivo se apresenta na forma superlativa, mas de uma maneira diferente da convencional.

---

2 Leia os títulos das capas a seguir.

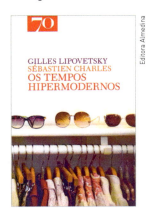
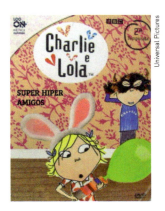
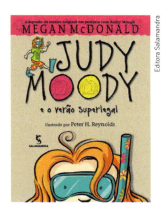

a) Escreva quais adjetivos estão modificados pelos prefixos **hiper** e **super**.

---

b) Escreva esses adjetivos no grau superlativo absoluto sintético, trocando-os por sufixos.

Atividades

Leia o poema a seguir e responda às questões.

TEXTO 1

Menina na janela

A lua é uma gata branca,
mansa, que descansa entre as nuvens.

O sol é um leão sedento, **molambento**,
que ruge na minha rua.

⁵ Eu sou uma menina bela,
na janela do meu olhar que te procura.

CAPPARELLI, Sérgio. Menina na janela. *In*:
CAPPARELLI, Sérgio. *Poemas para jovens inquietos*.
Porto Alegre: L&PM, 2019. p. 17.

Vocabulário
Molambento: que usa roupa velha e/ou em mau estado.

Leonardo Conceição

1. Quantas estrofes tem o poema? *atividade oral*

2. Cada estrofe fala sobre um personagem: **lua**, **sol** e **eu** (poético), representados por dois substantivos e um pronome. Escreva qual imagem é usada para apresentar cada personagem.

   a) Lua: _____

   b) Sol: _____

   c) Eu: _____

3. Escreva os adjetivos que foram usados no poema.

   a) Na 1ª estrofe:
   _____

   b) Na 2ª estrofe:
   _____

   c) Na 3ª estrofe:
   _____

4. O poema está escrito em 1ª pessoa, ou seja, é o eu poético que fala. Que palavras do texto comprovam essa afirmação?

   _____

5. Reescreva os dois primeiros versos usando os mesmos adjetivos, mas no grau superlativo absoluto sintético e analítico.

   _____
   _____
   _____
   _____

6. Explique o último verso do poema. *atividade oral*

7. No poema encontramos a seguinte forma de organizar o texto:

   ☐ narração.

   ☐ descrição.

   ☐ instruções.

8 Observe a expressão **menina bela**. Nela, o adjetivo sucede o substantivo. Às vezes, mudando a posição do adjetivo em relação ao substantivo que ele acompanha, conseguimos alterar seu sentido. Assinale o item que explica a diferença de sentido das frases a seguir.

a) Aquele teu **amigo grande** esteve aqui te procurando.

I. ☐ O adjetivo **grande** tem uma função descritiva, mostrando o tamanho do amigo.

II. ☐ O adjetivo **grande** tem uma função mais subjetiva, mostrando a intensidade da amizade entre os dois.

b) Este é o meu **grande amigo** Duarte.

I. ☐ O adjetivo **grande** tem uma função descritiva, mostrando o tamanho do amigo.

II. ☐ O adjetivo **grande** tem uma função mais subjetiva, mostrando a intensidade da amizade entre os dois.

c) Você me deu um **belo susto**!

I. ☐ Um susto grande.

II. ☐ Um susto bonito.

d) Quem diria que hoje, depois de tanta chuva, íamos ter um **dia belo** como este!

I. ☐ Um dia grande.

II. ☐ Um dia bonito.

9 Indique em que grau estão os adjetivos destacados a seguir.

a) De férias, estou me sentindo mais **livre** do que antes.

_____

b) Ela foi **amabilíssima** com a nossa família.

_____

c) Essa bicicleta está parecendo menos **velha** do que semana passada.

_____

d) Não sabia que vocês tinham um cachorro **ferocíssimo**!

_____

e) Nosso domingo foi o mais **incrível** de todos!

_____

f) Este exercício está **hipercomplicado**!

_____

10 Indique as duas formas de grau superlativo absoluto sintético dos adjetivos (quando houver) e depois formule uma frase com uma delas. Veja o modelo.

> pobre → pobríssimo ou paupérrimo
> Depois que perdeu o emprego, Lucas anda pobríssimo.

a) magro _____

_____

b) fácil _____

_____

c) amigo _____

_____

d) humilde _____

_____

e) frio _____

_____

f) veloz _____

_____

O texto "Onipresença" é um trecho de uma crônica de futebol publicada em um periódico brasileiro pelo comentarista esportivo Armando Nogueira. Leia-o.

T E X T O 2

Onipresença

A imprensa uruguaia passara a semana inteira a falar do grande jogo, **destilando** otimismo. Fazia uma única advertência: que o **Peñarol** tivesse cuidado com Pelé, que o marcasse de perto – e aí estaria a fórmula da vitória certa. [...] Uma vez bem marcado, Pelé estaria sem condições para golear e, certamente, ganharia o Peñarol. [...]

5 [O técnico uruguaio] Bela Gutman chamou o goleiro: "Você fica de olho nas bolas pingadas na pequena área: cuidado com Pelé que é perigoso nas cabeçadas. Com outros, não precisa se preocupar; bloqueie sempre os saltos do Pelé".

Chamou, por fim, os dois apoiadores e pediu que ajudassem os quatro **zagueiros** na missão um tanto incômoda, reconhecia, de marcar Pelé.

10 Incômoda, mas não impossível. Afinal de contas, Pelé não tem nada de super-homem. Basta marcá-lo com cuidado, com rigor, mobilizando as melhores energias de time que ele ficará imobilizado.

Tudo perfeito, tudo assentado, o Exército Argentino conjugado ao Exército Uruguaio, com a cobertura da Marinha e da Aviação.

15 Jogo lançado. Pelé marcado. Pelé marcadíssimo. Pelé ultramarcado. Pelé cercado. Pelé agarrado. Pelé derrubado. Pelé sufocado.

Bola na área, gol de Pelé.

NOGUEIRA, Armando. *Na grande área.*
Rio de Janeiro: Lance! Publicações, 2008. p. 64-65.

> **Vocabulário**
>
> **Destilar:** deixar sair em gotas; gotejar.
> **Onipresença:** presença em todos os lugares.
> **Peñarol:** Clube Atlético Peñarol, clube de futebol uruguaio sediado em Montevidéu.
> **Zagueiro:** jogador da defesa que atua imediatamente à frente do goleiro.

11 Que características do texto podem justificar a afirmativa de que se trata de uma crônica? Dica: se estiver em dúvida, consulte o boxe **Gênero em foco**, na Unidade 1, página 42.

_____

_____

12 A crônica "Onipresença" narra os preparativos do time adversário, bem como o desempenho do time brasileiro. Esses dois aspectos são contados colocando-se o foco em dois personagens. Quais são eles?

_____

_____

13 Pelé, naquela época, era sempre o jogador mais visado e, portanto, o mais marcado em campo. Ele deixava os adversários amedrontados e tontos. Que cuidados o técnico uruguaio tomou nessa partida contra o risco que Pelé representava?

_____

_____

14 Releia os dois últimos parágrafos do texto e faça o que se pede.

a) Transcreva os substantivos. _____

b) Que outra classe de palavras é usada nesse trecho? _____

c) Que classe de palavras está ausente nesse trecho cuja função seria descrever a **ação** do jogo?

d) Que imagem ou ideia transmite a repetição do substantivo Pelé?

e) Observe os adjetivos que acompanham **Pelé**. O que eles mostram?

f) Podemos afirmar que os adjetivos do texto mostram a situação em que o jogador se encontrava de duas maneiras. Explique como ela é mostrada conforme os tipos a seguir.

• Gradação de sentido dos adjetivos: _____

• Variação no grau dos adjetivos: _____

15 Em "Bola na área. Gol de Pelé", quais são as classes das palavras sublinhadas?

16 Nos dois trechos mencionados nas atividades, nota-se a ausência do verbo. Pode-se afirmar que isso fez falta para retratar toda a ação de uma movimentada partida de futebol? Justifique sua resposta.

17 Em relação ao título do texto, explique: O que significa a palavra **onipresença**? A quem se refere? Por que foi usada?

Caleidoscópio

EMPRÉSTIMOS: fonte de revitalização lexical

Vimos que uma língua está sempre se renovando. Adjetivos como **ultramarcado**, **hiperdifícil**, **superinteressante**, **fortão**, **assustadaço** mostram que, em nossa língua, empregamos vários recursos para criar e usar palavras bem expressivas.

Outra forma de renovar uma língua é "emprestar" palavras que vieram de outros idiomas por meio de contatos entre nativos e estrangeiros.

Em português, é possível identificar palavras de outras línguas, tanto dos povos que já se encontravam aqui na época do descobrimento do Brasil (os indígenas nativos) como dos que aqui chegaram de formas diversas: os africanos escravizados e os imigrantes de diferentes países e origens (indígenas, africanos, ingleses, franceses, árabes, italianos e outros). Esses homens e mulheres se instalaram no Brasil e deram uma enorme contribuição para a formação de nossa identidade cultural.

As importações tecnológicas e culturais também trazem novas palavras – substantivos, adjetivos, verbos etc.

Do inglês, a lista pode ser grande, com as contribuições da área de informática:

DELETE: tecla de um computador que significa "apagar".
LINK: ligação, conexão.
VIDEO GAME: jogo eletrônico.
BACKUP: apoio, cópia de segurança.
TWEET: tuitar (fazer publicação no Twitter, rede social para compartilhamento de mensagens curtas).
SITE: página na internet.
MOUSE: dispositivo utilizado pelo usuário para interferir na tela do computador.
ENTER: tecla de um computador que significa "confirmar".

ALMANAQUE, ALFÂNDEGA, ALMOFADA, ALDEIA, ALFACE, ALGODÃO, CAFÉ, ESMERALDA, GARRAFA, MESQUITA vêm do árabe.

SAMBA, de um dialeto africano (*semba*).

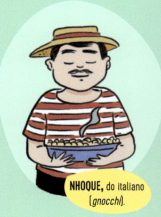
NHOQUE, do italiano (*gnocchi*).

CARIOCA (*KARI'OCA*)**, TATU, PAÇOCA, PIPOCA, SAMAMBAIA, PIRANHA,** do tupi.

ABAJUR vem do francês (*abat-jour*).

E de outras áreas do nosso dia a dia: *FAST FOOD*: comida rápida; *FITNESS*: forma física; *FOOTBALL*: futebol; *MILKSHAKE*: vitamina; *ROCK*: estilo de música (*ROCK AND ROLL*); *SELF-SERVICE*: servir a si mesmo (em um restaurante); *SHAMPOO*: xampu; *SHOPPING*: compras, centro comercial; *SHOW*: espetáculo.

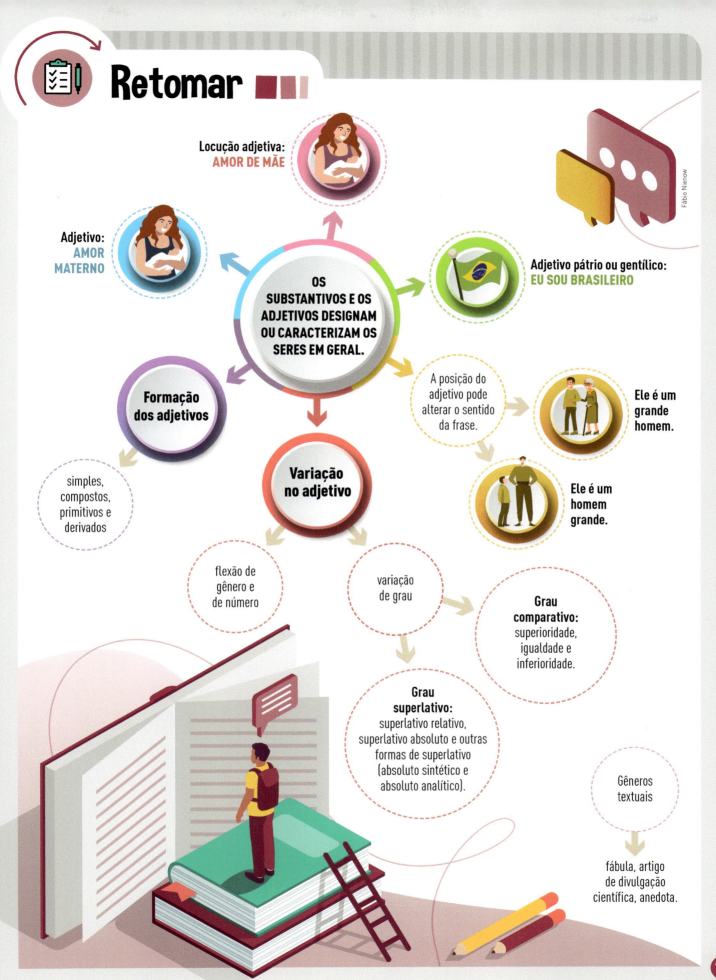

UNIDADE 6

> O futuro tem muitos nomes. Para os fracos, é o inatingível. Para os temerosos, o desconhecido. Para os valentes, é a oportunidade.
>
> Victor Hugo

Cena do filme *O Rei Leão*, 2019.

Verbo: conjugações e flexões

Você vai ler a seguir uma espécie de relatório feito por um extraterrestre que veio até nosso planeta porque acabou o combustível de sua nave. O ser de outro planeta conta, com um pouco de ironia, o que encontrou aqui. Para ele, certas atitudes dos habitantes da Terra são incompreensíveis. Neste trecho, ele descreve o modo como os humanos se entendem (ou se desentendem).

Este admirável mundo louco

E como é que eles [os humanos] se entendem?

E quem foi que disse que eles se entendem?

Quer dizer, tem uns que entendem os outros, mas não é todo mundo, não.

5 Eles vivem brigando muito, os grandes brigam com os pequenos o tempo todo e então os bem pequenos começam a gritar e a gritar e é aí que sai água das bolas que eles têm na cara.

Algumas pessoas de um lugar brigam com as pessoas de outro lugar e eles chamam isso de guerra e então eles jogam uns nos 10 outros umas coisas que destroem tudo que eles passam um tempão fazendo. E até destroem eles mesmos.

É muito difícil explicar esta tal de guerra porque eu também não entendi. Não sei direito pra que é que serve esta tal de guerra. Acho que é pra gastar as tais coisas que eles jogam uns nos outros 15 e que eles fabricam em grandes quantidades e que fazem as cidades ficarem cada vez mais fedorentas.

ROCHA, Ruth. *Este admirável mundo louco*. São Paulo: Salamandra, 2012. p. 20.

Parece que o visitante de outro planeta não teve uma boa impressão de nós, os humanos.

1 Primeiramente, ele viu "os grandes" brigando com "os pequenos". Quem são "os grandes" e "os pequenos"?

_____

2 Em "sai água das bolas que eles têm na cara", o que são essas bolas e a água?

_____

3 Depois, ele viu as "coisas que destroem tudo que eles passam um tempão fazendo". O que são essas coisas?

_____

4 Afinal, aqui na Terra, o ET viu somente atitudes de paz e harmonia?

_____

179

5 O texto conta o que os humanos **fazem** neste "admirável mundo louco". Identifique, a seguir, as alternativas com palavras do texto que indicam algumas dessas **ações**.

a) ☐ pessoas d) ☐ brigam g) ☐ todo mundo j) ☐ jogam

b) ☐ chamam e) ☐ destroem h) ☐ eles k) ☐ passam

c) ☐ fabricam f) ☐ água i) ☐ as cidades l) ☐ fazem

6 Qual é a classe gramatical das palavras que você marcou?

_____

Essas palavras são **verbos**.

O verbo, uma das dez classes de palavras da língua portuguesa, tem um papel importante em tudo o que dizemos.

Assim como o substantivo, ele é o outro núcleo principal de nossas frases.

O verbo é o centro (ou núcleo) de uma expressão verbal e, geralmente, vem acompanhado, modificado ou complementado por palavras de outras classes gramaticais, que integram e enriquecem o seu sentido.

> expressão verbal
> Os grandes [**brigam** com os pequenos o tempo todo.]
> verbo

Verbos são palavras que exprimem um acontecimento.

Veja no quadro a seguir os sentidos que os verbos podem ter.

Verbos podem expressar	Exemplos
ações	[...] umas coisas que **destroem** tudo [...]. **Destruir** indica uma ação.
processos	[...] eu também não **entendi**. **Entender** indica um processo.
estados	Os humanos **são** difíceis de entender. **Ser** indica um estado.
mudanças de estado	[...] as cidades **ficarem** cada vez mais fedorentas. **Ficar** indica uma mudança de estado.
fenômeno meteorológico	Nesta cidade **chove** muito. **Chover** indica um fenômeno meteorológico.

Os verbos marcam, em quase todas as formas, o momento desse acontecimento: agora, antes ou depois.

Vamos ver, a seguir, como isso acontece.

Estrutura dos verbos

As palavras são formadas de pequenas unidades ou partes significativas, que, juntas, formam seu sentido.

Isso também acontece com os verbos: ele é formado, basicamente, de um **radical** + uma **vogal temática** + uma ou várias **terminações** (chamadas **desinências**).

Verbo	Radical	Vogal temática	Terminação	Outra terminação
falavas	fal-	-a-	-va-	-s
vendessem	vend-	-e-	-sse-	-m
partiremos	part-	-i-	-r-	-emos

Observe, nos verbos a seguir, que algumas partes se repetem e têm o mesmo sentido. Os radicais e as terminações estão destacados.

(se ela)	brinc-a-sse	(se ela)	corr-e-sse	(se ela)	sorr-i-sse
(nós)	brinc-áva-mos	(nós)	corr-ía-mos	(nós)	sorr-ía-mos
(eles)	brinc-a-ram	(eles)	corr-e-ram	(eles)	sorr-i-ram

Conjugações verbais

O infinitivo de um verbo é a forma que o identifica. Por exemplo: **entender** é o infinitivo das formas verbais "entendo", "entenderemos" ou "entendiam". Em português, o infinitivo sempre termina em **-r**.

- repete → forma do verbo **repetir**
  infinitivo
- falava → forma do verbo **falar**
  infinitivo
- corria → forma do verbo **correr**
  infinitivo

Voltaremos a falar do infinitivo quando tratarmos das formas nominais, ainda nesta unidade.

Todos os verbos da língua portuguesa pertencem a um dos grupos a seguir, chamados **conjugações**.
- Primeira conjugação → verbos com infinitivo terminado em **-ar**.
- Segunda conjugação → verbos com infinitivo terminado em **-er** ou **-or**.
- Terceira conjugação → verbos com infinitivo terminado em **-ir**.

Fique atento

Os verbos terminados em **-or** (**pôr** e seus derivados) também pertencem à segunda conjugação. Isso se explica porque a forma atual do verbo **pôr** (e seus derivados, como **repor**, **depor**, **sobrepor** etc.) é diferente da forma do português arcaico, antigo. No século XIV, a forma do infinitivo do verbo **pôr** era **poer** (com a terminação **-er**), portanto, da segunda conjugação.

Hoje, só encontramos a vogal **-e-** em algumas formas do verbo **pôr** e de seus derivados: pus-**e**-sse, pus-**e**-r etc.

1 Organize no quadro de conjugações abaixo os verbos no infinitivo da lista a seguir, de acordo com a conjugação de cada um. Siga o modelo.

achar	comprar	curtir	dormir	voar	impor	mentir
sobrepor	sonhar		torcer	esconder	repor	sair	receber

1ª conjugação	2ª conjugação	3ª conjugação
achar	esconder	curtir

Flexões dos verbos

Os verbos têm forma variável, eles podem ser flexionados.

> brigo/brigam
> entendi/entenderam

As flexões do verbo são: **número**, **pessoa**, **tempo**, **modo** e **voz**. Essas flexões acrescentam "colorido" ao significado do verbo, porque o enriquecem com sentidos variados. O verbo é a classe de palavras do português que sofre a maior quantidade de flexões, e podemos reconhecê-las facilmente.

Palpite infeliz

Quem é você que não sabe o que diz?
Meu Deus do Céu, que palpite infeliz!
Salve Estácio, Salgueiro, Mangueira,
Oswaldo Cruz e Matriz
5 Que sempre souberam muito bem
Que a Vila não quer abafar ninguém,
Só quer mostrar que faz samba também

Fazer poema lá na Vila é um brinquedo
Ao som do samba dança até o arvoredo
10 Eu já chamei você pra ver
Você não viu porque não quis
Quem é você que não sabe o que diz?

A Vila é uma cidade independente
Que tira samba, mas não quer tirar patente
15 Pra que ligar a quem não sabe
Aonde tem o seu nariz?
Quem é você que não sabe o que diz?

PALPITE Infeliz. Intérprete: Aracy de Almeida. Compositor: Noel Rosa. In: ARACY de Almeida apresenta Noel Rosa. [S.l.]: Continental, 1950. 1 disco de vinil.

Autorretrato de Noel Rosa em guache, cerca de 1930.

1 Essa é uma famosa canção composta por Noel Rosa, grande artista da música popular brasileira. Você já ouviu falar dele? Conhece algumas de suas composições? *atividade oral*

2 Na canção, o eu poético se dirige a um sambista rival rebatendo alguma crítica que este teria feito à Vila Isabel. Sublinhe no poema os versos que expressam isso.

3 Explique o que o eu poético quis dizer em cada verso a seguir.

a) "Fazer poema lá na Vila é um brinquedo": _____

b) "Ao som do samba dança até o arvoredo": _____

4. Na canção, aquele que fala, ou seja, o eu poético, está representado por qual palavra? E que palavra indica a pessoa a quem ele se dirige?

_____

5. Indique as diferentes formas em que os verbos a seguir aparecem na canção.

a) ser _____

b) saber _____

c) faz _____

d) querer _____

e) ver _____

f) tirar _____

g) ligar _____

h) ter _____

Noel Rosa (Rio de Janeiro, 1910-1937) foi sambista, compositor, cantor, violonista, bandolinista, um dos maiores e mais importantes artistas da música brasileira. Ele contribuiu para legitimar o samba de morro e difundi-lo principalmente no rádio, que era o meio de comunicação mais usado na época. Participou, durante anos, de uma disputa de sambas com o sambista Wilson Batista, como acontece atualmente nos duelos modernos de MCs e nas rodas de *funk* (só que essas rodas acontecem em uma noite). Falando sempre do estilo de vida malandro, a cada nova música que compunham e eram lançadas no rádio, Wilson elogiava e Noel criticava aquele modo de vida. Noel Rosa morreu jovem, de tuberculose. Inúmeras canções suas se tornaram clássicas da música popular brasileira. Veja o título de algumas: *Feitiço da Vila*, *Com que roupa?*, *Festa no céu*, *Minha viola*, *Eu vou pra vila*, *Gago apaixonado*, *Sorriso de criança*.

Gênero em foco — Canção

Canção é uma composição poética parecida com o poema, mas composta para ser cantada. O compositor se preocupa com o ritmo e presta bastante atenção às palavras que escolhe, à rima, enfim, à musicalidade das palavras. A melodia e a letra se relacionam e são criadas com cuidado; a parte melódica, musical — sobretudo o ritmo —, faz parte dos sentidos do texto. Na composição, é comum levar em conta o acompanhamento de instrumentos musicais, que geram diversos estilos e possibilidades expressivas. Geralmente, o texto é estruturado em versos, com ritmo, e é comum o uso de refrão (uma estrofe que se repete) e de linguagem figurada (de imagens). Muitas vezes, quando ouvimos uma canção que acabamos de ler, a compreensão que temos dela muda.

As pessoas sempre acompanharam várias de suas atividades com música. No trabalho, o canto pode ajudar a manter o ritmo em remadas, escavações, plantações, ao se bater a roupa lavada à mão etc. As canções cívicas, como os hinos de países, ou mesmo os hinos de clubes esportivos, ajudam a nos manter unidos e orgulhosos do país ou da equipe. As canções folclóricas são transmitidas de pais para filhos e preservam as tradições de um grupo. Entre as crianças, as canções acompanham várias brincadeiras, como as cantigas de roda. E, na hora do descanso, quem não gosta de ouvir baixinho uma cantiga de ninar?

183

Flexão de pessoa

Releia os versos:

*Eu já chamei você pra ver
Você não viu porque não quis*

1 Nesse trecho da canção, quais pessoas você consegue identificar retratadas nas palavras?

a) ☐ O eu poético que fala na canção.

c) ☐ O leitor, que lê a letra da canção.

b) ☐ O interlocutor, com quem ele fala.

Sempre que dizemos ou escrevemos algo, três diferentes pessoas do discurso podem estar envolvidas, veja no quadro a seguir.

Quem (ou o que) fala ou escreve.	**1ª pessoa do discurso** (eu ou nós)
Quem (ou o que) ouve ou lê, a quem eu me dirijo.	**2ª pessoa do discurso** (tu, você, o senhor ou vós, vocês, os senhores etc.)
Quem (ou o que) não está envolvido nessa troca, sobre quem eu falo ou escrevo.	**3ª pessoa do discurso** (ele ou ela, eles ou elas)

Com a flexão de pessoa, a forma do verbo é alterada para exprimir a mudança de pessoa gramatical (primeira, segunda ou terceira), na expressão nominal que geralmente acompanha o verbo.

Eu sei o caminho. (primeira pessoa do discurso)

Tu sabes o caminho. (segunda pessoa do discurso)

Maria (ou Ela) sabe o caminho. (terceira pessoa do discurso)

2 Observe as flexões de pessoa do verbo **levar**. Depois, indique as formas do verbo **correr** que completam o outro quadro.

Verbo levar	
Singular	
1ª pessoa	(eu) levo
2ª pessoa	(tu) levas
3ª pessoa	(ele, ela) leva
Plural	
1ª pessoa	(nós) levamos
2ª pessoa	(vós) levais
3ª pessoa	(eles, elas) levam

Verbo correr	
Singular	
1ª pessoa	(eu) _____
2ª pessoa	(tu) corres
3ª pessoa	(ele, ela) _____
Plural	
1ª pessoa	(nós) _____
2ª pessoa	(vós) correis
3ª pessoa	(eles, elas) _____

Flexão de número

Observe novamente os versos a seguir.

*Quem é você que não sabe o que diz?
Meu Deus do Céu, que palpite infeliz!
Salve Estácio, Salgueiro, Mangueira,
Oswaldo Cruz e Matriz
Que sempre souberam muito bem
Que a Vila não quer abafar ninguém*

1 E se o eu poético se dirigisse a muitas pessoas? Como ficaria o primeiro verso? Complete as lacunas.

Quem _____ que não _____ o que _____?

2 Compare as formas verbais do verbo **saber** no plural (sabem) e no singular e indique o que mudou.

_____

A alteração do verbo para expressar a mudança de singular para plural é a **flexão de número**.

Um verbo está no **singular** quando faz uma declaração a respeito de uma só pessoa ou coisa.

<u>Eu</u> não **entendo** os humanos.	<u>A nave espacial</u> **enguiçou**.
pronome / verbo	substantivo / verbo
1ª pessoa do singular / 1ª pessoa do singular	singular / 3ª pessoa do singular

Um verbo está no **plural** quando faz uma declaração a respeito de mais de uma pessoa ou coisa.

<u>Eles</u> **chamam** isso de guerra.	<u>Algumas pessoas</u> **brigam** com as de outro lugar.
pronome / verbo	substantivo / verbo
3ª pessoa do plural / 3ª pessoa do plural	plural / 3ª pessoa do plural

Os substantivos comuns ou próprios levam o verbo para a terceira pessoa do singular ou do plural.

Clarice **torce**.   Os meninos **treinam**.

Podemos agora juntar as flexões de pessoa e de número das formas do verbo, pois elas estão interligadas.

Vamos refazer o quadro das pessoas do discurso, acrescentando a flexão de número.

Pessoas do discurso	Singular	Plural
Quem (ou o que) fala ou escreve (**1ª pessoa**).	(eu) **abafo**	(nós) **abafamos**
Quem (ou o que) ouve ou lê, a quem eu me dirijo (**2ª pessoa**).	(tu) **abafas**	(vós) **abafais**
Quem (ou o que) não está envolvido nessa troca, sobre quem (ou o que) eu falo ou escrevo (**3ª pessoa**).	(ele ou ela) **abafa**	(eles ou elas) **abafam**

185

3 Complete o quadro com as formas do verbo **saber**.

Verbo saber				
Singular			Plural	
1ª pessoa	(eu) _____	1ª pessoa	(nós) _____	
2ª pessoa	(tu) sabes	2ª pessoa	(vós) sabeis	
3ª pessoa	(ele, ela) _____	3ª pessoa	(eles, elas) _____	

4 Reescreva as frases no singular.

a) Os grandes **brigam** com os pequenos o tempo todo e então os bem pequenos **começam** a **gritar**.

_____

b) Umas pessoas de uns lugares **brigam** com umas pessoas de outros lugares.

_____

c) Então eles **jogam** umas coisas que **destroem** tudo.

_____

Flexão de modo

O falante pode alterar o verbo para mostrar como vê o fato a respeito do qual está falando. Assim, um fato (ou uma situação etc.) pode ser:
- realidade (o falante tem certeza);
- possibilidade ou dúvida (o falante faz uma suposição);
- ordem ou conselho (o falante quer que algo aconteça).

O que chamamos de **modo** é, portanto, uma escolha de quem fala para expressar sua intenção comunicativa.

A flexão de modo é a alteração do verbo para indicar essa mudança com o acréscimo de terminações de modo.

Os modos verbais são três, veja no quadro.

Modos verbais	Ocorre	Exemplos
modo indicativo	O que falamos é um fato certo.	O céu **está** nublado.
modo subjuntivo	O que falamos é uma possibilidade, uma hipótese ou uma dúvida (que depende de outro ou está ligada a ele).	Se **chovesse** muito, eu não iria ao parque.
modo imperativo	O que falamos é uma ordem, um conselho ou um pedido.	**Leve** um guarda-chuva!

Leia a tira ao lado.

ZIRALDO. *Menino Maluquinho*. Disponível em: http://meninomaluquinho.educacional.com.br/PaginaTirinha/PaginaAnterior.asp?da=14082011. Acesso em: 4 set. 2019.

1 Quais são os verbos citados na história? _____

2 Observe o primeiro quadrinho e responda ao que se pede.

a) Qual foi o modo verbal usado nesse quadrinho? Por que a mãe do Menino Maluquinho usa esse modo verbal?

_____

b) Observe, ainda nesse quadrinho, as mãos da mãe do Maluquinho. O que elas indicam?

_____

3 Observe o segundo quadrinho e responda ao que se pede.

a) Qual foi o modo verbal usado nesse quadrinho? Por que a mãe do Menino Maluquinho usa esse modo verbal?

_____

b) No segundo quadrinho, as mãos da mãe estão posicionadas de forma diferente do primeiro quadrinho. O que elas indicam?

_____

4 O humor da tirinha está na surpresa que temos ao perceber qual é a verdadeira preocupação da mãe. Explique essa afirmação.

_____

5 Observe a expressão do Menino Maluquinho nos dois quadrinhos. O que ele parece sentir em cada um? O que essas expressões confirmam?

Flexão de tempo

Os períodos que contamos no nosso dia a dia são:
- o que está acontecendo agora (**presente**);
- o que já passou (**passado** ou **pretérito**); e
- o que ainda vai acontecer (**futuro**).

Flexão de tempo é a alteração de um verbo para exprimir a mudança do momento em que ocorre a ação, o processo, o estado, a mudança de estado ou o fenômeno meteorológico descrito pelo verbo. Ela é feita pelo acréscimo de terminações de tempo.

> **Enunciação** é um ato individual de uso da língua em que um sujeito, em certo contexto comunicativo e em certo momento, produz enunciados escritos ou falados.

Tempos do modo indicativo (empregos básicos)

Tempo verbal	Indica	Exemplo
presente	A ação acontece em um período que abrange o momento da enunciação (**agora** ou **atualmente**).	Jorge **tem** um cachorro. Banana **é** uma fruta deliciosa. O Rio Amazonas **banha** Manaus.

Presente

Tempo verbal	Indica		Exemplo
pretérito perfeito	A ação acontece **antes** do momento da enunciação.	A ação foi concluída, acabou. (Veja o quadro **Fique atento**, na página 191.)	**Cantou** uma bela canção para o filho dormir.
pretérito imperfeito		A ação durou ou se prolongou. (Veja o quadro **Fique atento**, na página 191.)	Eu sempre **cantava** essa música.
pretérito mais-que-perfeito	A ação foi concluída **antes** de outra ação também concluída.		Ela já **dormira** (ou **tinha dormido**) quando você ligou.

Passado

Tempo verbal	Indica	Exemplo
futuro do presente	A ação ainda vai acontecer, **depois** do momento da enunciação.	**Seremos** felizes para sempre!
futuro do pretérito	A ação aconteceu **depois** de algum momento do passado.	Ele prometeu ontem que **voltaria** hoje.

Futuro

Além dos empregos básicos do **presente** do indicativo, há outros. Veja o que você pode expressar usando o tempo **presente**.

- Um fato que ocorre no mesmo período de tempo em que você está falando ou escrevendo sobre ele (esse é o sentido básico que você viu no quadro).

> Ele **está** no banho. Não **pode** atender agora.

- Uma verdade científica, uma lei, um dogma, ou seja, ações ou estados permanentes ou considerados definitivos.

> A Terra **gira** em torno de si mesma.

- Uma ação habitual ou uma característica permanente.

> **Uso** sempre boia porque não sei nadar.

- Atualizar fatos ocorridos no passado ou fatos inventados, que ficam, assim, mais próximos do leitor.

> Em 1500, Cabral **chega** ao Brasil.

- Falar sobre um fato futuro próximo ou que se tem certeza de que vai acontecer.

> Amanhã eu **ligo** e a gente **combina** tudo.

Observe que, nesse último caso, o uso de palavras ou expressões que marcam o tempo (**amanhã**) é muito importante para eliminar dúvidas em relação ao momento da ação.

Samba pras crianças, de Biscoito Fino (vários artistas).

Imagine um coro de dez meninos e meninas cantando com grandes nomes da música brasileira como Ney Matogrosso e D. Ivone Lara. Eles integram a ONG Toca o Bonde – Usina de Gente, criada em 2001, que dá aulas de música a jovens e crianças carentes das comunidades de Santa Teresa, Catumbi e Rio Comprido, no Rio de Janeiro.

Leia o texto a seguir.

http://parquedaciencia.blogspot.com/2014/03/viagem-no-tempo-realidade-ou-ficcao.html

Viagem no tempo: realidade ou ficção?

Parque da Ciência – 13:21

Por Rafael Gama Vieira

Já imaginou poder viajar ao passado, vivenciar eventos que mudaram o mundo e conhecer pessoas importantes que já morreram? Ou então viajar para o futuro e ver como o mundo estará daqui a 1 000 anos ou como será sua aparência daqui a 20?

⁵ Esse assunto desperta bastante interesse e, inclusive, já foi tema de diversos filmes, livros, seriados etc. Porém, será que isso é possível no mundo real ou apenas na ficção?

Quando Isaac Newton formulou as três Leis do movimento, ficou implícito que todas as pessoas, ao observarem um movimento, o descreveriam ¹⁰ da mesma maneira, calculando a mesma velocidade e tempo de deslocamento, por exemplo.

Porém, em 1905, Albert Einstein publica a teoria da relatividade especial, contradizendo Newton. Nessa teoria, tempo e espaço estariam conectados, ¹⁵ formando um espaço em quatro dimensões, três espaciais e uma temporal. Logo, o tempo não seria mais absoluto, ou seja, cada pessoa pode sofrer uma variação temporal, dependendo do seu movimento.

Segundo essa teoria, se uma pessoa se movimentar com uma velocidade próxima à da luz (aproximadamente 300 000 km/s), verá que o tempo passou mais devagar do que para pessoas que permaneceram ²⁰ em repouso.

[...] para tornar possível a viagem no tempo seria necessário atingir velocidades próximas à da luz. Infelizmente ainda não há tecnologia e nem recursos suficientes para tal.

²⁵ Ao longo da história surgiram outras teorias para tornar possível essa viagem. Uma delas baseia-se nos chamados *Worm Holes* (buracos de minhoca), também conhecidos como Ponte de Einstein-Roses, que consistem em túneis capazes de conectar dois pontos no espaço.

Para entender o que é um buraco de minhoca, imagine que você tem um pano grande e esticado. Agora uma bola de basquete é colocada sobre esse pano. O tecido sofrerá uma deformação causada pelo peso da bola. Segundo Einstein, esse mesmo efei-³⁰to é causado no espaço por corpos muito **massivos**, como estrelas, planetas e buracos negros, por exemplo. Imagine agora, que existem dois buracos negros deformando o espaço a sua volta. Se essas deformações se encontrassem, isso criaria um tú-³⁵nel, ligando dois pontos distantes.

[...]

Anteriormente, foi citado que o efeito **relativístico** seria notado para corpos se movimentando com velocidades próximas à da luz, porém, esse ⁴⁰efeito já pode ser observado para velocidades menores. Esse conhecimento é aplicado em sistemas de **GPS** [...].

Vocabulário

GPS: do inglês *global positioning system*, "sistema de posicionamento global", é um sistema de navegação que nos permite obter a localização exata de um ponto na superfície terrestre ou em órbita, por meio de sinais de rádio sincronizados emitidos por satélites.
Massivo: que tem muita massa corporal; pesado.
Relativístico: que se refere ao **relativismo**.
Relativismo: teoria que afirma a relatividade do conhecimento humano, que o absoluto e a verdade não podem ser conhecidos pela razão e inteligência.

Buraco de minhoca.

VIEIRA, Rafael Gama. Viagem no tempo: realidade ou ficção. *In*: PARQUE DA CIÊNCIA. 2014. Disponível em: http://parquedaciencia.blogspot.com/2014/03/viagem-no-tempo-realidade-ou-ficcao.html. Acesso em: 4 set. 2019.

1 Na Unidade 5, lemos textos de divulgação científica. Podemos afirmar que o texto "Viagem no tempo: realidade ou ficção?" pertence a esse gênero? Justifique sua resposta com pelo menos duas características do texto que apoiem sua opinião.

2 O artigo lido apresenta duas teorias que explicam a possibilidade de uma viagem no tempo. Releia os parágrafos 5 e 7 e diga que teorias são essas.

a) A primeira teoria afirma _____

_____

_____

_____

_____

_____

b) A segunda teoria _____

_____

_____

_____

_____

_____

3 Por que, segundo o texto, usar a velocidade da luz é inviável por enquanto?

_____

_____

O cientista inglês **Isaac Newton** (1643-1727) atuou como astrônomo, alquimista, filósofo natural e teólogo, mas foi mais reconhecido como físico e matemático.

Isaac Newton, cerca de 1700.

Um dia, sentado à sombra de uma macieira, viu uma maçã cair no chão e questionou por que as coisas caem para baixo. Formulou então a lei da gravitação universal para explicar a força da gravidade, que faz as coisas caírem para baixo e os planetas orbitarem ao redor do Sol. Graças a esse entendimento sobre gravidade, Newton formulou três leis que basicamente explicam a vida do ser humano do ponto de vista físico, entre outros estudos.

O físico alemão **Albert Einstein** (1879-1955) questionou o que realmente fez a maçã cair – O que é a gravidade? A teoria da relatividade pode ser entendida se pensarmos em um trampolim.

Albert Einstein, 1946.

Se colocarmos uma bola na superfície plana do trampolim, ela fica parada. Se uma criança subir no trampolim, forma-se uma cavidade profunda por causa de seu peso e a bola que estava em cima do trampolim cai nessa espécie de "cratera" criada pelo "peso" da criança. Algo parecido acontece no espaço com os planetas. É por isso que os planetas ficam em órbita: o Sol forma uma cavidade no espaço e os planetas, como a Terra, "descem" para essa cavidade.

4 Já existe, atualmente, alguma forma de observar o efeito relativístico em corpos que se movimentam muito rápido? Qual?

_____

_____

_____

5 Localize e sublinhe os verbos da primeira coluna do quadro a seguir nos parágrafos 1, 2 e 4 do texto. Copie, então, as formas encontradas nas colunas correspondentes.

VERBOS NO INFINITIVO	Presente	Pretérito perfeito	Pretérito imperfeito	Futuro do presente	Futuro do pretérito
despertar					
estar					
imaginar					
morrer					
mudar					
publicar					
ser					

6 Observe os verbos sublinhados no texto: eles estão no presente do indicativo. Copie cada verbo sublinhado ao lado da explicação que corresponde ao uso especial do presente no texto e indique a linha em que o verbo está.

a) Enunciar um fato que ocorre no mesmo período de tempo que você está falando ou escrevendo sobre ele: _____

_____

b) Expressar uma verdade científica, uma lei, um dogma, ou seja, ações ou estados permanentes ou considerados definitivos:

_____

c) Exprimir uma ação habitual ou uma característica permanente: _____

_____

d) Atualizar fatos ocorridos no passado ou fatos inventados, que ficam, assim, mais próximos do leitor: _____

e) Falar sobre um fato futuro próximo ou que se tem certeza de que vai acontecer:

Fique atento ■■

Tanto o **pretérito perfeito** quanto o **pretérito imperfeito** referem-se a um fato do passado. A diferença é que o pretérito perfeito se refere a uma ação (ou processo, estado, mudança de estado, fenômeno meteorológico) passada concluída.

• Ricardo **cantou** essa música ontem mesmo.

pretérito perfeito do indicativo

passado — presente

ontem — agora

Ricardo cantou — momento da enunciação

Pretérito imperfeito: a ação (ou processo, estado, mudança de estado, fenômeno meteorológico) se repetia ou durava no passado.

• Ricardo **cantava** sempre essa música nas festas da escola.

passado — presente

nas festas da escola — agora

Ricardo cantava — momento da enunciação

191

Cascão e Cebolinha dormiram em barracas, no mesmo acampamento. Veja o que aconteceu.

SOUSA, Mauricio de. *Turma da Mônica*. Tirinha 65.

7 Como Cascão descobriu que Cebolinha assobia enquanto dorme?

8 Diga qual é o tempo de cada verbo a seguir, transcritos da tirinha. Escolha entre: **presente**, **pretérito perfeito** ou **futuro do presente**.

a) sabe _____   c) descobri _____

b) assobia _____   d) dorme _____

9 Explique a escolha do tempo verbal usado no verbo **descobrir**.

_____

10 Agora explique o uso do verbo **assobiar**, do último quadrinho.

_____

_____

Vamos observar outros usos do futuro do presente e do futuro do pretérito além dos empregos básicos vistos anteriormente.

O futuro do presente é usado	O futuro do pretérito é usado
• Para descrever um fato que ainda vai ocorrer e é visto como certo ou provável, em um período posterior ao momento da enunciação (emprego básico). As férias **terminarão** amanhã. • Para expressar incerteza, dúvida sobre fatos atuais. **Será** que está chovendo? **Estará** frio lá fora? **Será** que isto é possível no mundo real ou apenas na ficção? • Expressar um pedido, um desejo, uma ordem. **Honrarás** pai e mãe. No português atual, principalmente o falado, o futuro do presente tem sido substituído por formas compostas, com mais de um verbo (As aulas **vão recomeçar** amanhã) ou pelo presente do indicativo (As aulas **recomeçam** amanhã).	• Para enunciar um fato futuro tomado em relação a outro fato, anterior ao momento da enunciação (emprego básico). Ontem você me disse que **chegaria** cedo hoje. • Para substituir o presente do indicativo, o imperativo ou até mesmo o pretérito imperfeito, como forma de cortesia, de educação. Você **faria** um favor para mim? (Em vez de: Você faz um favor para mim? Ou: Faça um favor para mim.) • Exprimir incerteza, dúvida sobre fatos passados. Quem **seria** o responsável pelo gol de empate no jogo de ontem? • Expressar um fato que possivelmente não vai se realizar e depende de alguma condição. Se você não fosse tão teimoso, nós **iríamos** ao cinema. No português atual, principalmente em textos informais falados, o futuro do pretérito simples tem sido substituído pelo pretérito imperfeito do indicativo (**íamos**), nas afirmações que envolvem uma condição. Se você não fosse tão teimoso, nós **íamos** ao cinema.

Em tirinhas, HQs, charges e cartuns são usados dois tipos de linguagem: a verbal e a não verbal. Leia a tira a seguir.

SOUSA, Mauricio de. *Turma da Mônica*. São Paulo: Globo, 2006. p. 28. (Coleção As Melhores Tiras).

11 Os autores e desenhistas, na maior parte das vezes, brincam com a combinação desses tipos de linguagem (verbal e não verbal) inventando cenas que não são possíveis no mundo real.

a) No primeiro quadrinho, o que Mônica diz que vai fazer com a ligação que ela atendeu?

b) No segundo quadrinho, o que ela faz para cumprir o que prometeu?

c) Como Cebolinha reage ao que Mônica fez, ou seja, o que é possível perceber pela expressão corporal dele?

d) Como se justifica esse sentimento de Cebolinha?

12 Na história, observamos uma conversa informal.

a) Na frase "Eu queria falar com o Cebolinha!", em que tempo e modo está o verbo **querer**?

b) A pessoa que ligou usa um tom educado, de cortesia?

c) Escreva a mesma frase mantendo o tom educado e usando o verbo **poder**:

  I. no pretérito imperfeito;

  II. no presente do indicativo;

  III. no futuro do pretérito.

d) Em "eu vou transferir a ligação", a ideia de futuro está expressa por um verbo simples ou por uma forma composta de mais de um verbo?

e) Reescreva essa frase substituindo a forma verbal composta pela simples, no futuro do presente do indicativo.

f) A frase com a forma verbal simples é mais adequada a que tipo de texto: falado informal ou escrito formal?

Formas nominais

As formas nominais de um verbo não exprimem, sozinhas, nem o tempo nem o modo. São formas nominais: o **infinitivo** (que você já conheceu), o **gerúndio** e o **particípio**.

Formas nominais	Verbo	Características	Como se forma
infinitivo	cala**r** vende**r** consegu**ir**	É o nome do verbo.	**radical + vogal temática + terminação** cal-a-r vend-e-r consegu-i-r
gerúndio	prest**ando** corr**endo** part**indo**	Expressa o processo verbal enquanto está acontecendo.	prest-a-ndo corr-e-ndo part-i-ndo
particípio	encerr**ado** entend**ido** reun**ido**	Expressa o resultado do processo verbal.	encerr-ado entend-ido reun-ido

Como o nome sugere, as **formas nominais** funcionam como nomes e podem desempenhar funções de substantivos, adjetivos (acompanhando os substantivos) e até completar verbos.

Se o **falar** é de prata, o silêncio é de ouro.
função de substantivo

O menino **assustado** não conseguiu dormir.
função de adjetivo

O trem já **estava partindo** quando chegamos à estação.
locução verbal

Veja outros exemplos de uso das formas nominais.

- É preciso **calar** para ouvir o próximo.
- **Vender** este produto é muito difícil.
- O importante era **conseguir** a ligação.

- **Prestando** atenção, você consegue entender o assunto.
- **Correndo** dessa maneira, os ônibus são perigosos.
- O trem já está **partindo**!

- **Encerradas** as aulas, os meninos viajaram.
- O menino não tinha **entendido** a atividade.
- A turma já está **reunida** no pátio.

1 Transcreva das frases a seguir os verbos que se encontram nas formas nominais e indique se estão no (**I**) infinitivo, (**G**) gerúndio ou (**P**) particípio.

a) Encontrei os alunos reunidos na quadra de futebol. _____

b) O Sol se alegrava ao iluminar o seu rosto. _____

c) A princesinha foi seguindo a bola com os olhos. _____

d) Então, começou a chorar. _____

e) Ela olhou em volta, procurando de onde vinha a voz. _____

2 O Hino Nacional Brasileiro é executado em muitas cerimônias. Nos eventos esportivos, por exemplo, todos cantam, unidos, como forma de estimular nossos atletas. Vamos ler a segunda parte do hino, que, geralmente, não é executada em tais solenidades.

> Vimos que as canções cívicas, como os hinos (dos países, dos clubes esportivos, das associações etc.), ajudam a manter as pessoas unidas e orgulhosas de seu país ou da equipe da qual fazem parte.

Hino Nacional Brasileiro

Parte II

Deitado eternamente em berço esplêndido,
Ao som do mar e à luz do céu profundo,
Fulguras, ó Brasil, **florão** da América,
Iluminado ao sol do Novo Mundo!
5 Do que a terra, mais **garrida**,
Teus risonhos, lindos campos têm mais flores;
"Nossos bosques têm mais vida",
"Nossa vida" no teu seio "mais amores."

Ó Pátria amada,
10 Idolatrada,
Salve! Salve!

Brasil, de amor eterno seja símbolo
O **lábaro** que ostentas estrelado,
E diga o verde-louro dessa flâmula
15 — "Paz no futuro e glória no passado".
Mas, se ergues da justiça a **clava** forte,
Verás que um filho teu não foge à luta,
Nem teme, quem te adora, a própria morte.
Terra adorada,
20 Entre outras mil,
És tu, Brasil,
Ó Pátria amada!
Dos filhos deste solo és mãe gentil,
Pátria amada,
25 Brasil!

ESTRADA, Joaquim Osório Duque; SILVA, Francisco Manuel da. Hino Nacional Brasileiro. Disponível em: www.planalto.gov.br/ccivil_03/constituicao/hino.htm. Acesso em: 23 out. 2019.

a) A quem se dirige o eu poético na primeira estrofe? Circule, no hino, as palavras que se referem ao interlocutor.

b) Observe as palavras sublinhadas na primeira estrofe. De que classe são? O que elas têm em comum, pensando em seu sentido?

_____

c) As palavras a seguir referem-se a quais outras palavras do texto lido? Qual é a classe das palavras de sua resposta?

- deitado: _____
- idolatrada: _____
- iluminado: _____
- estrelado: _____
- amada: _____
- adorada: _____

_____

> ### Vocabulário
>
> **Clava:** tronco grosso com uma extremidade mais larga, usado como arma.
> **Florão:** bem ou qualidade de grande valor; preciosidade.
> **Fulgurar:** lançar luz; destacar-se entre os demais, sobressair-se (sentido figurado).
> **Garrida:** que tem graça; elegante.
> **Lábaro:** bandeira, estandarte (uso formal).

d) E as palavras mencionadas no item **c**, acima, exercem, nesse texto, a função de qual classe de palavras? _____

e) Vemos também que essas mesmas palavras acabam em **-ado/-ada**. Essa é a terminação de qual forma nominal?

_____

f) Quais são o infinitivo e o gerúndio de cada uma delas?

_____

_____

_____

195

g) Agora complete as lacunas da conclusão a seguir.

A forma nominal **particípio** pode ser usada com a função de _____ para acompanhar,

modificar ou qualificar palavras da classe dos _____.

h) Como podemos explicar o uso de tantos adjetivos elogiosos e positivos no Hino Nacional?

i) Lembrando que os hinos ajudam a nos manter unidos e orgulhosos do país em que vivemos, explique o uso dos pronomes possessivos **nossos** e **nossa** na primeira estrofe.

Formas verbais do modo indicativo

No quadro estão conjugados verbos regulares das três conjugações verbais. Com as mesmas terminações, é possível conjugar qualquer verbo regular do português.

Conheça o modo indicativo desses três verbos. Repare que estamos trabalhando com quatro flexões verbais ao mesmo tempo (modo, tempo, pessoa e número). As formas verbais dos modos subjuntivo e imperativo serão estudadas em outros volumes.

> Conjugar um verbo é alterar suas terminações (as desinências), é flexioná-lo para expressar as noções de tempo, modo, número e pessoa. Vamos exercitar essas noções.

Tempo verbal	Calcular	Vender	Partir
Presente	eu calcul**o** tu calcul**as** ele, ela, você calcul**a** nós calcul**amos** vós calcul**ais** eles, elas, vocês calcul**am**	eu vend**o** tu vend**es** ele, ela, você vend**e** nós vend**emos** vós vend**eis** eles, elas, vocês vend**em**	eu part**o** tu part**es** ele, ela, você part**e** nós part**imos** vós part**is** eles, elas, vocês part**em**
Pretérito perfeito	eu calcul**ei** tu calcul**aste** ele, ela, você calcul**ou** nós calcul**amos** vós calcul**astes** eles, elas, vocês calcul**aram**	eu vend**i** tu vend**este** ele, ela, você vend**eu** nós vend**emos** vós vend**estes** eles, elas, vocês vend**eram**	eu part**i** tu part**iste** ele, ela, você part**iu** nós part**imos** vós part**istes** eles, elas, vocês part**iram**
Pretérito imperfeito	eu calcul**ava** tu calcul**avas** ele, ela, você calcul**ava** nós calcul**ávamos** vós calcul**áveis** eles, elas, vocês calcul**avam**	eu vend**ia** tu vend**ias** ele, ela, você vend**ia** nós vend**íamos** vós vend**íeis** eles, elas, vocês vend**iam**	eu part**ia** tu part**ias** ele, ela, você part**ia** nós part**íamos** vós part**íeis** eles, elas, vocês part**iam**
Pretérito mais-que-perfeito	eu calcul**ara** tu calcul**aras** ele, ela, você calcul**ara** nós calcul**áramos** vós calcul**áreis** eles, elas, vocês calcul**aram**	eu vend**era** tu vend**eras** ele, ela, você vend**era** nós vend**êramos** vós vend**êreis** eles, elas, vocês vend**eram**	eu part**ira** tu part**iras** ele, ela, você part**ira** nós part**íramos** vós part**íreis** eles, elas, vocês part**iram**
Futuro do presente	eu calcul**arei** tu calcul**arás** ele, ela, você calcul**ará** nós calcul**aremos** vós calcul**areis** eles, elas, vocês calcul**arão**	eu vend**erei** tu vend**erás** ele, ela, você vend**erá** nós vend**eremos** vós vend**ereis** eles, elas, vocês vend**erão**	eu part**irei** tu part**irás** ele, ela, você part**irá** nós part**iremos** vós part**ireis** eles, elas, vocês part**irão**
Futuro do pretérito	eu calcul**aria** tu calcul**arias** ele, ela, você calcul**aria** nós calcul**aríamos** vós calcul**aríeis** eles, elas, vocês calcul**ariam**	eu vend**eria** tu vend**erias** ele, ela, você vend**eria** nós vend**eríamos** vós vend**eríeis** eles, elas, vocês vend**eriam**	eu part**iria** tu part**irias** ele, ela, você part**iria** nós part**iríamos** vós part**iríeis** eles, elas, vocês part**iriam**

Leia a canção a seguir.

Como uma onda

Nada do que foi será
De novo do jeito que já foi um dia
Tudo passa
Tudo sempre passará
5 A vida vem em ondas
Como um mar
Num indo e vindo infinito

Tudo que se vê não é
Igual ao que a gente
10 Viu há um segundo
Tudo muda o tempo todo
No mundo

Não adianta fugir
Nem mentir
15 Pra si mesmo agora
Há tanta vida lá fora
Aqui dentro sempre

Como uma onda no mar
Como uma onda no mar
20 Como uma onda no mar

COMO uma onda. Intérprete: Lulu Santos. Compositores: Lulu Santos e Nelson Motta. *In*: O RITMO do Momento. [*S. l.*]: WEA Records, 1983. Disponível em: www.vagalume.com.br/lulu-santos/como-uma-onda-no-mar.html. Acesso em: 4 set. 2019.

1 "Como uma onda" é uma canção, que se estrutura da mesma forma que um poema. Como se estruturam esses gêneros de texto?

2 Nessa canção, o eu poético fala sobre a vida. Para ele, como é a vida? Sempre igual? Justifique citando um trecho da canção.

3 Leia o trecho a seguir.

> **Nada** do que foi **será**
> De novo do jeito que já foi um dia
> Tudo **passa**
> Tudo sempre **passará**
> [...]
>
> Tudo que se **vê** não é
> Igual ao que a gente
> **Viu** há um segundo
> [...]

Podemos dizer que a ideia de que o tempo é passageiro, transitório e que tudo muda a todo instante se revela nos contrastes entre as formas verbais e entre as palavras. Por exemplo, o verbo **ser** aparece nas formas **foi** e **será** (pretérito perfeito e futuro do presente), que se opõem. Indique outras palavras do trecho que contrastam por:

a) oposição entre o sentido de palavras; _____

b) oposição entre tempos verbais.

  I. Presente × futuro: _____

  II. Presente × pretérito perfeito: _____

4 Então, que ideia é destacada e repetida em toda a canção?

_____

5 Vimos que as formas nominais de um verbo não exprimem, sozinhas, nem o tempo nem o modo. Leia, agora, este outro trecho da canção:

> Não adianta fugir
> Nem mentir
> Pra si mesmo agora

Nele, não se fala mais de passado ou de futuro.

a) De que tempo o autor fala então? _____

b) Se o tempo não é marcado nas formas nominais dos verbos (**fugir**, **mentir**), que palavras ou flexões de palavras nos indicam qual é o período?

_____

6 Leia os versos a seguir e responda ao que se pede.

> Como um mar
> Num indo e vindo infinito

a) Que verbos foram empregados em sua forma nominal? Como se chama essa forma nominal?

_____

198

b) Considerando que essas formas estão precedidas por artigo indefinido (**num = em + um**) podemos afirmar que não foram usadas como verbos. Em que classe gramatical foram empregadas?

c) Além do sentido de contraste entre **ir** e **vir**, que outra ideia essa forma nominal transmite? Justifique sua resposta.

d) Qual é a relação dessa noção com o mar?

7 A comparação é um recurso muito usado em poemas e em canções. Nessa canção, que comparação foi usada?

8 Em que se baseia essa comparação?

9 Leia em voz alta o trecho a seguir.

> A vida vem em ondas
> Como um mar
> Num indo e vindo infinito

a) Que sons de mesma natureza se repetem?

b) Que efeito essa repetição traz para o sentido do poema?

c) Como esses aspectos sonoros e de sentido se encaixam no fato de esse texto ser uma canção? Se tiver dúvidas, confira na seção **Gênero em foco** da página 183 a descrição do gênero **canção**.

199

10 Veja a seguir os verbos como aparecem na canção. Disponha-os na tabela indicando tempo, modo, pessoa, número e o infinitivo de cada um deles, como no modelo.

~~foi~~	passará	vindo	viu	adianta
será	vem	vê	há	fugir
passa	indo	é	muda	mentir

Verbo	Pessoa e número	Tempo e modo	Infinitivo
foi	3ª pessoa do singular	pretérito perfeito do indicativo	ser ou ir

200

Atividades

O Príncipe Sapo é um conto de fadas da literatura folclórica (criada pelo povo), cujo primeiro registro foi feito no começo do século XIX, pelos irmãos Grimm. Leia um trecho desse conto.

TEXTO 1

O Príncipe Sapo

Era uma vez, nos tempos em que os desejos se realizavam, um rei cujas filhas eram todas belas. A mais nova, no entanto, era tão bela que até mesmo o Sol, embora a visse com tanta frequência, se encantava cada vez que ela saía à sua luz.

Perto do castelo desse Rei havia uma grande e sombria floresta. Lá, bem no centro, encontrava-se uma velha limeira, abaixo de cujos galhos respingava uma pequena fonte; e então, sempre que fazia muito calor, a filha mais nova do Rei **escapulia** para esse bosque e se sentava ao lado da fonte; e, quando estava **entediada**, muitas vezes se distraía jogando ao ar e agarrando de volta uma bola de ouro. Era esse o seu passatempo favorito.

Porém, certo dia, aconteceu que, ao ser atirada ao ar pela filha do rei, essa bola de ouro não caiu em suas mãos, mas na grama, e rolou para dentro da fonte. Ela seguiu a bola com os olhos, até que esta desapareceu na água. E a água era tão profunda que não se podia ver o fundo. Então a filha do rei se lamentou e começou a chorar mais e mais alto; enquanto ela chorava, uma voz a chamou:

— Por que choras, ó filha do rei? Tuas lágrimas **enterneceriam** até mesmo uma rocha.

Ela olhou de volta para o lugar de onde veio a voz, e viu um sapo esticando sua grossa e feia cabeça para fora da água.

— Ah! Seu velho remador das águas — ela disse. — Foi você quem falou? Eu choro por minha bola de ouro, que escapou e caiu dentro da fonte.

— Faz silêncio e para de chorar — respondeu o Sapo. — Posso dar-te uma bela ajuda. Mas o que me darás se eu tiver êxito em buscar seu brinquedo de volta?

— Do que você gostaria, querido Sapo? — ela disse. — Meus vestidos, minhas pérolas e joias, ou a coroa de ouro que eu uso?

E o Sapo respondeu:

— Vestidos, ou joias, ou coroas de ouro não me servem. Mas se me amares, e deixares eu ser tua companhia e amigo, e me sentar à tua mesa, comer em teu prato de ouro, beber de teu copo, e dormir em tua pequena cama, se me prometeres tudo isso, então mergulharei e trarei de volta tua bola de ouro.

— Oh, prometo tudo — ela disse —, se você buscar minha bola de ouro.

[...]

GRIMM, Irmãos.

Vocabulário
Entediado: aborrecido, chateado.
Enternecer: sensibilizar.
Escapulir: deixar escapar.

1 Releia o começo do conto e responda ao que se pede.

a) Com qual expressão o conto *O Príncipe Sapo* se inicia?

b) Essa expressão é muito usada para iniciar que gênero de texto?

c) Qual é o verbo que aparece nessa expressão e em que tempo ele foi usado?

d) Que noção esse tempo verbal nos traz?

2 Quais personagens do conto são comuns nesse gênero de texto?

_____

Releia a seguir o pedido que o Sapo fez à princesa.

– Vestidos, ou joias, ou coroas de ouro não me servem. Mas se me amares, e deixares que eu seja tua companhia e amigo, e que me sente à tua mesa [...], então mergulharei e trarei de volta tua bola de ouro.

3 O que podemos deduzir a respeito do Sapo e do que ele queria de verdade?

_____

_____

4 Vimos que os verbos podem expressar: ações, processos, estados, mudanças de estado e fenômenos meteorológicos. No texto lido, para trazer a bola de volta, o Sapo impôs condições:

– Vestidos, ou joias, ou coroas de ouro não me servem. Mas se me amares, e deixares eu ser tua companhia e amigo, e me sentar à tua mesa, comer em teu prato de ouro, beber de teu copo, e dormir em tua pequena cama, se me prometeres tudo isso, então mergulharei e trarei de volta tua bola de ouro.

a) Indique os verbos desse trecho que definem as ações que a princesa teria de fazer para cumprir as condições impostas pelo Sapo.

_____

b) Agora transcreva os verbos que definem as ações que o Sapo teria de fazer para cumprir a parte dele no trato. Em que tempo estão?

_____

c) Por que, nesse momento da história, o Sapo usou esse tempo verbal?

_____

d) Copie agora os verbos desse parágrafo que estão no infinitivo.

_____

e) Nessas palavras no infinitivo estão marcadas as noções de tempo e modo? Como isso se relaciona ao compromisso que seria assumido entre a princesa e o Sapo?

_____

5 No trecho a seguir, indique o tempo ou a forma de cada verbo destacado (escolha entre pretérito perfeito do indicativo, infinitivo e presente do indicativo).

[...] Então a filha do Rei se **lamentou** e **começou** a **chorar** mais e mais alto; enquanto ela chorava, uma voz a **chamou**:
– Por que **choras**, ó filha do Rei? Tuas lágrimas enterneceriam até mesmo uma rocha.

_____

_____

6 Releia os dois primeiros parágrafos do texto e faça o que se pede.

a) Indique todos os verbos desses dois parágrafos. Depois, responda: Quantos deles estão no pretérito imperfeito do indicativo?

_____

_____

_____

b) A escolha desse tempo e modo verbal predominante se explica porque, no parágrafo, são contadas ações passadas que:

I. ☐ foram concluídas em certo ponto do passado.

II. ☐ se repetiam sempre no passado, como um hábito.

7 No terceiro parágrafo (linha 9) há uma mudança no tempo verbal. Releia-o e faça o que se pede.

a) Indique os verbos desse parágrafo e o tempo verbal que predomina nesses verbos.

_____

_____

b) Assinale a alternativa correta. As ações passadas contadas nesse trecho:

I. ☐ repetiam-se sempre no passado, como um hábito.

II. ☐ terminaram em certo ponto do passado.

c) Que palavra introduz esse terceiro parágrafo e marca a mudança da descrição de ações habituais para a narração de fatos novos? _____

8 Para falar com a princesa, o Sapo usa os verbos:

a) ☐ na primeira pessoa do singular.

b) ☐ na segunda pessoa do singular.

c) ☐ na terceira pessoa do plural.

Leia o verbete a seguir de um conhecido dicionário da língua portuguesa.

TEXTO 2

▶ **pessoal**

- **adjetivo de dois gêneros:** 1. relativo a pessoa Ex.: *obrigações* p. 2. que é próprio e particular de cada pessoa Ex.: *convite* p. 3. exclusivo de certa pessoa; individual. Ex.: *assunto* p. 4. **Rubrica: gramática** diz-se de pronome que representa pessoa gramatical.
- **substantivo masculino:** 5. conjunto de pessoas que trabalham num serviço ou num estabelecimento; conjunto de indivíduos reunidos por qualquer motivo Exs.: *o p. da limpeza urbana/o p. do bar*. 6. **Uso: informal**. a turma, a família, os amigos Exs.: *o p. da vizinhança apareceu lá em casa/saiu para passear com seu p.*
Sinônimos (adj.) característico, conveniente, específico, inato, individual, natural, particular, peculiar, privativo, próprio, respectivo, típico.

HOUAISS, Antônio; VILLAR, Mauro de Salles. *Dicionário Houaiss da Língua Portuguesa*. Rio de Janeiro: Objetiva, 2001. p. 2201, 2314.

203

9 Examine os sentidos (acepções) **1** a **6** do verbete e indique em qual deles a palavra **pessoal** está sendo usada nas frases a seguir. Indique também a classe de palavras à qual cada uma pertence.

a) A palavra "ela" é um pronome **pessoal** do caso reto.

_____

b) Márcio tinha um problema **pessoal** para resolver e teve de sair mais cedo.

_____

c) Para entrar nessa festa, é preciso ter um convite **pessoal**.

_____

d) Quero chamar o **pessoal** da capoeira para a festa de Talita.

_____

e) Veja quantas preocupações **pessoais** nos traz a maternidade.

_____

f) Vou falar com o **pessoal** do refeitório para abrir mais cedo amanhã.

_____

10 Reescreva as frases a seguir trocando o adjetivo **pessoal** por uma palavra de sentido semelhante (sinônima).

a) Esse é um drama **pessoal** que ela tem de enfrentar sozinha.

_____

b) A escolha da cor do vestido depende muito do gosto **pessoal**.

_____

c) Ilma é minha treinadora **pessoal**.

_____

11 **Jogo do dicionário**. A turma será organizada em grupos de três ou quatro alunos. Cada aluno receberá uma palavra, de modo que um grupo deve dar conta de três ou quatro substantivos. Os alunos devem pesquisar no dicionário o sentido de todas as palavras, principalmente daquelas que desconhecem, além do gênero, pois devem empregá-las em frases.

Ao serem chamados por ordem (grupo 1, grupo 2 etc.), cada grupo vai colar (ou escrever) uma de suas palavras no quadro e explicar à turma o que ela significa.

As palavras devem ser organizadas em colunas e seguir a ordem alfabética. Ao final, todas as palavras estarão coladas no quadro. Cada grupo será desafiado a ler para a turma uma frase ou parágrafo que tenha criado utilizando uma das palavras com que trabalhou.

> Lista de palavras: aeronave, belicoso, borralha, destinatário, dobrado, encarapitar, faríngeo, imaterial, oligarquia, passagem, processo, revogável, tranquilizar, voluntarioso, xerife.

Retomar

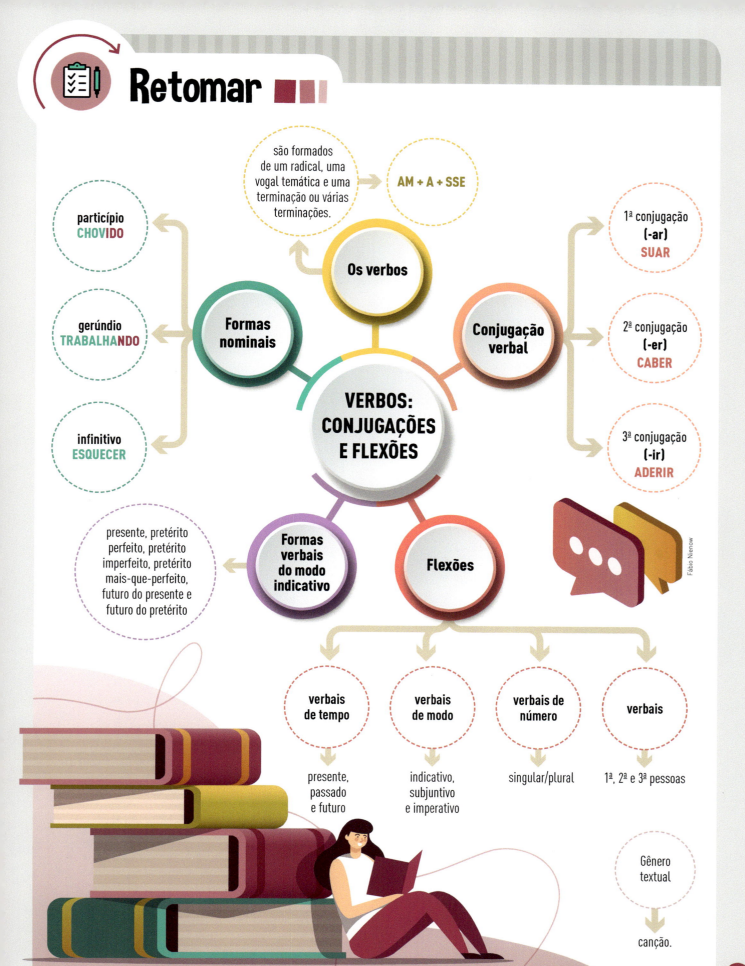

UNIDADE 7

O aquecimento global registrado atualmente supera em velocidade e extensão qualquer evento climático registrado nos últimos 2 mil anos. [...] A pesquisa indica que o atual aquecimento global é mais alto que qualquer outro observado anteriormente. [...]
Segundo os pesquisadores [...] afeta praticamente todo o mundo.
[...] as causas naturais não são suficientes [...] para realmente causar o padrão espacial e a taxa de aquecimento que estamos observando agora [...].

AQUECIMENTO do planeta já é o maior evento climático em 2 mil anos, indica pesquisa. BBC. 25/7/2019. Disponível em: https://g1.globo.com/natureza/noticia/2019/07/25/aquecimento-do-planeta-ja-e-o-maior-evento-climatico-em-2-mil-anos-indica-pesquisa.ghtml. Acesso em: 26 nov. 2019.

Pronome

Leia a adivinha.

Adivinha

O mundo inteiro na sua mão,
preto e branco ou colorido,
vamos, diga quem sou eu,
com este olhar de vidro?

CAPPARELLI, Sérgio.
Gentilmente cedido pelo autor.

1. Qual é a característica principal do gênero de texto adivinha?
2. Nessa adivinha, é preciso descobrir quem está falando. No lugar do nome de quem fala, que palavra aparece?
3. Você descobriu a resposta? Confira no rodapé da página.

Gênero em foco — Adivinha

A **adivinha** é um texto que faz uma brincadeira, geralmente oral, estruturado com dicas que possibilitam a dedução da resposta, embora o objeto, a ideia, o fato ou o ser seja apresentado de forma figurada, para dificultar a descoberta. A construção de uma adivinha requer jogos de palavras e associações de ideias, de preferência ambíguas, para confundir quem tenta decifrá-las. É também chamada de adivinhação, charada, enigma.

As palavras **eu**, **este**, **sua** e **você** pertencem a uma mesma classe gramatical. É a classe dos pronomes, que vamos conhecer agora.

Pronome é mais uma das dez classes de palavras da língua portuguesa.

Eles se referem aos participantes de um discurso (ou de uma fala).

Você já sabe que as pessoas do discurso são os três diferentes participantes de uma comunicação.

Sempre que dizemos ou escrevemos algo, três pessoas do discurso podem estar envolvidas:

quem fala ou escreve	**1ª pessoa do discurso**
quem ouve ou lê, a quem eu me dirijo	**2ª pessoa do discurso**
aquele ou aquilo sobre quem ou o que eu falo ou escrevo (e que não está envolvido nesta troca)	**3ª pessoa do discurso**

Televisão ou computador.

Leia a charge a seguir.

Vocabulário

Abestamento: ato ou efeito de abestar-se, tornar-se tolo, bobo.
Aquecimento: elevação da temperatura.

CAZO, Luiz Fernando. *Humor político*, 14 ago. 2019. Disponível em: www.humorpolitico.com.br/cazo/julho-de-2019-foi-o-mes-mais-quente-da-historia. Acesso em: 8 jan. 2020.

1 A quem se refere o pinguim ao dizer: "Temos que nos preocupar com o abestamento global"?

_____

_____

2 Observe o ambiente em que estão os pinguins e explique por que um deles considera o outro abestado, bobo.

_____

_____

_____

3 Distribuímos na tabela da página seguinte os pronomes destacados nas frases a seguir, retiradas da charge. Complete as linhas da tabela escrevendo no lugar correto os pronomes que faltam.

Eu não **me** preocupo com o aquecimento global,
quem fala (nesse caso, refere-se a si próprio)

[...] sei que **ele** não existe.
de quem ou do que se fala

[**Nós**] temos que **nos** preocupar [...]
quem fala (nesse caso, refere-se a si próprio e a outras pessoas que estão na mesma situação)

Pessoa do discurso	Singular	Plural
1ª pessoa	/	/
2ª pessoa	tu/você	vós/vocês
3ª pessoa	/ela	eles/elas

As pessoas do discurso podem não ser "pessoas". O discurso pode ser uma conversa imaginária entre animais ou objetos, na qual aparecem, do mesmo modo: um falante (primeira pessoa), um ouvinte (segunda pessoa) e algo ou alguém de quem se fala (terceira pessoa).

> **Pronome** é a palavra variável que substitui ou acompanha o nome (substantivo), relacionando-o às pessoas do discurso. Os pronomes também remetem a palavras ou orações que apareceram anteriormente no mesmo texto.

Variação dos pronomes

> O **pronome** é uma palavra variável, isto é, ele é flexionado para indicar alterações de gênero (feminino ou masculino) e de número (singular ou plural), como o substantivo.

Observe:

[...] sei que **ele** não existe.

Sei que **eles** não existem.

Para alterar o número (ele/eles), bastou flexionar o pronome. Se fosse preciso mudar o gênero, também bastaria flexioná-lo (ele/ela, eles/elas).

Funções dos pronomes

Quanto a sua função nas frases, o pronome pode ser o centro ou núcleo de uma expressão nominal, fazendo o papel de substantivo (pronome substantivo – PS).

O pronome também pode acompanhar substantivos, caracterizando-os ou modificando-os, fazendo o papel de adjetivo (pronome adjetivo – PA).

> **Ele** não acredita que o aquecimento global possa prejudicar **nosso** planeta.

No período acima, **ele** é um pronome substantivo e **nosso** é um pronome adjetivo, porque acompanha o substantivo **planeta**.

Pronome pessoal

Os pronomes pessoais representam as pessoas do discurso e funcionam sempre como substantivos (pronomes substantivos – PS), substituindo-os.

Eles podem ser **retos** (ou do caso reto) ou **oblíquos** (ou do caso oblíquo).

Pronomes pessoais retos

Os pronomes pessoais retos geralmente precedem os verbos e indicam de quem ou de que se fala ou se declara alguma coisa.

> **Eu acredito** na importância da preservação da natureza.
> pronome   verbo

Pessoa	Número	Pronome reto	Pessoa	Número	Pronome reto
1ª pessoa	do singular	eu	1ª pessoa	do plural	nós
2ª pessoa	do singular	tu	2ª pessoa	do plural	vós
3ª pessoa	do singular	ele, ela	3ª pessoa	do plural	eles, elas

Tanto os pronomes pessoais quanto os verbos podem ser flexionados em pessoa e número. Nas frases, os pronomes e os verbos se relacionam e concordam entre si.

Pessoa	Número	Pronome	Verbo
1ª pessoa	do singular	eu	jogo
2ª pessoa	do singular	tu	corres
3ª pessoa	do singular	ele, ela (você)	pesca
1ª pessoa	do plural	nós	escalamos
2ª pessoa	do plural	vós	discursais
3ª pessoa	do plural	eles, elas (vocês)	ganham

Uso do pronome pessoal reto tu e do pronome de tratamento você

Atualmente, em muitos lugares do Brasil, são usados os pronomes **você/vocês** em vez dos pronomes pessoais **tu/vós**. Perceba que **você** e **vocês** também se referem à segunda pessoa (com quem se fala), mas o verbo vai para a terceira pessoa. Mais adiante, você conhecerá outros pronomes como esses, chamados pronomes de tratamento.

- Você toca piano?   em vez de   Tu tocas piano?
- Vocês tocam guitarra?   em vez de   Vós tocais guitarra?

Nós e a gente

Também é comum, na linguagem informal ou coloquial, a substituição do pronome pessoal **nós** pela expressão **a gente**, que passa a funcionar como um pronome, com o sentido de nós, mas o verbo vai para a terceira pessoa do singular.

- Nós **encontramos** o André na praça.
  verbo na 1ª pessoa do plural

- A gente **encontrou** o André na praça.
  verbo na 3ª pessoa do singular

Nos textos em que é empregada a linguagem-padrão, devemos preferir a forma **nós**.
No *Dicionário Houaiss da Língua Portuguesa* há, entre outros, estes dois sentidos para a palavra **gente**:

1. Expressão **a gente**: a pessoa que fala em nome de si própria e de outro(s); nós.
2. Palavra **gente**: os habitantes de uma região, país etc.; povo.

1 Nas frases a seguir, indique em qual dos dois sentidos a expressão foi usada.

a) [ ] **A gente** prefere vir de metrô, o ônibus demora muito.

b) [ ] Não sei se **a gente** da outra rua está sabendo da nossa festa junina.

c) [ ] O prefeito conseguiu diminuir os casos de dengue porque **a gente** da cidade o ajudou muito.

d) ☐ **A gente** não pode esquecer de levar a Caderneta de Vacinação dos meninos!

e) ☐ **A gente** de outros países vem ao Brasil para assistir à Copa do Mundo de Futebol.

f) ☐ Ela agradeceu porque **a gente** ajudou na limpeza do salão.

Fique atento ■■■

Atenção para não confundir **agente** com **a gente**.
Agente é um substantivo, derivado do verbo **agir**.
• O **agente** secreto descobriu o esconderijo do malfeitor.
A gente, você já sabe, pode ser o mesmo que **nós** ou pode ser o substantivo **gente** precedido de artigo.
• **A gente** desta comunidade é muito animada!
• Ela quer que **a gente** chegue cedo para receber o pessoal.

Vós e você/vocês

Antigamente, o pronome pessoal **vós** era usado com mais frequência.

Hoje, ele só é empregado em situações ou textos mais formais, como os jurídicos, políticos e bíblicos. Com ele, nos dirigimos, de modo cerimonioso, a um grupo de pessoas (segunda pessoa do plural):

> **Enquanto quis fortuna que tivesse**
>
> Ó **vós** que Amor obriga a ser sujeitos
> A diversas vontades! Quando lerdes
> Num breve livro casos tão diversos,
> [...]
>
> CAMÕES, Luís Vaz de (1524-1580).

Gravura de Camões feita por Carretero.

Em casos mais raros, usamos **vós** para nos dirigir a uma só pessoa (segunda pessoa do singular):

> **Não sei quem em vós mais vejo**
>
> Não sei qu'em **vós** mais vejo; não sei que
> mais ouço e sinto ao rir vosso e falar;
> não sei qu'entendo mais, té no calar,
> nem quando vos não vejo a alma que vê;
> [...]
>
> MIRANDA, Francisco de Sá de (1481-1558).

No dia a dia, esse pronome foi substituído pelos pronomes **você/vocês** ou **senhor(es)/senhora(s)**.

> Vós vos preparastes para este tão esperado encontro?
> Os senhores se prepararam para este tão esperado encontro?

Pronomes pessoais oblíquos

Leia a tirinha a seguir.

TEIXEIRA, José James. Tirinhas do Zé. Feio, n. 1728.

Na tirinha, dois personagens conversam: o de calça azul (**I**) e o de paletó branco (**II**).

1 No primeiro quadrinho, o personagem **I** usa dois pronomes. Quais? _____

2 Quem ele acha feio? _____

3 No segundo quadrinho, começa a confusão entre o sentido de três pronomes, o que resulta no humor da história. Quais são esses pronomes?
_____

4 Como o personagem **I** reagiu ao que disse o personagem **II** no último quadrinho?
_____

5 Os pronomes que você citou na atividade 3 completam, na história, o sentido de um verbo. Qual?
_____

Me, **te** e **se** são pronomes oblíquos.

Os pronomes oblíquos acompanham e completam o sentido dos verbos e podem ser posicionados antes ou depois deles.

Ele **me** acha feio e disse isso para **mim**!
pronome verbo   verbo   pronome

Os pronomes oblíquos são de dois tipos: **átonos** e **tônicos**.

Pronomes pessoais oblíquos

Pessoa	Número	Átonos	Tônicos
1ª pessoa	do singular	me	mim, comigo
2ª pessoa	do singular	te	ti, contigo
3ª pessoa	do singular	se, lhe, o, a	si, consigo

Pessoa	Número	Átonos	Tônicos
1ª pessoa	do plural	nos	nós, conosco
2ª pessoa	do plural	vos	vós, convosco
3ª pessoa	do plural	se, lhes, os, as	si, consigo, eles, elas

Os **pronomes pessoais oblíquos tônicos** são sempre precedidos de palavras como **de**, **com**, **para**, **sem**, **a**, **após**, **até**, **desde**, **em** etc. (chamadas preposições).

- Lucinha ia **comigo**, mas preferiu ir <u>com</u> **eles**.
- Assim, Valéria só engana <u>a</u> **si** mesma.
- O lance do gol provocou discordância <u>entre</u> **elas**.
- Elisa fez um desenho <u>para</u> **mim**.

Os **pronomes pessoais oblíquos átonos** são usados sem preposições.

- Precipitei-**me** quando vi que já era tarde.
- Paulo **se** assustou.
- Elisa **o** chamou para a festa?

Nos casos em que os pronomes pessoais oblíquos átonos **o**, **a**, **os**, **as** estão logo depois do verbo (o que chamamos de **ênclise**), eles devem ser ligados aos verbos por hifens e podem aparecer também de outras formas. Veja:

Forma	Onde	O que acontece	Exemplos	
no, **na**, **nos**, **nas**	depois de verbos terminados em **m**, **ão** ou **õe**	acrescentam-se os pronomes depois do verbo	Fazem **o menino** desistir sempre.	Fazem-**no** desistir sempre.
lo, **la**, **los**, **las**	depois de verbos terminados nas consoantes **r**, **s** ou **z**	acrescentam-se os pronomes e, nos verbos, as consoantes **r**, **s** ou **z** são suprimidas; nas oxítonas, as vogais **a**, **e** ou **o** finais levam acento gráfico	Preciso faz<u>er</u> **a prova** hoje.	Preciso fazê-**la** hoje.
lo, **la**, **los**, **las**	depois de verbos terminados com a vogal **i** em hiato	essa vogal também leva acento gráfico	Precisamos substit<u>uir</u> o professor de Geografia que está doente.	Jorge vai substituí-**lo**.

Outros exemplos:

Bruno queria muito achar <u>seu brinquedo novo</u>.
Ontem encontrei-**o** debaixo da cama.

Fala-se na <u>chegada de um furacão</u> à costa leste americana.
Os noticiários dão-**na** como provável.

Queríamos falar com <u>seu irmão</u>.
Vimo-**lo** ontem na palestra.

213

6 Siga o exemplo.

> acharam **a saída** → acharam-**na**

a) comprar **o caderno** _____

b) dão **os presentes** _____

c) dizer **os versos** _____

d) encontramos **o caminho** _____

e) partir **a torta** _____

f) pediram **o trabalho** _____

g) põe **o casaco** _____

h) pus **o boné** _____

i) traz **o vestido** _____

Os pronomes pessoais oblíquos átonos também podem ser usados no meio do verbo (o que chamamos de **mesóclise**).

> Dessa forma, a autora sentir-**se**-á prejudicada.
> verbo pronome parte do verbo

A mesóclise só é possível com o verbo no futuro do presente ou no futuro do pretérito do indicativo. Somente vamos encontrá-la em certos textos mais formais.

> Estamos fazendo uma pausa no tratamento.
> Recomeçá-**lo**-emos no próximo mês. (= Recomeçaremos **o tratamento**...)
> verbo pronome (OD)   verbo   OD

E os pronomes pessoais oblíquos átonos podem ainda ser usados antes do verbo (o que chamamos de **próclise**).

> Ele **me** pediu que fechasse a porta.
>   verbo

Veja alguns casos em que a norma-padrão exige o uso da próclise.

• Nas orações que contêm uma palavra negativa (**não, nunca, nada, ninguém** etc.) quando não há nada entre essa palavra e o verbo:

> Ninguém **me** mostrou esse livro!
> Não **me** diga isso!

• Nas orações iniciadas com palavras interrogativas:

> Quem **me** chamou?
> Por que **nos** pediram ajuda?

• Nas orações que começam por palavras exclamativas:

> Que a Força **te** acompanhe!

Figura de cera do mestre Yoda, da saga americana Star Wars. Alemanha, 2015.

O português falado e escrito no Brasil tem hoje algumas características diferentes do português que se fala e se escreve em outros lugares do mundo. A colocação dos pronomes oblíquos é um desses aspectos e marca bem esse tipo de diferença, principalmente entre Brasil e Portugal.

Em Portugal, a ênclise do pronome pessoal oblíquo átono é mais comum.

> Obrigou-**me** a dizer-**lhe** tudo.

No Brasil, na língua falada e mesmo na escrita menos formal (de jornais, revistas e até de bons escritores), damos preferência à próclise do pronome oblíquo átono.

[...]
Tudo ele contou pro homem e depois abriu asa rumo de Lisboa. E o homem sou eu, minha gente, e eu fiquei pra vos contar a história. Por isso que vim aqui. **Me** acocorei em riba destas folhas, catei meus carrapatos, ponteei na violinha e em toque rasgado botei a boca no mundo cantando na fala impura as frases e os casos de Macunaíma, herói de nossa gente.
Tem mais não.

ANDRADE, Mário de. *Macunaíma, o herói sem nenhum caráter*. São Paulo: FTD, 2016.

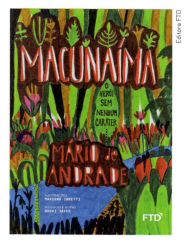

Mário de Andrade. São Paulo, início da década de 1940.

Mário de Andrade, importante escritor que teve papel decisivo na implantação do Modernismo no Brasil, procurou pôr em prática seu projeto de renovação cultural do país. Aliando pesquisas da tradição brasileira e das vanguardas do mundo todo, Mário procurou empregar em sua obra, entre outros aspectos, uma *língua brasileira*.

7 Em seu caderno, reescreva as frases trocando as expressões destacadas por pronomes pessoais oblíquos tônicos. Lembre-se de que eles são sempre precedidos das preposições **de**, **com**, **para**, **sem**, **a**, **após**, **até**, **desde**, **em** etc. Observe o modelo.

> Ele **me** deu um presente.
> Ele deu um presente **para mim**.

a) Por favor, não se esqueça **da minha pessoa** quando comprar os sorvetes!
b) Ele não acreditou **na minha pessoa**.
c) Sua mãe avisou que você vai voltar **com meus pais e eu**.
d) Duda vai demorar, vou fazer o bolo **sem o Duda**.

Fique atento

Para mim ou para eu? (Pronome oblíquo ou átono?)

Para ter certeza de quando usar **para eu** ou **para mim**, é só lembrar das duas dicas a seguir.

1. **Eu** é um pronome do caso reto e **precede** o verbo (sujeito):
• para eu fazer;
• para eu comprar.

2. **Mim** é um pronome do caso oblíquo e **complementa** o verbo:
• comprou o vestido para mim;
• ensinou a matéria para mim.
Veja a diferença:
• Deu o bolo para **eu provar**./ Deu a primeira fatia de bolo **para mim**.
• Ditou o texto **para eu escrever**./ Ditou o texto **para mim**.

As palavras **de, com, para, sem, a, após, até, desde, em** etc. exigem o uso do pronome pessoal oblíquo tônico, exceto quando esse pronome vier logo antes de um verbo.

Leia o texto sobre o menino que criou um *game* ecológico.

Menino cria *game* que alerta para risco de extinção dos saguis

Nathan Viégas, de 10 anos, decide unir paixão pela tecnologia e consciência ecológica. Jogo é apresentado em evento na Barra

Apaixonado por tecnologia e pela natureza, o pequeno Nathan Viégas, de apenas 10 anos, usou o seu conhecimento para alertar o mundo para o risco de desaparecimento do sagui-da-serra-escuro, cujo nome científico é *Callithrix aurita*. Aluno de um curso de programação, ele criou um *video game* [...] apresentado no evento Game XP, [...] no Parque Olímpico, na Barra da Tijuca.

Precoce. Depois do jogo sobre saguis, Nathan já faz planos para o futuro: "Quero ser programador e cientista".

— O objetivo é pegar o máximo de auritas em 60 segundos — explica Nathan. — Mas você é penalizado se pegar lixo, caçador ou fogo.

A inspiração veio de um amigo da família, que participa do Programa de Conservação dos Saguis-da-Serra, que atua na preservação de duas espécies de saguis da Região Sudeste. Pouco conhecido do público, o *C. aurita* é considerado **vulnerável** pela União Internacional para a Conservação da Natureza, que alerta para a queda acelerada da população.

— Eu criei o jogo para que as pessoas conheçam os auritas — diz Nathan, que, pela raridade do animal, nunca viu um ao vivo, só em fotos. — Os humanos entram nas florestas onde eles moram, por isso eles estão desaparecendo.

A avaliação de risco de extinção do Instituto Chico Mendes de Conservação da Biodiversidade (ICMBio) estima que existam cerca de 10 mil animais da espécie espalhados por São Paulo, Rio de Janeiro e Minas Gerais. Em 18 anos, a população caiu à metade, devido à ação humana e ao aparecimento de espécies invasoras.

O jogo criado por Nathan foi um dos vencedores do Desafio Change The World – Game XP, realizado pela escola de programação Code Buddy. Toda a programação foi feita por ele, mas Nathan confessa que pediu ajuda à mãe, Miriam Viégas, com as imagens.

[...]

Sagui-da-serra-escuro (*Callithrix aurita*).

Vocabulário

Precoce: que desenvolveu certas habilidades antes da idade normal.
Sagui: nome comum a pequenos macacos florestais dotados de cauda longa, pelagem macia e densa, que vivem em pequenos grupos e se alimentam de insetos e frutas.
Vulnerável: frágil.

MATSUURA, Sérgio. *O Globo*, Rio de Janeiro, 26 jul. 2019. p. 28.

8 Segundo o texto, o que é um aurita?

_____

9 O que tem acontecido com essa espécie nos últimos 18 anos, de acordo com a avaliação de risco de extinção do ICMBio?

_____

10 Segundo o texto, como se pode explicar essa diminuição da quantidade de animais?

11 De que forma o jogo criado por Nathan pode contribuir para o cuidado com nosso planeta?

12 Reescreva as frases substituindo os complementos sublinhados a seguir por pronomes pessoais oblíquos. Explique, em cada caso, se você usou um pronome átono ou tônico.

a) O pequeno Nathan Viégas **usou** o seu conhecimento.

b) A inspiração **veio** de um amigo da família.

c) [...] que **alerta** para a queda acelerada da população.

d) Eu **criei** o jogo.

e) **Pediu** ajuda à mãe com as imagens.

Pronome de tratamento

Leia a tirinha a seguir.

SOUSA, Mauricio de. *Turma da Mônica – Penadinho*. Tira 199.

1 Segundo o próprio relato, como morreu o fantasma que fala no primeiro quadrinho?

2 Já a arvore diz que também morreu queimada, mas que não foi um acidente. Como podemos interpretar essa afirmação?

3 Copie todos os pronomes pessoais usados no primeiro quadrinho e classifique-os.

217

4 Os pronomes usados no primeiro quadrinho referem-se a qual pessoa do discurso?

_____

5 No segundo quadrinho, para se referir à segunda pessoa (aquele com quem ele está falando), que palavra o fantasma Penadinho usa?

_____

6 Essa tira nos faz pensar em um problema atual e bastante sério. Qual?

_____

_____

7 Na tabela estão algumas das formas verbais usadas na tira. Complete-a de acordo com o que é pedido.

	Tempo	Pessoa	Número	Infinitivo	Conjugação
a) dei					
b) havia					
c) morri					
d) foi					

8 Em que tempo está flexionada a maioria dos verbos usados na tirinha? Por que foi escolhido esse tempo verbal?

_____

_____

9 Reescreva o primeiro quadrinho da tirinha passando os verbos para o presente do indicativo.

_____

_____

10 Qual é o efeito do emprego do presente do indicativo para narrar uma história que aconteceu no passado?

_____

_____

11 Reescreva as palavras do segundo quadrinho imaginando que Penadinho estivesse conversando com várias árvores queimadas.

_____

12 Em "Como você morreu", em que forma o verbo está flexionado com relação à pessoa do discurso? Mas a qual pessoa do discurso ele se refere?

_____

_____

13 Complete com as palavras apropriadas.

A palavra **você** refere-se à _____ pessoa (o interlocutor), mas o verbo que

a acompanha está flexionado na _____ pessoa.

Para designar a segunda pessoa do discurso (isto é, a pessoa com quem falamos), podemos empregar também certas palavras ou locuções que indicam o modo pelo qual devemos nos referir a nosso interlocutor de acordo com a situação comunicativa. Essas palavras ou locuções são os **pronomes de tratamento**. Por exemplo:

> você   senhor   Vossa Excelência

Os **pronomes de tratamento** designam a pessoa **com quem se fala** (isto é, a segunda pessoa), mas, mesmo assim, **levam o verbo para a terceira pessoa**.

Geralmente, os pronomes de tratamento indicam cortesia, cerimônia, reverência. Entretanto, o **você**, que já se generalizou entre nós, indica familiaridade, informalidade e se comporta quase como um pronome pessoal.

Escolhemos o pronome de tratamento conforme nosso grau de proximidade ou de cerimônia com o interlocutor ou destinatário.

Por exemplo, usamos:

- você → para um interlocutor mais íntimo, com quem temos uma relação informal;
- senhor → para um interlocutor menos próximo ou de mais cerimônia.

Conheça outros pronomes de tratamento e as situações em que devemos empregá-los.

Pronome	Abreviatura	Usado para	Pronome	Abreviatura	Usado para
você	v.	tratamento coloquial	Vossa Excelência	V. Ex.ª	altas autoridades
senhor, senhora	Sr., Sra.	tratamento respeitoso	Vossa Majestade	V. M.	reis, imperadores
Vossa Alteza	V. A.	príncipes, duques	Vossa Santidade	V. S.	papas
Vossa Eminência	V. Em.ª	bispos e cardeais	Vossa Senhoria	V. S.ª	autoridades, pessoas de cerimônia

Fique atento ■■▮

Usamos as formas Vossa Alteza, Vossa Majestade, Vossa Excelência etc. quando nos dirigimos à pessoa, ou seja, quando falamos com alguém (segunda pessoa).
Usamos as formas Sua Alteza, Sua Majestade, Sua Excelência etc. quando falamos de alguém (terceira pessoa).

Leia o texto da página seguinte e observe os destaques nas formas de tratamento.

Estudantes de Fagundes Varela, na Serra, recebem carta da rainha Elizabeth II

Alunos do 3º ano da Escola Caminhos do Aprender enviaram correspondência para a monarca no mês de julho

Rainha Elizabeth II, 2018.

[...]
LEIA AS CARTAS
"**Vossa Majestade**, Rainha Elizabeth II,

Somos alunos da Escola Municipal Caminhos do Aprender, da cidade de Fagundes Varela, no Brasil. Escrevemos uma carta, pois, através de nosso estudo, surgiu o interesse de saber mais sobre a vida de uma Rainha de verdade. Aprendemos muito sobre a Inglaterra, seus costumes, pontos turísticos, curiosidades e notícias da realeza. Dentre as curiosidades que temos, gostaríamos de saber como **Vossa Majestade** faz para conciliar sua vida de mãe/avó com as responsabilidades da realeza. Em anexo algumas fotos do que estudamos. Respeitosamente, alunos do 3º ano."

A resposta da rainha

"Aos estudantes do 3º ano da Escola Caminhos do Aprender,

A Rainha deseja que eu lhes agradeça por sua carta, na qual contaram a **Sua Majestade** que estudaram [...] os costumes e tradições do Reino Unido e [...] a Família Real. A Rainha espera que vocês tenham gostado dos estudos. **Sua Majestade** ficou feliz em ver as esplêndidas fotografias que vocês enviaram, e apesar de não poder responder pessoalmente, a Rainha se agradou de ouvir notícias de vocês. Eu envio em anexo alguns folhetos informativos para que leiam e eu agradeço muito por vocês manterem **Sua Majestade** em seus pensamentos, isso foi grandemente apreciado.

Dama de companhia"

CARVALHO, Sarah. Estudantes de Fagundes Varela [...]. *Gaúcha ZH*, Porto Alegre, 10 set. 2019. Disponível em: https://gauchazh.clicrbs.com.br/educacao-e-emprego/noticia/2019/09/estudantes-de-fagundes-varela-na-serra-recebem-carta-da-rainha-elizabeth-ii-ck0e71iag003u01tgbjso68yv.html. Acesso em: 11 set. 2019.

Observe o pronome de tratamento **Sua Alteza**, referindo-se a um descendente direto da antiga família real brasileira, Bertrand de Orleans e Bragança, que seria um príncipe, se vivêssemos em um regime monarquista.

X Encontro Monárquico de Minas Gerais

Entre os dias 13 a 15 de novembro, o Príncipe Dom Bertrand de Orleans e Bragança esteve em Belo Horizonte onde participou dos eventos relacionados ao X Encontro Monárquico de Minas Gerais. A programação teve início na noite do dia 13, com a recepção de Sua Alteza em sua chegada a Belo Horizonte. No dia seguinte, o Príncipe visitou o Museu da Força Expedicionária Brasileira onde se encontrou com veteranos da Segunda Guerra. A visita teve um significado especial, pois o Príncipe nasceu na França, durante o exílio, e seu pai, o Príncipe Dom Pedro Henrique, teve a oportunidade de se encontrar, na Cote d'Azur, com membros da **FEB**, logo após o **armistício**.

Vocabulário

Armistício: acordo que suspende uma guerra; trégua.
FEB: sigla de Força Expedicionária Brasileira, força militar brasileira que participou da Segunda Guerra Mundial.

X ENCONTRO monárquico de Minas Gerais. *In*: CASA IMPERIAL DO BRASIL. [20--].Disponível em: www.monarquia.org.br. Acesso em: 23 set. 2019.

14 Complete as lacunas.

O pronome **Sua Alteza** foi usado em lugar de **Vossa Alteza** porque a notícia fala "sobre" Dom Bertrand (_____ pessoa) e não "com" ele (_____ pessoa).

15 O texto informa a respeito de:

a) I. ☐ uma visita   II. ☐ uma conferência   III. ☐ um concerto

durante o/a qual Dom Bertrand participou:

b) I. ☐ de uma recepção à tarde.   II. ☐ de um encontro com veteranos de guerra.   III. ☐ do X Encontro Monárquico de Minas Gerais.

16 Complete a lacuna:

Bertrand de Orleans e Bragança nasceu na França, onde seu pai, _____ Alteza o Príncipe Dom Pedro Henrique, encontrara-se com soldados da FEB.

Pronome possessivo

Leia o texto a seguir e responda às questões.

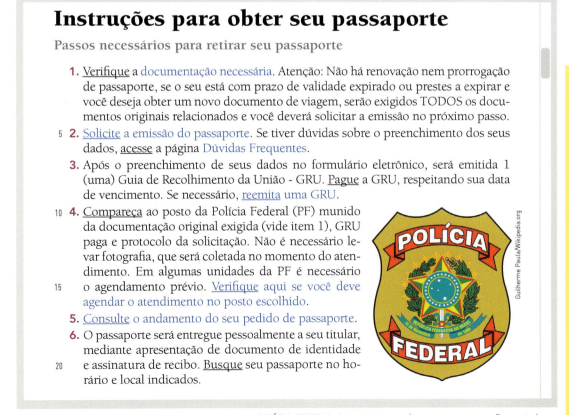

POLÍCIA FEDERAL. *Instruções para obter seu passaporte*. Disponível em: https://servicos.dpf.gov.br/sinpa/home.do. Acesso em: 21 nov. 2019.

> Em textos da internet é comum encontrarmos *hiperlinks*, que são textos ou parte de textos que, quando clicamos neles, somos direcionados para uma página que traz o conteúdo relacionado ao termo destacado. No texto que você leu, as partes em azul representam esses *hiperlinks*.

1 O texto que você leu é um manual de instruções para solicitar um passaporte. As instruções são dadas em ordem cronológica. O que isso quer dizer?

2 Examine os verbos sublinhados no texto. Em que modo eles estão empregados? Por que foi escolhida essa forma verbal?

_____

_____

_____

3 Releia o título do texto e observe a palavra destacada.

> Instruções para obter **seu** passaporte.

a) Qual é a classe da palavra sublinhada? _____

b) O substantivo é o centro de uma expressão nominal. Qual é a palavra que o acompanha _____

c) Qual é a classe gramatical dessa palavra? _____

4 Volte ao texto lido e faça o que se pede.

a) Circule todos os pronomes possessivos que encontrar.

b) Agora, anote a seguir os substantivos que eles acompanham.

_____

A palavra **possessivo** se relaciona ao substantivo **posse**.

Você sabe o que é ter posse de algum objeto? Possuir alguma coisa é ter a propriedade dela e/ou o direito de usá-la.

> Ernesto possui um passaporte diplomático.
> Ernesto é o **possuidor**.
> um passaporte diplomático é o (objeto) **possuído**.

5 Nas frases a seguir, circule o possuidor e sublinhe o possuído.

a) Quinzinho possui uma bicicleta e três bolas de gude.

b) Eles possuem um gato angorá.

c) Hoje eu vou conhecer minha escola nova.

Os pronomes possessivos indicam aquilo que pertence a cada uma das pessoas do discurso. Vamos lembrar quais são as pessoas do discurso.

Quem (ou o que) fala ou escreve	**1ª pessoa do discurso** (eu/nós)
Quem (ou o que) ouve ou lê; a quem eu me dirijo	**2ª pessoa do discurso** (tu/vós, você/vocês, o senhor/os senhores etc.)
Quem (ou o que) não está envolvido nesta troca; sobre quem eu falo ou escrevo	**3ª pessoa do discurso** (ele/eles, ela/elas)

Agora veja a seguir o quadro com os pronomes possessivos. Observe a concordância nominal entre os pronomes e os substantivos.

\multicolumn{6}{c}{Pronomes possessivos}
pessoa do discurso	número	masculino singular	masculino plural	feminino singular	feminino plural
1ª pessoa	do singular	**meu** porte	**meus** súditos	**minha** coroa	**minhas** batucadas
2ª pessoa	do singular	**teu** cachorro	**teus** cadernos	**tua** bola	**tuas** bicicletas
3ª pessoa	do singular	**seu** cachorro cachorro **dele**	**seus** cadernos cadernos **deles**	**sua** bola bola **dela**	**suas** bicicletas bicicletas **delas**
1ª pessoa	do plural	**nosso** cachorro	**nossos** cadernos	**nossa** bola	**nossas** bicicletas
2ª pessoa	do plural	**vosso** cachorro	**vossos** cadernos	**vossa** bola	**vossas** bicicletas
3ª pessoa	do plural	**seu** cachorro cachorro **dele**	**seus** cadernos cadernos **deles**	**sua** bola bola **dela**	**suas** bicicletas bicicletas **delas**

As formas **dele**, **deles**, **dela**, **delas** são feitas por meio da contração da palavra **de** com os pronomes pessoais do caso reto: ele, eles, ela, elas. No português atual, há uma tendência de especialização no uso dessas formas, como descrito a seguir.
- **Seu** (ou **sua**, **seus**, **suas**) é mais usado para se referir a você (ou vocês), ou seja, à pessoa com quem se fala: Maria, sua mãe está chamando!
- **Dele** (ou **dela**, **deles**, **delas**) é mais usado para se referir a **ele** (ou **ela**, **eles**, **elas**), ou seja, à pessoa de quem se fala: Eleonora nos convidou para a festa **dela**.

Leia a tirinha a seguir.

SOUSA, Mauricio de. *Turma da Mônica*. São Paulo: Globo, 2006. p. 32. (Coleção As Melhores Tiras).

6 Na tirinha, parece que a Mônica não entendeu bem o que o Cebolinha disse... Vamos ver por quê.
a) Em "essa formiga consegue carregar um peso três vezes maior que o seu", a quem se refere o pronome **seu**: à formiga ou à Mônica? _____
b) No segundo quadrinho, a quem Mônica atribui o pronome **seu**? _____
c) Explique por que Mônica surpreendeu-se, questionando: "Cento e vinte quilos?".

_____

d) Por meio da interpretação do texto, é possível descobrir o peso de Mônica. Quanto ela pesa?

_____

e) Como o Cebolinha poderia ter falado a frase "essa formiga consegue carregar um peso três vezes maior que o seu" evitando a confusão?

_____

7 Preencha as lacunas com os pronomes possessivos que completam as frases. Escolha a forma adequada, mantendo a concordância com o possuidor e com a coisa possuída.

a) Tuca, eu ontem falei com aquele _____ amigo Duda na escola.

b) Lucas hoje me ajudou a guardar os _____ vestidos e os ternos _____.

c) O professor disse à turma que nós poderemos apresentar _____ projetos à diretora.

d) Queria pedir a você que me emprestasse o _____ caderno porque eu faltei e o _____ está incompleto.

e) José, Helena pediu emprestado o _____ celular porque o telefone _____ enguiçou.

f) Léo, mamãe elogiou o _____ bolo de chocolate. Disse que ficou mais gostoso que o

_____.

Funcionamento dos pronomes possessivos

Quanto a seu papel nas frases, os pronomes possessivos podem ser substantivos ou adjetivos.

Podem ser	Como funcionam	Exemplos
pronomes substantivos (PS)	como centro, núcleo de uma expressão nominal	Este livro é o **meu**. PS
pronomes adjetivos (PA)	acompanhando, caracterizando, modificando os substantivos	**meu** amigo PA **seus** livros PA **tuas** bonecas PA

Disse ao **meu amigo** que **nosso acordo** continua de pé.
PA substantivo   PA substantivo

Provei tudo e concluí que o sanduíche mais gostoso é o **seu**.
PS

1 Dos exemplos anteriores, escolhemos as expressões nominais a seguir. Indique a classe gramatical das palavras sublinhadas segundo os códigos da coluna da direita.

a) o meu amigo _____

b) o nosso acordo _____

c) o sanduíche mais gostoso _____

d) o seu _____

I. artigo definido

II. pronome possessivo funcionando como adjetivo (PA)

III. pronome possessivo funcionando como substantivo (PS)

IV. substantivo

V. adjetivo

Leia o texto a seguir.

http://cienciahoje.org.br/saude-florestal-em-pauta

SAÚDE FLORESTAL EM PAUTA

Fontes de alimentos, energia e praticamente todos os produtos de que fazemos uso, as florestas **suprem** os humanos em muitos sentidos. Elas ocupam cerca de 30% do planeta e, mesmo assim, abusamos de **sua** boa vontade, devastando **sua** saúde. [...]

As sempre comentadas mudanças climáticas globais têm enorme influência sobre a saúde florestal: flo-
5 restas mais quentes tendem a ficar mais doentes. "Isso ocorre porque a quantidade de água fica reduzida, tornando os incêndios mais intensos", explica o cientista [brasileiro Paulo Brando, engenheiro florestal do Instituto de Pesquisa Ambiental da Amazônia (Ipam), estudioso do problema do declínio das florestas causado pelas mudanças globais]. Se, por um lado, é possível observar tendências globais como esta, por outro, a avaliação da saúde das florestas no globo é um desafio sem tamanho. "Se uma árvore está doen-
10 te, é fácil saber. Mas como saber se uma floresta inteira está? Qual é o número exato de árvores doentes para caracterizar uma floresta adoecida?", questiona Brando.

Para o biólogo Jean Remy Guimarães, pesquisador da Universidade Federal do Rio de Janeiro e co-
lunista da *CH On-line*, [...] "É essencial entender a situação atual das florestas para, então, tentar prever como vai ser o futuro delas", diz. "E o futuro delas também é o **nosso**, não é?"

15 [...]

Uma preocupação dos especialistas é que, conforme o clima esquenta, as espécies precisam encontrar novos hábitats para acompanhar o ambiente em mudança. Porém, o estado fragmentado das florestas tropicais pode não permitir esse movimento, levando à extinção de muitas espécies.

De uma maneira geral, ainda é difícil prever como estará a saúde das florestas em um futuro distante.
20 "Isso depende de como será nossa postura daqui em diante: se iremos adotar novas medidas para reverter esse cenário ou continuar com os velhos hábitos", destaca Brando. O engenheiro aponta que, atualmente, o mais importante é compreender o complexo processo que as florestas do planeta estão passando. Apenas estudando a fundo o estado de saúde de **nossas** árvores será possível salvá-las. "Criar políticas de proteção a essas queridas aliadas já seria um bom começo", arrisca.

LEITE, Valentina. Saúde florestal em pauta. *Ciência Hoje*, 20 ago. 2015.
Disponível em: http://cienciahoje.org.br/saude-florestal-em-pauta. Acesso em: 11 set. 2019. (Grifo nosso).

2 O texto afirma que as mudanças climáticas globais têm grande influência na saúde florestal. Por que florestas mais quentes tendem a ficar mais doentes?

_____

3 Você concorda com o biólogo Remy Guimarães quando ele diz que ¨o futuro delas [das florestas] também é o nosso¨? Por quê?

> **Vocabulário** 🔖
>
> **Suprir:** dar o necessário para a manutenção da vida.

_____

4 No trecho que você leu, fala-se do perigo de extinção de muitas espécies animais em consequência das mudanças no ambiente de florestas. Explique essa afirmação.

_____

_____

5 A saúde das florestas no futuro "depende de como será nossa postura daqui em diante", afirma Brando. Esclareça que hábitos antigos ou novas medidas seriam esses. *atividade oral*

6 Como se classificam os pronomes assinalados no texto?

_____

7 Observe o emprego desses pronomes no texto e responda: Eles estão funcionando como pronomes substantivos ou pronomes adjetivos? Explique sua resposta.

_____

_____

_____

8 Observe os pronomes possessivos adjetivos destacados no texto e, para cada um deles, indique o possuidor e a coisa possuída.

	Possuidor	Coisa possuída
a) sua		
b) sua		
c) nossa		
d) nossas		

9 O texto gira em torno da situação atual das florestas do planeta Terra. Qual é a importância da presença e do uso de pronomes possessivos no trecho?

_____

_____

_____

Variação dos pronomes possessivos

O pronome é uma **palavra variável**, isto é, sofre **flexões** para indicar alterações de gênero, número e, no caso dos possessivos, também de pessoa.

Os pronomes possessivos flexionam-se:
- em gênero e número (como o substantivo), para concordar com a coisa possuída;
- em pessoa e seu número (como o verbo), para concordar com o possuidor.

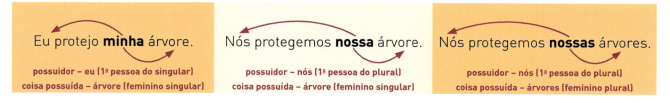

Eu protejo **minha** árvore.
possuidor – eu (1ª pessoa do singular)
coisa possuída – árvore (feminino singular)

Nós protegemos **nossa** árvore.
possuidor – nós (1ª pessoa do plural)
coisa possuída – árvore (feminino singular)

Nós protegemos **nossas** árvores.
possuidor – nós (1ª pessoa do plural)
coisa possuída – árvores (feminino plural)

1 Nas frases a seguir, indique:
- o possuidor e a coisa possuída;
- o número e a pessoa do possuidor;
- o gênero e o número da coisa possuída.

a) Nós emprestamos **nosso** gravador.

b) Nós emprestamos **nossos** livros.

2 A seguir, leia o trecho de uma crônica e copie todos os pronomes pessoais e possessivos que encontrar.

Lição de árvore

Assim eu a chamava, "a minha árvore", linda, alta, forte, imponente. Estava lá desde o dia em que nós nos mudamos para aquele apartamento, bem em frente à janela do meu quarto, no sexto andar. Durante o dia eu a olhava banhada pelo brilho do sol. E, também, à tarde, quando chegava a
5 hora de ele se pôr, deixando o céu todo tingido de cor-de-rosa alaranjado, como se já estivesse com saudades. [...]

POLIZZI, Valéria P. *Papo de garota*. São Paulo: Nome da Rosa, 2001. p. 7.

3 O texto menciona uma árvore silvestre, campestre ou urbana?

4 Que palavras do texto nos mostram isso?

5 Copie os pronomes que mostram que o trecho está escrito em primeira pessoa.

6 A árvore de que trata o texto é alta. Copie o trecho do texto que nos leva a essa conclusão.

7 Separe os pronomes do texto nos tipos pedidos a seguir, anotando também a que pessoa do discurso eles se referem.

a) pronomes pessoais retos

b) pronomes pessoais oblíquos

c) pronomes possessivos

8 Observando suas respostas na atividade anterior, diga qual pessoa do discurso aparece mais no texto, representada pelos pronomes.

_____

9 Que característica do texto justifica esse uso?

_____

_____

Classificação dos pronomes

Nesta unidade, vimos os pronomes pessoais, de tratamento e os possessivos.
Além deles, há mais quatro tipos de pronomes e cada um com características próprias.

- Pronomes demonstrativos: **este** trabalho.
- Pronomes interrogativos: **Quem** terminou a redação?
- Pronomes indefinidos: **Ninguém** descobriu o segredo!
- Pronomes relativos: O time **que** venceu é da nossa escola.

Esses pronomes serão apresentados nos próximos volumes.

Para um texto melhor, gramática!
Coesão

Quando lemos ou ouvimos um texto bem construído, não nos atrapalhamos com as partes que o constituem nem perdemos a noção de conjunto. Podemos perceber a ligação entre os vários segmentos dele e compreender que todos estão interligados.

As orações ou palavras que compõem um texto não estão amontoadas de forma caótica, mas estão interligadas; há uma espécie de costura entre as diferentes partes.

Essa conexão interna entre as várias partes de um texto chama-se **coesão**.

É claro que a coesão não acontece por acaso. A pessoa que está escrevendo ou falando o texto vai destacando essas várias relações de sentido entre as partes, sem precisar repetir as palavras.

Para fazer isso, podemos utilizar recursos da gramática do português que estão à nossa disposição, bem como recursos ligados à escolha das palavras.

Vamos ver alguns desses recursos. Nos próximos volumes, vamos conhecer outros elementos que contribuem para a coesão de um texto. Usando-os, você pode melhorar suas redações ou contar histórias mais interessantes.

1 Observe de novo este trecho do texto sobre as florestas e responda às questões.

> Fontes de alimentos, energia e praticamente todos os produtos de que fazemos uso, as florestas suprem os humanos em muitos sentidos. Elas ocupam cerca de 30% do planeta e, mesmo assim, abusamos de sua boa vontade, devastando sua saúde.

a) Que pronomes do trecho se referem à(s) floresta(s)? Circule-os.

b) Você conseguiu entender o texto sem se perder?

2 Releia agora o mesmo trecho, modificado quanto ao emprego de algumas dessas palavras, e responda às questões.

> Fontes de alimentos, energia e praticamente todos os produtos de que fazemos uso, as florestas suprem os humanos em muitos sentidos. As florestas ocupam cerca de 30% do planeta e, mesmo assim, abusamos da boa vontade das florestas, devastando a saúde das florestas.

a) O que aconteceu com a palavra **florestas**?

b) Que efeito esse fato causou no texto? Como ele ficou?

Observe que o uso do substantivo comum (**florestas**), do pronome pessoal (**ela**) e do pronome possessivo (**sua**) manteve a ligação de sentido em todas as partes do texto. Ao empregar um pronome em lugar de um nome usado anteriormente, por exemplo, nós evitamos repetições cansativas, mas mantemos a referência à mesma pessoa, ser ou objeto de que vínhamos falando. Assim, o texto fica leve, bem escrito e garante-se a coesão entre as partes.

 **Dicionário em foco** **As entradas**

Para consultar um dicionário, precisamos observar os itens a seguir.

I. Os **verbos** são listados pela sua forma de infinitivo.

> O encanador **seccionou** o cano para consertar a pia.

Se eu quiser saber o que quer dizer a palavra **seccionou** nessa frase:
- preciso observar que ela é um verbo – o que podemos verificar pela sua função na frase e pela sua forma (a terminação **-ou**, do pretérito perfeito do indicativo);
- preciso lembrar qual é seu infinitivo;
- agora posso procurá-la na ordem alfabética dos verbetes.

II. Os **substantivos** são listados pela sua forma no singular. Se for um substantivo biforme, é listado pela sua forma no masculino singular.

> As **empregadas** da fábrica usam uniforme.

Se eu quiser saber o que quer dizer a palavra **empregadas** nessa frase:
- preciso observar que é um substantivo (está acompanhado de artigo e flexionado em gênero e número);
- preciso lembrar a sua forma masculina, singular;
- agora posso procurá-la na ordem alfabética dos verbetes.

III. Os **adjetivos** são listados na sua forma no masculino e singular.

> O musical tem atrizes **versáteis** e **afinadas**!

Se eu quiser saber o que querem dizer as palavras **versáteis** e **afinadas** nessa frase:
- preciso observar que são adjetivos, acompanhando o substantivo **atrizes**;
- preciso lembrar a forma singular do primeiro;
- preciso lembrar a forma do masculino e do singular do segundo;
- agora posso procurá-las na ordem alfabética dos verbetes.

1 Escreva a palavra que devemos procurar no dicionário para saber o significado de **seccionava**.

_____

2 Indique a palavra que devemos procurar no dicionário para saber o significado de **empregadas**.

_____

3 Indique as palavras que devemos procurar no dicionário para saber o significado de **versáteis** e **afinadas**.

_____

4 Escreva como você vai procurar no dicionário as palavras destacadas a seguir e identifique a classe gramatical de cada uma.

a) As **madeixas** louras de sua irmã estão muito grandes.

_____

_____

b) Eles **saberão** logo o que fazer.

_____

_____

c) Esse veneno deixou as formigas **atarantadas**.

_____

_____

d) Meu avô sempre se **perdia** aqui na cidade.

_____

_____

e) Meu pai ensina **trigonometria** básica na escola de meu primo.

_____

_____

f) Por dois anos **consecutivos**, Jorge foi o primeiro nessa corrida.

_____

_____

Ampliar

Aquaman,
James Wan, 142 min.

Filho de um humano com uma atlante, Arthur Curry, ou Aquaman, cresce em terra como um humano, mas com as capacidades meta-humanas de um atlante. Quando seu irmão, Orm, deseja se tornar o Mestre dos Oceanos, dominando os demais reinos aquáticos para que possa atacar a superfície – sob o pretexto de vingar todos os males que os homens da terra fizeram à vida dos oceanos – cabe a Arthur a tarefa de impedir a guerra iminente, saindo em defesa dos dois mundos – o aquático e o terrestre, que, afinal, são um só mundo.

 Atividades

TEXTO 1

Leia um trecho do livro *Lin e o outro lado do bambuzal*.

A amizade

O pequeno bambu estava aborrecido.
Nem a música bonita ele ouvia, nem seu novo amiguinho chegava.
— Que tédio! — E abriu a boca num imenso bocejo.
No bambuzal, o tempo parecia andar lentamente. As folhagens se
5 balançavam com preguiça.
— A vida está muito sem graça. Onde anda Lin? Não tem aparecido... — continuou o bambuzinho.
Nesse momento, ele viu o amigo chegando. Lin aproximou-se e mostrou-se surpreso:
10 — Você cresce depressa, bambuzinho!
— Será? Eu acho que ainda falta tanto para ser como os outros... Aí vou poder ver, lá do alto, tudo o que acontece.
— Eu também quero muito ir para o outro lado do bambuzal.
— Aquele dia você falou em transformação... o que é isso?
15 — Mamãe sempre diz que, para ser uma raposa de verdade, precisamos aprender a arte da transformação. Ela falou que todos os nossos **ancestrais** eram bons nisso.
— E transformavam-se em quê, Lin?
— Em tudo! Você precisa ver! Meus irmãos já aprenderam e eles
20 vão para todo lugar.
Quando aparece um caçador, zuuuummm... transformam-se em pedra, em gente, em planta, no que quiserem.

HIRATSUKA, Lúcia. A amizade. *In*: HIRATSUKA, Lúcia.
Lin e o outro lado do bambuzal. São Paulo: SM, 2004. p. 28, 30, 31.

Vocabulário

Ancestral: antepassado de uma família.

1 Entre quais personagens acontece a conversa? Qual é a relação entre eles?

2 Os dois amigos discordaram sobre que ponto? Explique sua resposta.

3 Segundo o texto, para ser uma raposa de verdade, o que é preciso fazer?

4 Você acha que nós, seres humanos, também precisamos nos "transformar" de vez em quando diante de diferentes situações? Explique sua resposta.

231

5 Copie do texto uma frase em que apareça um dos pronomes pedidos a seguir e sublinhe-o.

a) Pronome pessoal reto de primeira pessoa do singular.

_____

b) Pronome pessoal reto de terceira pessoa do singular, masculino.

_____

c) Pronome pessoal reto de terceira pessoa do singular, feminino.

_____

d) Pronome pessoal reto de terceira pessoa do plural.

_____

e) Pronome pessoal oblíquo.

_____

f) Pronome de tratamento.

_____

6 Complete cada frase usando um dos pronomes oblíquos átonos de terceira pessoa.

se	lhe	lhes	o	as	la

a) Como vão suas irmãs? Sempre _____ vejo no ponto do ônibus.

b) Dr. Anísio, quem foi que _____ avisou da festa de formatura?

c) Helena, quero cumprimentá-_____ pelo seu aniversário. Desejo muitas felicidades!

d) Lúcia _____ retirou antes de nós chegarmos.

e) Peço-_____ o favor de comprar um remédio para mim.

f) Podem confiar, sempre _____ digo a verdade.

7 Reescreva as frases usando as formas pronominais **o**, **lo**, **no** (ou **a**, **la**, **na**) com os verbos assinalados, substituindo o que está entre parênteses. Faça as modificações necessárias nos verbos destacados para que as frases fiquem adequadas à modalidade-padrão, formal.

a) Maria é nossa diretora, **respeitemos** (ela) como merece.

_____

b) Logo que você comprar o livro, deve **ler** (ele).

_____

c) Ajudei o menino a estudar e **fiz** (isso) de coração.

_____

d) Dê-me seu relógio, posso **consertar** (ele) ainda hoje.

e) Apanha aquele boné e **põe** (ele) sobre a mesa.

f) Ele sempre **pediu** (a mim) que ajudasse (ele) com os deveres.

g) Tem um recado para Júlio? **Encontraremos** (ele) amanhã na escola.

8. Antes de você fazer essa transformação, as frases estavam em um estilo informal ou formal? Elas seriam comuns na língua escrita ou falada?

> **Vocabulário**
>
> **Ecoturismo:** turismo praticado em áreas naturais, que incentiva a conservação do meio ambiente com atividades como o estudo, a educação e a recreação.

TEXTO 2

Leia o texto a seguir.

EFEITO DOMINÓ

Coloque várias peças de dominó em pé, enfileiradas uma atrás da outra, e dê um peteleco na primeira delas. As peças vão se esbarrando e, uma a uma, caem. Esse movimento, conhecido como "efeito dominó", pode se
5 aplicar a muitas outras situações em que determinado fato leva a uma série de consequências.

Na natureza, é comum observar isso. Plantas e bichos dependem sempre do ambiente ao **seu** redor e, se alguma coisa muda, é provável que muitas outras mudanças aconteçam em decorrência da primeira. Por exemplo: ao desmatarmos uma área, prejudicamos a vida de animais que vivem naquele hábitat. Mas o efeito dominó pode ir ainda mais longe – **você** sabia que as consequências
10 do desmatamento chegam até os oceanos?

Um estudo da Universidade de Macquaire, na Austrália, mostrou que recifes de corais são afetados pelo desmatamento que ocorre a quilômetros de distância. Isso porque a falta de vegetação faz com que uma maior quantidade de sedimentos seja despejada nos rios. O curso natural das águas leva terra e restos
15 orgânicos até os oceanos, onde **eles** prejudicam a vida dos corais.

"Os sedimentos deixam o mar mais turvo e a redução da transparência da água limita a produtividade de algas e corais", explica o biólogo Jean-Remy Guimarães [...]. Abrolhos, a região que concentra os maiores recifes de corais do Brasil, já sofre esse efeito.
20 O resultado é uma espécie de "desertificação marinha", que acaba diminuindo as populações de peixes. A redução é ruim não só para pescadores mas também para quem trabalha com **ecoturismo**. "Quem vai pagar para mergulhar em um cemitério de corais?", questiona Jean.
25 A solução para este triste problema você já deve imaginar qual é: evitar o desmatamento. Quanto mais árvores nas florestas, menos sedimentos nas águas dos rios e oceanos, o que significa mais recifes de corais, mais peixes, mais vida marinha... E, quem sabe assim, a gente não transforma o significado da expressão "efeito dominó" em uma coisa boa?

Os recifes de corais são áreas de grande biodiversidade marinha. A maior ameaça a eles é a ação humana.

TURINO, Fernanda. Efeito dominó. *Ciência Hoje das Crianças*, 13 ago. 2013. Disponível em: http://chc.org.br/efeito-domino. Acesso em: 12 set. 2019. (Grifo nosso).

9 No texto, é mostrado que o "efeito dominó" pode se aplicar a muitas situações em que determinado fato leva a uma série de consequências. Você já observou uma situação desse tipo, em sua vida ou na de algum amigo ou parente seu?

10 Segundo o texto, plantas e bichos dependem sempre do ambiente ao seu redor. Isso também ocorre com os seres humanos? Explique sua resposta.

_____

_____

11 Além de todos os conhecidos males que o desmatamento causa na terra, o texto mostra que essa ação afeta também os corais e os animais marinhos. Por quê?

_____

_____

12 Nesta unidade, estudamos os pronomes pessoais retos e oblíquos, os pronomes de tratamento e os pronomes possessivos. No texto estão destacados três pronomes. Diga de que tipo são, indique a pessoa, o gênero (se houver) e o número correspondente a cada um.

   a) Seu: _____

   b) Você: _____

   c) Eles: _____

13 Complete as frases escolhendo entre **eu** e **mim**.

   a) A redução de peixes é ruim para _____ quando vou pescar, mas também para _____ conseguir trazer turistas para a região.

   b) Cantou só para _____ escutar.

   c) Deu a primeira fatia do bolo para _____.

   d) Miriam deu uma fatia de bolo para _____ provar.

   e) Papai comprou um livro lindo para _____.

14 Complete as frases a seguir com o pronome de tratamento adequado a cada situação.

   a) Depois de se despedir dos súditos, _____ se recolheu a seus aposentos.

   b) É preciso fazer silêncio porque _____ está descansando depois de celebrar a missa papal.

   c) Quando chegou perto do rei, ela disse: "_____ me permite ajudá-lo?".

   d) Sr. Presidente da Comissão, _____ me dá a palavra?

   e) Sr. príncipe, _____ aceita mais um chá?

Retomar

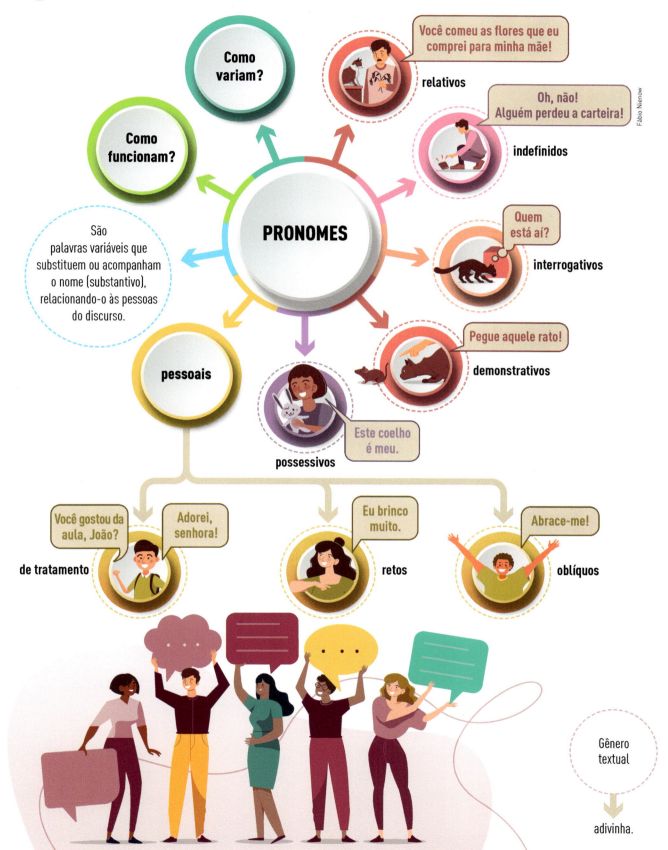

UNIDADE 8

"Parece impossível. Mas não é. Acreditem nos seus sonhos. As Paralimpíadas Escolares foram as portas para tudo isso."

JUSTO, Juliano. "Irmãos são destaque de comitiva brasileira no Parapan de Lima". *EBC*, 1º set. 2019. Disponível em: http://agenciabrasil.ebc.com.br/esportes/noticia/2019-09/irmaos-sao-destaque-em-campanha-brasileira-nos-jogos-parapan-americano. Acesso em: 24 set. 2019.

Josermárcio (ou Parazinho), atleta que enxerga apenas 40% do que poderia, por causa de uma deficiência no nervo óptico, iniciou-se nas Paralimpíadas Escolares, na modalidade *goalball*, chegou à Seleção Brasileira em 2013 e hoje é campeão mundial, bronze paralímpico e bicampeão no Parapan-americano em Lima.

Paralimpíadas Escolares – Centro de Treinamento Paralímpico Brasileiro – Atletismo – Equipe de Santa Catarina. São Paulo, 2016.

Interjeição

Para apreciar uma história em quadrinhos, precisamos fazer uma leitura de vários tipos de linguagem: as palavras que estão nos balões, os desenhos, os movimentos e a gesticulação dos personagens e até os sons que são reproduzidos com palavras.

SOUSA, Mauricio de. *Turma da Mônica*. Disponível em: http://turmadamonica.uol.com.br/tirinhas/index.php?a=33. Acesso em: 24 set. 2019.

1 Observe o primeiro quadrinho e diga o que Cascão está fazendo e com que finalidade.

2 Que sentimentos revela a expressão do rosto de Cascão?

_____

3 No segundo quadrinho, aparece uma palavra escrita com letras grossas. Qual é essa palavra? O que ela tenta reproduzir?

_____

4 A palavra da resposta anterior é uma onomatopeia. Explique essa afirmação.

_____

5 Ainda no segundo quadrinho, a expressão do rosto de Cascão se modifica. Que partes do rosto mostram isso?

_____

6 Para Cascão, qual é o problema maior? Explique sua resposta.

_____

7 No último quadrinho, como Cascão está se sentindo? Por quê?

_____

8 No quadrinho final, Cascão já resolveu todos os seus problemas? Qual é a graça da história?

_____

9 Em seu caderno, descreva com suas palavras a situação vivida por Cascão.

10 Que emoções de Cascão as palavras **Socorro!** e **Obrigado!** expressam?

_____

237

Os termos **Socorro!** e **Obrigado!** são interjeições. **Interjeição** é uma das dez classes de palavras do português. Ela expressa emoção, apelo, saudação ou estado de espírito.

↑ As interjeições são palavras que correspondem a uma frase completa.

Muitas vezes, basta uma delas para que você seja compreendido. Portanto, como a frase, a interjeição é um enunciado que tem sentido completo.

Se lembrarmos os critérios de classificação que usamos na Unidade 2 para separar e classificar as palavras, podemos dizer que a interjeição é uma palavra com as seguintes características:

sentido → expressa sentimento ou emoção;
forma → é invariável;
função → equivale a uma frase.

> **Onomatopeia** é uma palavra que procura reproduzir ou imitar sons naturais ou ruídos: **miau** (som emitido pelo gato), **tique-taque** (som do relógio), **zum-zum** (som de insetos), **chuá** (barulho da água caindo). Em HQs, tiras, charges ou cartuns frequentemente são usadas onomatopeias.

Em certas frases, usamos mais de uma palavra para fazer o papel de interjeição: **Ora bolas! Puxa vida! Nossa Senhora!**.

Minha nossa! A fila do ônibus está enorme!

Na fala, a interjeição é pronunciada com um tom exclamativo e na escrita vem sempre seguida de ponto de exclamação (**!**).

Valores de sentido das interjeições

As interjeições adquirem diferentes sentidos de acordo com o contexto ou com a situação em que são usadas. Elas podem expressar:

admiração	Hum! Puxa! Olha! Nossa! Uau! Céus!	desaprovação	Chega! Basta! Não! Eca! Ora!
advertência	Cuidado! Atenção! Olhe! Fogo! Alerta! Calma!	desculpa	Perdão! Desculpa!
agradecimento	Grato! Obrigado! Valeu!	desejo	Tomara! Oxalá! Quisera!
alegria	Ah! Oh! Viva! Oba! Boa! Bem! Eba! Opa!	despedida	Tchau! Adeus! Beijo!
alívio	Ufa! Uf! Ah!	dúvida	Hã? Quem? Hum? Ué!
animação	Coragem! Vamos! Força! Firme!	dor	Ai! Ui! Ah!
aplauso	Isso! Viva! Beleza! Bravo! Parabéns!	espanto ou surpresa	Chi! Puxa! Ué! Caramba! Caraca! Quê! Opa! Ah! Nossa! Gente! Uai!
cansaço	Ufa!	estímulo	Ânimo! Força! Vamos! Firme! Adiante! Avante! Coragem!
chamamento ou apelo	Aí! Ô! Alô! Olá! Psiu! Ei! Socorro!	impaciência	Hum! Hem! Pô! Puxa!
concordância	Claro! Sim!	reprovação	Ah!
contrariedade	Droga! Porcaria! Cruzes!	silêncio	Psiu! Silêncio! Chiu! Quieto!
cumprimento	Oi! Olá! Tchau!	terror, medo	Ui! Ai! Credo! Cruzes! Oh!
desaponta-mento	Ué! Ah!		

Como você percebeu, a mesma interjeição pode ser usada com diferentes valores e a mesma sensação pode ser expressa por mais de uma interjeição.

Qualquer palavra pode ser usada como interjeição, basta o tom exclamativo e o contexto adequado. Leia o trecho do texto a seguir e observe os destaques.

[...] Na garagem, entraram no carro e saíram. Em cinco minutos já estavam na maior algazarra.

adjetivo – **Quietos!** Como posso dirigir com tanto barulho?

Depois de uma hora, chegaram num estacionamento perto da estação de trem. Todos desceram e embarcaram no trem. Depois de muita bagunça no vagão.

5 – Vamos descer na próxima estação. Coloquem suas mochilas nas costas.

O trem parou e todos desceram.

– Aqui começa a maior aventura de suas vidas. [...]
– Primeiro vamos aprender a usar o estilingue. Vamos treinar tiro ao alvo.
[...]

10 Todos erraram. Chegou a vez da Mayra. Os meninos ficaram olhando para ela fazendo caretas e macaquices. Ela pegou pedra, fez a mira e... acertou de novo.

Isabela Santos

verbo – **Acertei! Acertei! Acertei!** – Mayra gritava de alegria.

– Sorte outra vez – disse Daniel.

15 Mayra mostrou a língua para todos, satisfeita.
[...]

– O que vamos comer se vocês não caçaram e nem pescaram nada. Vamos ter que preparar sopa de mato para todos.

substantivo – **Mato!!!**

20 – Sopa de capim é ótima. Vocês já viram vaca, cavalo ou burro magros. Eles só comem capim. As crianças se olharam com cara de choro.
[...]

SILVA, José Cláudio da. *Pai, posso dar um soco nele?* São Paulo: Casa do Novo Autor Editora. 2003. p. 5-7.

Para um texto melhor, gramática!
Interjeições

Quando você estiver contando uma história, seja falando, seja escrevendo, não se esqueça de usar interjeições. Elas indicam direitinho como o emissor (ou o personagem) está se sentindo; elas mudam o ritmo, a pulsação da narrativa.

Abaixo, segue um trecho do conto "Um apólogo", de nosso grande escritor Machado de Assis. A agulha e a linha discutem, porque uma se acha mais importante para a sua ama (a patroa) do que a outra. (Se quiser ler o texto completo, ele está disponível em: www.dominiopublico.gov.br/pesquisa/DetalheObraForm.do?select_action=&co_obra=16978, acesso em: 30 set. 2019.)

Observe, a seguir, a diferença.

Sem a interjeição:

– Mas você é orgulhosa.
– Decerto que sou.
– Mas por quê?
– Porque coso. Então os vestidos e enfeites de nossa ama, quem é que os cose, senão eu?

Com a interjeição, como o autor escreveu:

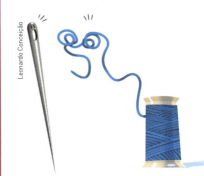

[...]
– Mas você é orgulhosa.
– Decerto que sou.
– Mas por quê?
– **É boa!** Porque coso. Então os vestidos e enfeites de nossa ama, quem é que os cose, senão eu?
[...]

MACHADO DE ASSIS, J. M. de. Um apólogo. *In*: MACHADO DE ASSIS, J. M. de. *Obra completa*. Rio de Janeiro: Nova Aguilar, 1994. v. II, p. 554.

Ou, em uma linguagem mais atual, de nossos dias:

– Mas você é orgulhosa.
– Claro que sou.
– Mas por quê?
– **Essa é boa!** Porque coso. Então, não sou eu quem cose os vestidos e enfeites de nossa patroa?

1 Observe as interjeições do quadro a seguir e indique qual delas você usaria se:

1. Cuidado!   **2.** Psiu!   **3.** Droga!   **4.** Oba!   **5.** Eca!

a) ⬜ quisesse pedir silêncio à turma?

b) ⬜ ganhasse o esqueite que estava querendo?

c) ⬜ encontrasse um rato morto no quintal?

d) ⬜ visse que uma bicicleta vinha na direção de sua amiga?

e) ⬜ ficasse muito chateado por quebrar seus óculos?

Emoji e *emoticon*, você já sabe, são uma forma de comunicação que usa imagem (geralmente, pequena, de uma expressão facial ou de objetos e atitudes que todos conhecem) para transmitir a reação ou o sentimento de quem escreve. Assim como as interjeições, expressam emoção, apelo, saudação ou estado de espírito.

A palavra *emoji* vem do japonês e *emoticon*, do inglês (junção dos termos *emotion* (emoção) + *icon* (ícone). Normalmente nos servimos deles nas comunicações escritas, em bate-papos e outras mensagens rápidas. Na Unidade 1, vimos que, quando os empregamos, a linguagem escrita adquire características da fala, como o tom informal, e com as pequenas imagens que representam emoções, entre outros recursos, fazemos uso de uma linguagem mista (verbal, visual etc.).

 Ampliar

O livro dos esportes olímpicos,

de Mauricio de Sousa (FTD).

Neste livro, você conhece os esportes olímpicos, suas origens na Grécia Antiga, os atletas que se destacaram em diversas modalidades, os grandes recordistas, histórias de superação, os países-sedes, as Olimpíadas de Inverno, os Jogos Paraolímpicos e a participação dos atletas brasileiros nos jogos. Ao final, um almanaque com curiosidades inacreditáveis e atividades para testar seus conhecimentos.

Atividades

> Que bela a iniciativa de Ricardo! Tornar a leitura acessível para muitas pessoas é importante, ler nos abre portas para o conhecimento e a imaginação.

TEXTO 1

Leia o texto a seguir.

Garoto de 10 anos recolhe livros [...] para montar biblioteca pública na sua cidade

Ricardo Oliveira Costa [...] costuma percorrer vários quilômetros a pé até conseguir chegar a uma biblioteca. Frustrado com a falta de livros na escola perto de onde mora, ele tomou uma decisão: iria percorrer as casas da região em busca de doações de livros para construir uma biblioteca pública [...].

5   A ideia surgiu aos 6 anos de idade e, deste então, ele já arrecadou mais de 5 mil livros.

Letícia Silva, professora de Português da escola [...] onde o garoto estuda, conta que Ricardo teve a ideia da biblioteca sozinho. "Ele pensou, produziu uma proposta com a mãe dele, e nós só temos que ajudá-lo a levar isso para frente"
10 [...].

GAROTO de 10 anos recolhe livros em casa de pessoas para montar biblioteca pública na sua cidade. *Hypeness*, maio 2015. Disponível em: www.hypeness.com.br/2015/05/garoto-de-10-anos-recolhe-livros-porta-a-porta-para-montar-uma-biblioteca-publica. Acesso em: 21 nov. 2019.

1 Escreva abaixo de cada frase a seguir uma interjeição que expresse sua reação a ela e explique também em que sentido você pensou.

a) Ricardo bate de porta em porta pedindo doações de livros para montar uma biblioteca pública.

b) Em quatro anos, ele já conseguiu reunir 5 mil livros.

c) Ele conta que a mãe e a escola onde estuda o apoiam muito.

Ilustrações: Leonardo Conceição

d) Ricardo continua caminhando pelas ruas para conseguir mais doações.

241

Numeral

Leia a receita a seguir.

Pudim de queijo

Ingredientes:

4 (quatro) colheres de sopa bem cheias de queijo parmesão ralado;

4 (quatro) ovos grandes;

1 (uma) colher de sopa de farinha de trigo;

10 (dez) colheres de sopa de açúcar;

2 (dois) copos de leite.

Para caramelar a fôrma:

1 (uma) xícara de açúcar;

½ (meia) xícara de água fervente.

Modo de fazer

Separe, com cuidado, as claras dos ovos das gemas. Bata bem as claras, junte as gemas, o açúcar, o leite e a farinha de trigo. Passe pela peneira, misture o queijo ralado; depois, despeje em uma fôrma caramelada.

Para caramelar a fôrma, faça assim: em uma panela, coloque uma xícara de açúcar e leve ao fogo baixo, deixando derreter. Quando estiver dourado, junte meia xícara de água fervente. Mexa com cuidado, com uma colher de cabo longo. Coloque essa calda no fundo da fôrma.

Asse em forno médio, em banho-maria, por cerca de uma hora.

Receita da autora.

Você acabou de ler uma receita culinária, que é um texto de instruções.

1 Qual é a finalidade desse gênero de texto?

_____

2 Quando escrevemos uma receita, o que é preciso explicar?

_____

_____

3 Você já leu outros textos de instrução? Quais?

_____

> Dica: se estiver com dúvidas para responder, consulte, na página seguinte, o boxe **Gênero em foco**.

_____

Na lista dos ingredientes, encontramos classes de palavras que você já conhece. Nas expressões listadas a seguir, indique os substantivos, os adjetivos e as locuções adjetivas.

a) colheres de sopa

_____

b) queijo parmesão ralado

_____

c) ovos grandes

_____

d) farinha de trigo _____

e) copos de leite _____

f) xícara de água fervente _____

4 Por que a quantidade de cada ingrediente é muito importante em uma receita de cozinha?

_____

_____

5 Copie da receita as palavras que indicam as quantidades.

_____

Gênero em foco — Receita

Receita de cozinha é um texto de instruções. A finalidade desse gênero de texto é ajudar o receptor (leitor) a agir de certa maneira para preparar o prato ou a bebida.

Na receita culinária, é detalhada a preparação de um prato (um doce, um sanduíche etc.) e nela encontramos: uma lista de ingredientes e respectivas quantidades; uma sequência descritiva das etapas de preparo, em ordem cronológica; verbos de conduta, que dizem o que se deve fazer (misture, abra, jogue etc.); palavras e expressões que indicam o tempo (primeiro, depois, logo, por último etc.); linguagem bem objetiva, voltada para o leitor a quem se dirigem as instruções.

Podemos citar diversos gêneros de textos de instruções, por exemplo: regras de jogos, manuais de instruções de uso de aparelhos domésticos, guias de cidade, folhetos explicativos, bulas de medicamento, instruções de provas e muitos outros.

As palavras **um**, **uma**, **três** e **meia** são **numerais**. **Numeral** é mais uma das dez classes de palavras.

Numerais são as palavras que possibilitam a referência a conceitos e objetos passíveis de quantificação exata.

quatro ovos   **dois** copos

O numeral faz parte das expressões nominais e pode ter a função de substantivo (centro da expressão nominal) ou de adjetivo (caracterizando um substantivo).

- **Metade** da turma já terminou o exercício.
- Marcos tem o **dobro** de figurinhas que Lair.

(função de substantivo)

- No apartamento ao lado moram **cinco** crianças.
- Este é o **segundo** ano em que viajo para Tocantins e visito o Jalapão.

(função de adjetivo)

Classificação dos numerais

Leia o texto a seguir.

ESPORTES

PARAPAN DE LIMA

Brasil volta de Lima com a melhor campanha da história dos Jogos Parapan-Americanos

[...]

São Paulo 7 SET 2019 - 13:13 BRT

Equipe de bocha do Brasil comemora a medalha de ouro em Lima, Peru.

Depois de se destacar em Lima com o segundo lugar no quadro de medalhas e a melhor campanha do país em Jogos Pan-Americanos, o Brasil voltou a quebrar recordes na edição deste ano do Parapan, que também aconteceu na capital peruana e se encerrou [...] domingo, 1 de setembro. Com 124 ouros e 308 medalhas no total, os brasileiros garantiram a liderança dos Jogos Parapan-Americanos pela quarta vez consecutiva e superaram a marca histórica do México no primeiro Parapan, em 1999, quando o país latino conquistou, em casa, 121 medalhas de ouro e 307 no total.

Já com o primeiro lugar garantido, que veio com 66 medalhas de ouro a mais que [o] segundo colocado Estados Unidos, o Brasil conseguiu bater o recorde mexicano no último dia do Parapan. Nas finais de **bocha**, **badminton** e ciclismo de estrada, os paratletas do país ganharam quatro ouros, duas pratas e três bronzes antes da cerimônia de encerramento, no domingo. A medalha que permitiu que o Brasil fizesse história foi a de ouro no ciclismo de estrada, vencida pelo paulista Lauro Chaman.

Com menos da metade das medalhas de ouro brasileiras, os Estados Unidos também alcançaram o melhor desempenho do país em Parapans com o segundo lugar: 58 ouros, 62 pratas e 65 bronzes, 185 medalhas no total. [...]

Esta foi a quarta vez no torneio que o Brasil ficou em primeiro lugar [...].

O que possibilitou o recorde brasileiro neste ano foi a maior **delegação** da história do país, com 337 **desportistas** e 513 pessoas. O esporte que mais premiou o Brasil foi a natação: foram 126 medalhas, 53 delas de ouro. Daniel Dias reforçou sua **soberania** em Parapans e saiu com seis ouros de Lima; aos 31 anos, o paulista nunca perdeu nenhuma das 33 provas que disputou na história da competição. O atletismo, do recordista mundial de 100 e 200 metros rasos Petrúcio Ferreira, deu 33 ouros e 84 medalhas no total, sendo dois ouros e uma prata conquistadas pelo paraibano. O tênis de mesa, com nove ouros e 24 medalhas, ficou em terceiro lugar no quadro brasileiro.

Ao fim do Parapan, o chefe da delegação brasileira Alberto Martins afirmou em entrevista ainda no Peru que a estratégia para o próximo Parapan-Americano, em Santiago-2023, pode ser semelhante à de EUA e Canadá, que utilizam a competição para poupar os principais atletas e desenvolver os mais jovens.

"A nossa meta interna era superar Toronto-2015 em todos os **quesitos**. Agora, temos de pensar se não vale a pena não nos mostrarmos muito ao mundo em certos momentos, já que o Brasil se torna o país a ser derrotado", afirma Martins, que viu sua delegação levar 49 medalhas a mais que há quatro anos. "O planejamento agora é para [as Paralimpíadas de] Tóquio-2020 e Paris-2024. A ideia é a gente estar sempre no *top* 10". Nas Paralimpíadas do Rio, o país terminou em oitavo, com 14 ouros, 29 pratas e 29 bronzes.

QUADRO DE MEDALHAS DO PARAPAN DE LIMA

40 **1º lugar**: Brasil: 124 ouros, 99 pratas e 85 bronzes – 308 no total.
2º lugar: Estados Unidos: 58 ouros, 62 pratas e 65 bronzes – 185 no total.
3º lugar: México: 55 ouros, 58 pratas e 45 bronzes – 158 no total.
4º lugar: Colômbia: 47 ouros, 36 pratas e 50 bronzes – 133 no total.
45 **5º lugar**: Argentina: 26 ouros, 38 pratas e 43 bronzes – 107 no total.
6º lugar: Canadá: 17 ouros, 21 pratas e 22 bronzes – 60 no total.
7º lugar: Cuba: 13 ouros, 10 pratas e 16 bronzes – 39 no total.
8º lugar: Chile: 11 ouros, 12 pratas e 11 bronzes – 34 no total.
9º lugar: Equador: 5 ouros, 6 pratas e 5 bronzes – 16 no total.
10º lugar: Peru: 5 ouros, 3 pratas e 7 bronzes – 15 no total.

MAGRI, Diogo. *El País*, São Paulo, 2 set. 2019. Disponível em: https://brasil.elpais.com/brasil/2019/09/02/deportes/1567434487_850886.html. Acesso em: 25 set. 2019.

Vocabulário

Badminton: jogo de quadra em que os adversários, munidos de raquetes e separados por uma rede, rebatem alternadamente uma espécie de peteca.
Bocha: jogo praticado com várias bolas maciças grandes e uma pequena, da qual as bolas grandes, ao serem roladas, devem se aproximar o máximo possível.
Delegação: comissão que representa um país, uma escola etc.
Desportistas: esportistas, atletas.
Jogos Parapan-Americanos (Parapan): competição com estrutura e objetivos inspirados nos Jogos Olímpicos, destinada a atletas com deficiência física, disputada por países do continente americano filiados ao Comitê Paralímpico das Américas, entidade responsável pela organização dos jogos.
Quesito: requisito, condição; no caso do esporte, modalidade.
Soberania: predomínio, superioridade.

1. Segundo o texto, qual foi a importância da medalha de ouro no ciclismo de estrada, conquistada pelo paulista Lauro Chaman, para a delegação brasileira?

2. Em qual esporte conquistamos mais medalhas?

3. Os atletas Daniel Dias e Petrúcio Ferreira disputam em quais modalidades?

4. O que possibilitou o recorde brasileiro em 2019 no Parapan?

5. O que você pensa da estratégia para os próximos Jogos Parapan-Americanos, em Santiago-2023, de usar os mais jovens, poupando os veteranos, e não nos mostrando "muito ao mundo em certos momentos, já que o Brasil se torna o país a ser derrotado"? Explique sua resposta.

Nesse texto, observamos outros usos do numeral, diferentes do visto na receita culinária: quantidade de medalhas, idade de atletas, datas, classificação em competições. Vimos que, com o **numeral**, indicamos quantidades de objetos, seres, conceitos etc. que podemos contar, enumerar, dimensionar.

Esta quantificação feita pelo numeral pode ser **absoluta** ou **relativa**.

A quantificação absoluta é feita por:

- **numeral cardinal**, que indica a quantidade exata de elementos.

  uma prata   quatro anos   dois ouros

A quantificação relativa é feita por:

- **numeral ordinal**, que indica a posição numa ordem de sucessão, em determinada série (ou fila) ou em uma escala;

  segundo colocado   primeiro lugar   quarta vez

- **numeral multiplicativo**, que indica o aumento proporcional de uma quantidade, sua multiplicação;

  o triplo das pratas   o dobro de treinos

- **numeral fracionário**, que indica a diminuição proporcional de uma quantidade, sua divisão.

  a metade das medalhas   um décimo dos bronzes

Os numerais são palavras que expressam a ideia de quantidade (um, três, cinco etc.) ou de ordem (segundo, sexto, vigésimo etc.).

Já os algarismos são os sinais usados para representar graficamente os números — os símbolos que usamos na Matemática, por exemplo. Eles podem ser algarismos arábicos (2, 23, 569 etc.) ou romanos (II, XXIII, DLXIX etc.). Na receita culinária, vimos algarismos seguidos dos numerais correspondentes entre parênteses. Na notícia do Parapan, os algarismos foram muito usados. Nesses dois textos, o emprego dos algarismos no lugar dos numerais facilita a leitura e a compreensão dos muitos números envolvidos em cada um deles.

Quanto à **posição** e **função na expressão nominal**, vimos que o numeral pode ter a função de adjetivo ou substantivo.

Função de **adjetivo** (caracterizando um substantivo):

- numeral cardinal: **quinze** dias;
- numeral ordinal: **terceira** atleta;
- numeral multiplicativo: a vitória **tripla**.

Função de **substantivo** (é o núcleo da expressão):

- numeral cardinal: **dois** e **dois** são **quatro**;
- numeral fracionário: um **quinto** da torcida;
- numeral multiplicativo: o **dobro** de tempo;
- numeral ordinal: o **primeiro** dia da semana.

Veja essas informações no quadro a seguir.

Indicação de	Tipo de numeral	Exemplos
quantidade absoluta	cardinal	Há **três** noites que eu não durmo. (adj.) **Um** e **um** são **dois**. (subst. subst. subst.)
quantidade relativa	ordinal	Vocês vão no **primeiro** ônibus da fila. (adj.) Ela é a **quinta** da fila. (subst.)
	multiplicativo	Ela tem o **dobro** da sua altura. (subst.) Recebeu uma oferta **dupla**. (adj.)
	fracionário	Já recebi a **metade** do salário. (subst.) Só fiz **um terço** do trabalho. (subst.)

Na Unidade 3, vimos também que existem **substantivos coletivos** de tempo. Há ainda os coletivos de unidades exatas. Confira:

ano	12 meses
biênio	2 anos
bimestre	2 meses
centena	100 unidades
década	10 anos
dezena	10 unidades
dia	24 horas

dúzia	12 unidades
mês	30 dias
milênio	1 000 anos
novena	9 dias
par	2 unidades

século	100 anos
semana	7 dias
semestre	6 meses
triênio	3 anos
trimestre	3 meses

Leia a tirinha a seguir.

SOUSA, Mauricio de. *Turma da Mônica*, 2006, tira 309. Disponível em: www.monica.com.br/index.htm. Acesso em: 25 set. 2019.

1 Quais são os dois numerais citados no texto?

_____

2 Quando o menino disse "oitocentas cabeças de gado", o que ele quis dizer?

_____

3 Mas o que Chico Bento entendeu?

_____

4 Explique o que Chico Bento quis dizer quando afirmou que seu pai tinha um boi, mas ele estava inteirinho.

Flexão dos numerais

Os numerais são palavras variáveis, ou seja, podem ser flexionados. Porém, em alguns casos, são invariáveis. Observe, com cuidado, a seguir.

Flexão dos cardinais

Os cardinais, normalmente, são invariáveis.

> Durante **sete** dias, só ele me ligou **vinte** vezes.

Os cardinais **um**, **dois** e as centenas a partir de **duzentos** sofrem flexão de gênero.

> O dinheiro só deu para comprar **um** tênis e **uma** camisa.
> As **duzentas** bolas foram distribuídas para os **duzentos** meninos.
> Meu pai tem **oitocentas** cabeças de gado.

Os cardinais **milhão**, **bilhão**, **trilhão** etc. sofrem flexão de número, mas não de gênero.

> Ela pediu um **milhão** de desculpas pelo atraso.

> Há **milhões** de células no corpo humano.

Flexão dos ordinais

Os ordinais flexionam-se em gênero e número.

> Tive muita dificuldade nas três **primeiras** questões do exercício.
> O **primeiro** a terminar foi Leonardo.

Flexão dos multiplicativos

Os numerais multiplicativos flexionam-se em gênero e número.

> Nasceram os **quádruplos** e estão passando bem.
> substantivo

> Ele ganhou a medalha com os saltos **triplos**.
> adjetivo

Flexão dos fracionários

Os numerais fracionários concordam em gênero e número com os cardinais que os compõem.

> Eu ganhei **um terço** do bolo, e José, **dois terços**.
> num. num. num. num.
> cardinal fracionário cardinal fracionário

Reescreva as frases fazendo o que se pede.

1 Passe para o plural trocando, quando for o caso, as palavras destacadas pelos numerais correspondentes aos números entre parênteses.

a) Na turma há **uma** (20) menina e **um** (15) menino.

_____

b) O astrônomo avistou **um** (2) milhão de estrelas.

_____

c) Ele queria ser o **primeiro** aluno a chegar.

_____

d) Vamos conhecer a pirueta **tripla** da bailarina.

_____

e) **Um** quinto (3/5) da turma faltou por causa da chuva.

_____

2 Em seu caderno, passe para o feminino trocando, se necessário, as palavras destacadas pelas que estão entre parênteses.

a) O rapaz criava um cachorro e dois gatos.

b) O terceiro **filme** (música) foi o melhor.

c) Ele merece um **elogio** (congratulação) duplo.

Emprego dos numerais

Artigo ou numeral?

Você não precisa se preocupar em diferenciar os artigos indefinidos **um** e **uma** dos numerais **um** e **uma**. O contexto em que eles são usados nos ajuda a reconhecê-los. Observe:

> - Essa barulheira me deu **uma** dor de cabeça!
>   artigo indefinido
>
> - Hoje eu acordei com **uma** fome danada!
>   artigo indefinido

> - Comi **uma** laranja e **dois** pães com manteiga.
>   numeral numeral
>
> - Mais vale **um** pássaro na mão que **dois** voando.
>   numeral numeral

248

Quando a palavra **um** é **numeral**, podemos substituí-la pelo numeral **dois** e verificar se realmente o que se quer expressar ali é quantidade. Veja:
- Comi **um** pão.

Comi **dois** pães. → numeral

Ou podemos também colocar antes de **um** as palavras **só** ou **apenas**, sem mudar muito o sentido da frase:
- Comi **só um** pão. → numeral

Se o teste não der certo e a frase não fizer muito sentido, o **um** é **artigo indefinido**. Observe que a substituição não funciona no caso a seguir.
- Esse barulho me deu **uma** dor de cabeça! → artigo indefinido
- Esse barulho me deu **duas** dores de cabeça!
- Esse barulho me deu **só uma** dor de cabeça!

Leia o texto a seguir.

Conservante natural substitui agrotóxicos

O Globo. 12 agosto 2019

João Pedro Silvestre Armani, 16, ficou impressionado quando descobriu que uma grande quantidade de **carapaças** de camarão era jogada em aterros sanitários da sua cidade, Palotina (PR), liberando **chorume** que contaminaria o ambiente. Mas ele gosta de problemas porque neles estão contidas soluções.

Descobriu que a tal carapaça tinha "boa **plasticidade**", devido a uma substância chamada **quitosana**. Teve, então, a ideia de criar um produto que pudesse conservar frutos. Foram três projetos elaborados com a professora de Biologia Carlise Debastiani, do Colégio Gabriela Mistral, onde estudava, até a criação de uma substância líquida de quitosana e cera de abelha. Laranjas mergulhadas no produto se mantêm conservadas por muito mais tempo: **intactas** por 50 dias na temperatura ambiente (contra 14 dias das laranjas não revestidas).

O projeto ganhou destaque nacional e representou o Brasil na maior feira de ciências e engenharia do mundo, a Intel Isef, que ocorreu no Arizona, nos EUA.

— É uma ótima oportunidade para substituir agrotóxicos: melhor para a saúde das pessoas e para o meio ambiente. Busco desenvolver trabalhos com impacto social, sei que isso é importante.

Impacto social. João Pedro quer estudar Medicina e trabalhar em laboratório.

Vocabulário

Carapaça: escudo rígido no dorso de certos animais, como tartarugas, tatus, caranguejos.
Chorume: resíduo líquido formado da decomposição de matéria orgânica presente no lixo.
Intacto: que não foi tocado.
Plasticidade: característica do que é plástico, do que pode ser modelado.
Quitosana: forma quimicamente processada da quitina, que é um derivado de açúcar, normalmente obtida do esqueleto externo duro de crustáceos como o caranguejo, o lagostim e o camarão.

TATSCH, Constança. Conservante natural substitui agrotóxicos. *O Globo*, 12 ago. 2019. Disponível em: https://oglobo.globo.com/sociedade/jovens-criadores-transformam-suas-comunidades-23870315. Acesso em: 25 set. 2019.

1 Explique o que significa a frase: "Mas ele gosta de problemas porque neles estão contidas soluções".

_____

_____

2 Depois de ter a ideia de criar um produto que pudesse conservar frutos usando a substância que descobrira, foi fácil e rápido para João Pedro atingir seu objetivo?

_____

_____

3 Quem ajudou João Pedro a desenvolver sua ideia?

_____

4 O jovem declara que procura desenvolver trabalhos com impacto social porque sabe que isso é importante. Nesse projeto específico de criação de um produto que substitui os agrotóxicos, qual o efeito social buscado por ele?

_____

_____

5 Substitua os algarismos a seguir por numerais e o numeral por algarismos.

a) 16 anos _____   **c)** 14 dias _____

b) 50 dias _____   **d)** três projetos _____

6 Indique se as palavras **um/uma** foram usadas como artigo (**A**) ou como numeral (**N**). Faça os testes que acabou de aprender.

a) ☐ Uma grande quantidade de carapaças de camarão era jogada em aterros sanitários.

b) ☐ Descobriu que a tal carapaça tinha "boa plasticidade", devido a uma substância chamada quitosana.

c) ☐ É uma ótima oportunidade para substituir agrotóxicos: melhor para a saúde das pessoas e para o meio ambiente.

d) ☐ Depois de uma semana sem ligar, você aparece?

e) ☐ Vai dando um mal-estar à medida que se aproxima a hora da prova.

f) ☐ Cuidado, use apenas uma colher de manteiga.

g) ☐ Bota logo um pijama e vai deitar que amanhã o passeio é cedo!

h) ☐ Ela só recebeu um telefonema até agora.

Leia o texto a seguir.

80º aniversário do Chefe da Casa Imperial do Brasil

No dia **2 de junho de 2018**, na cidade do Rio de Janeiro, realizou-se o **XXVIII Encontro Monárquico**, no Salão Guanabara, do Windsor Flórida Hotel, no Flamengo.

No dia 3, domingo, houve a comemoração do **80º aniversário** do Chefe da Casa Imperial do Brasil, o Príncipe Dom Luiz de Orleans e Bragança. A Missa em Ação de Graças foi celebrada na Igreja da Imperial Irmandade de Nossa Senhora da Glória do Outeiro, no Rio de Janeiro, às **12 horas**, seguida do almoço comemorativo realizado no salão Guanabara do Windsor Flórida Hotel.

80º ANIVERSÁRIO do Chefe da Casa Imperial do Brasil. *In:* CASA IMPERIAL DO BRASIL. 2018. Disponível em: www.monarquia.org.br. Acesso em: 25 set. 2019.

Para nomear papas e soberanos, designar congressos, olimpíadas, assembleias etc., bem como para identificar datas de acontecimentos históricos ou séculos, utilizamos os algarismos romanos.

> XXVIII Encontro Monárquico
> Papa João XXIII (1958 a 1963)
> Dom Pedro I
> Jogos da XXXI Olimpíada (Rio 2016)

Também podemos empregá-los para dar nome a partes, capítulos e páginas de livros ou nas cenas de uma peça teatral. Em alguns relógios, as horas são representadas por algarismos romanos.

Lemos os algarismos romanos como numerais ordinais até o décimo. Daí em diante, lemos como cardinais sempre que o numeral vier depois do substantivo.

> Dom Pedro II (Dom Pedro Segundo)
> papa Bento XVI (papa Bento Dezesseis)
> capítulo III (capítulo terceiro)
> capítulo XII (capítulo doze)
> século X (século décimo)
> século XXI (século vinte e um)

Quando o numeral vier antes do substantivo, lemos como numerais ordinais.

> 80º aniversário do chefe da Casa Imperial do Brasil
> décimo quinto capítulo   sexto andar
> vigésimo primeiro século   terceiro ato

Os dias do mês são designados pelos cardinais, exceto na indicação do primeiro dia, que é tradicionalmente feita pelo ordinal.

> No dia 2 de junho de 2018, na cidade do Rio de Janeiro...
> Partimos em 1º de outubro.

Em relação aos numerais multiplicativos, apenas dobro, duplo e triplo são de uso corrente.

Os demais são usados na linguagem erudita e, em seu lugar, costumamos usar o numeral cardinal seguido da palavra **vezes**.

- Já fui àquele parque **quatro vezes** mais que meu irmão.
  (= o **quádruplo**)
- O time adversário foi **seis vezes** mais ofensivo.
  (= o **sêxtuplo**)

> Na seção Listas para consulta, a partir da página 268, você encontra um quadro com os numerais mais usados e poderá consultá-lo sempre que precisar.

As palavras **ambos/ambas** são consideradas numerais. Significam "um e outro", "os dois" (ou "uma e outra", "as duas"). Em função substantiva, são com frequência empregadas para retomar pares de seres aos quais já se fez referência.

Lia e Daniel parecem ter finalmente percebido a importância do estudo.
Ambos agora participam de grupos de trabalho em sua escola.

Em função adjetiva, vêm antes de um substantivo que, obrigatoriamente, é acompanhado de artigo definido.

- **ambos** os funcionários
- **ambas** as escolas

A forma **ambos os dois** pode ser considerada enfática, mas seu uso deve ser evitado, pois é repetitiva ou redundante e soa artificial.

1 Complete as frases com **ambos/ambas** ou **ambos os/ambas as**, conforme o caso.

a) _____ músicas estão sendo mostradas hoje pela primeira vez.

b) Anderson e Caio vieram correndo. _____ gostam de picolé de fruta.

c) Clara e Lúcia saíram da escola juntas. _____ foram ao *shopping*.

d) É melhor você se segurar com _____ mãos.

e) Pedro e Luiz estão cansados. _____ levaram os irmãos à praia.

Para um texto melhor, gramática!
Numeral

Na linguagem do dia a dia, é comum alterarmos o grau dos numerais quando queremos destacar um sentido especial. Veja:
- Eu pedi um beijo de despedida, mas ele não me deu nem **unzinho**!
  grau diminutivo
- Ele nem parece, mas já é **quarentão**.
  grau aumentativo

Pode-se usar o cardinal **mil** (e subsequentes) para indeterminar e exagerar uma quantidade em vez de expressá-la de maneira exata, como fazem normalmente os numerais.

> Eu posso te dar **mil e uma** razões para não comprar este vestido.

Escrita em foco — Ortografia dos numerais

Muita atenção para a grafia dos seguintes numerais cardinais:

13 – treze
14 – catorze ou quatorze
16 – dezesseis
17 – dezessete
50 – cinquenta
60 – sessenta
600 – seiscentos

E para a grafia dos seguintes numerais ordinais:

1000º – milésimo
100º – centésimo
11º – undécimo
12º – duodécimo
200º – ducentésimo
300º – trecentésimo
400º – quadringentésimo
500º – quingentésimo
50º – quinquagésimo
600º – seiscentésimo
60º – sexagésimo
6º – sexto
700º – setingentésimo
70º – septuagésimo
800º – octingentésimo
80º – octogésimo
900º – nongentésimo

1 Escreva por extenso e classifique os numerais a seguir.

a) 1/2 _____

b) 1 000º _____

c) 104 _____

d) 12º _____

e) 16 _____

f) 2/10 _____

g) 217º _____

h) 300º _____

i) 5 450 _____

j) 600 _____

k) Artigo 12 _____

l) R$ 30,20 _____

Atividades

TEXTO 1

Leia mais um exemplo de uma jovem que faz a sua parte para ajudar a construir um mundo melhor.

https://conexaoplaneta.com.br/blog/greta-thunberg-leva-centenas-de-jovens-para-protestar-pelo-clima-em-frente-a-casa-branca

Greta Thunberg leva centenas de jovens para protestar pelo clima em frente à Casa Branca

13 de setembro de 2019   Suzana Camargo *De Washington D.C.

O convite foi feito pelo Twitter. "Nesta sexta-feira, participarei da greve escolar pelo clima em Washington D.C. Vejo você na **Casa Branca**!" A
5 mensagem foi postada há **três** dias [no dia **10** de setembro] por Greta Thunberg. Se você ainda é uma das pouquíssimas pessoas do planeta que não sabe quem ela é, vamos lá.

10 Greta é uma jovem ativista sueca. Em agosto de **2018**, decidiu começar uma greve solitária em frente ao parlamento da Suécia, em Estocolmo, sempre às sextas-feiras. Seu protesto era
15 pelo clima. Ela argumentava que seu país precisava fazer mais. O último verão tinha sido o mais quente por lá, com incêndios florestais e os termômetros alcançando temperaturas que não eram registradas há **262** anos.

Desde o ano passado, Greta já inspirou **milhões** de jovens do
20 mundo inteiro a irem para as ruas e cobrar mais ações de seus governos para combater as mudanças climáticas, em um movimento batizado de **#FridaysForFuture**.

[...]

Por esta razão, apesar do chamado discreto pelo Twitter, **cente-**
25 **nas** de jovens se juntaram a ela próximo à Casa Branca, na capital americana. [...]

É impressionante parar para pensar que uma menina de apenas **16** anos conseguiu **engajar** – e conquistar a admiração – de tantos jovens ao redor do mundo com um discurso muito direto:
30 "Se os políticos tivessem feito sua lição de casa, saberiam que não temos outra escolha. Precisamos focar nas mudanças climáticas. Porque, se falharmos em combatê-la, todas nossas conquistas e progressos não valerão nada. E o que restará de legado de nossos líderes políticos será o maior fracasso da humanidade", disse ela no ano passado.

35 [...]

Greta Thunberg participou o tempo todo da manifestação, lado a lado [com os] jovens. Muitas vezes é difícil vê-la. A adolescente tímida não deve ter mais do que **1,60** m de altura. Mas, quando pega o microfone, sua voz calma e baixa cala a todos. A ativista mostrou ao mundo que os jovens não vão ficar parados diante do que está acontecendo. "As pessoas não têm que ouvir o que esta-
40 mos dizendo, mas precisam ouvir a Ciência", alerta.

Vocabulário

Casa Branca: (do inglês, White House) residência oficial e principal local de trabalho do presidente dos Estados Unidos; é ainda a sede oficial do poder executivo, e se localiza na cidade de Washington D.C., capital do país.
Engajar(-se): empenhar-se, dedicar-se a (alguma tarefa, atividade, causa etc.).
#FridaysForFuture: Sextas-feiras pelo futuro.

Na sexta-feira, dia **20** de setembro, Greta estará à frente da Greve Global pelo Clima. Milhares de estudantes em mais de **150** países já confirmaram presença na manifestação. Em Nova York, onde deve acontecer uma grande marcha, a prefeitura divulgou que os alunos da rede pública terão suas faltas abonadas para participar.

45   Greta estará em Nova York, junto aos estudantes, e depois discursará no Encontro sobre o Clima das Nações Unidas. Não há dúvida nenhuma que a adolescente também arrebatará <u>uma</u> onda de jovens para as ruas daquela cidade, pois por onde passa, conquista mais e mais seguidores.

CAMARGO, Suzana. *Conexão planeta*, 13 set. 2019. Disponível em: https://conexaoplaneta.com.br/blog/greta-thunberg-leva-centenas-de-jovens-para-protestar-pelo-clima-em-frente-a-casa-branca. Acesso em: 25 set. 2019.

1. Como a jovem Greta convidou os jovens para participarem de seu protesto em frente à Casa Branca, nos Estados Unidos?

2. E de que forma Greta havia inspirado jovens do mundo inteiro a pedir ações de seus governos sobre as mudanças climáticas?

3. Qual o nome desse movimento, que foi se espalhando por vários países?

4. Para a jornalista que escreveu essa notícia, o que a impressionou em Greta?

5. Como sabemos se as autoridades de Nova York concordaram com a ocorrência da manifestação na cidade?

_____

_____

6. A palavra **um** (ou suas flexões **uma/uns/umas**) é usada sete vezes no texto (todas sublinhadas). Copie as ocorrências em que se trata de um numeral (e não de um artigo indefinido).

_____

_____

7. Complete a tabela copiando os exemplos de numerais destacados na notícia na linha e coluna a que pertencem. Depois, escreva por extenso os que foram escritos com algarismos.

Tipo de numeral	Indica	Exemplos	Por extenso
cardinal	quantidade exata de elementos		
cardinal	contagem de tempo		
cardinal	datas		
coletivos	unidades exatas		

255

TEXTO 2

8. Veja a seguir alguns provérbios em que se usam numerais. Complete-os com numerais cardinais e, depois, discuta com os colegas, procurando entender o sentido desses provérbios.

a) Visita dá _____ alegrias: uma quando chega, outra quando sai.

b) Onde comem _____, comem três.

c) Perdido por _____, perdido por mil.

d) _____ maçã podre num cesto apodrece todas as outras.

9. Muitas histórias infantis, filmes e narrativas do folclore incluem numerais em seus enredos. Faça uma lista com títulos de histórias que apresentam numerais (exemplos: *Os três porquinhos*, *Os três mosqueteiros* etc.).

_____

_____

_____

_____

Gênero em foco — Provérbio

Provérbios são frases curtas, geralmente de origem popular, com ritmo marcado e rima entre palavras, ricas em imagens, que sintetizam um conceito a respeito da realidade ou uma regra social ou moral. É a expressão do conhecimento e da experiência popular, traduzidos em poucas palavras, muitas vezes com alegria e bom humor. Em todos os povos, idiomas e países do mundo há provérbios característicos de cada cultura. Também são chamados de: ditado, máxima, adágio, anexim, sentença, rifão, aforismo etc.

TEXTO 3

Leia o texto a seguir.

www.megacurioso.com.br/estilo-de-vida/111694-conheca-mariana-alves-a-jovem-patinadora-medalha-de-ouro-no-sul-americano.htm

Conheça Mariana Alves, a jovem patinadora medalha de ouro no sul-americano

A patinadora (e medalhista) Mariana Alves é **uma** menina catarinense de apenas **14** anos [...]. Mari nasceu na cidade de Florianópolis, onde permanece morando com seus pais e, desde pequena, já demonstrava bastante força e determinação. Ela sempre foi muito comunicativa e simpática, o que chamava a atenção de seus vizinhos e conhecidos. Além de se destacar na patinação
5 artística, a catarinense é modelo e tem **um** canal no YouTube. [...]

Apesar da agenda cheia e dos treinos intensos, Mari consegue encontrar tempo para dedicar-se aos seus seguidores no Instagram. Após o sucesso no esporte e devido à sua facilidade em lidar com o público e desenvoltura em frente às câmeras, surgiu a ideia de transformar seu perfil em algo mais profissional.

Para tanto, sua mãe contratou **uma** assessora para gerenciar as atividades da filha no Instagram. Dessa forma, as **três** unem esforços para que os seguidores estejam sempre atualizados sobre seus planos e as competições. Eles não só admiram o talento da menina como ainda se interessam por sua vida pessoal. Mari se dedica a responder todas as mensagens. Em seu perfil, ela tira dúvidas sobre o esporte e a síndrome de Down, inspirando muitas pessoas com seu carisma e determinação, o que faz com que cada vez mais pessoas a conheçam.

GAIATO, Krislany. Conheça Mariana Alves [...]. *Megacurioso*, 19 ago. 2019. Disponível em: www.megacurioso.com.br/estilo-de-vida/111694-conheca-marian-alves-a-jovem-patinadora-medalha-de-ouro-no-sul-americano.htm. Acesso em: 21 ago. 2019.

10 A quais três atividades a jovem Mariana sempre se dedicou?

11 Atualmente, a jovem tem muitos seguidores em qual rede social?

12 Que ajuda ela recebe para gerenciar seu perfil?

13 No texto encontramos quatro numerais (**N**) e um artigo indefinido (**A**). Classifique-os e diga se os numerais exercem a função de substantivos ou adjetivos.

a) ☐ Mariana Alves é uma menina catarinense.

b) ☐ 14 anos _____

c) ☐ um canal no YouTube _____

d) ☐ uma assessora _____

e) ☐ as três unem esforços _____

Síndrome de Down é uma alteração **genética** causada por uma divisão celular anormal durante a fase **embrionária**. As pessoas com a síndrome, em vez de dois **cromossomos** no par 21 (o menor cromossomo humano), possuem três. As crianças, os jovens e os adultos com síndrome de Down podem ter algumas características semelhantes e estar sujeitos à maior incidência de doenças, mas apresentam personalidades e características diferentes e únicas. Eles têm muito mais semelhanças com o resto da população do que diferenças. Apresentam algum comprometimento intelectual e, consequentemente, aprendizagem mais lenta, mas podem alcançar um bom desenvolvimento de suas capacidades pessoais e avançar com crescentes níveis de realização e autonomia. São capazes de sentir, amar, aprender, se divertir e trabalhar. Aprendem a ler e escrever, vão à escola como qualquer outra criança e conseguem levar uma vida autônoma. Em resumo, podem ocupar um lugar próprio e digno na sociedade.

O preconceito e a discriminação são os piores inimigos das pessoas com essa síndrome. O fato de apresentarem características físicas típicas e algum dano intelectual não significa que tenham menos direitos e necessidades. Cada vez mais, pais, profissionais da saúde e educadores têm lutado contra todas as restrições sociais impostas a essas crianças.

Vocabulário

Cromossomo (ou cromossoma): parte da célula vegetal ou animal que contém os genes determinantes das características desse ser vivo.
Embrião: primeiro estágio de desenvolvimento de um ser vivo (no caso dos humanos, até a décima segunda semana de vida dentro do útero da mãe).
Embrionário: relativo ao **embrião**.
Genético: relativo à gênese (origem e desenvolvimento dos seres).

Dicionário em foco — A definição

No dicionário, você já sabe que as palavras pelas quais procuramos são chamadas de **entradas**. Cada entrada de um dicionário é o começo de um **verbete**, que fornece informações sobre seu significado, ou seja, sua **definição**. No verbete, após a definição, podemos achar várias informações sobre a palavra: alguns sinônimos, exemplos de como usar aquela palavra e outras, dependendo do tipo de dicionário.

1) No verbete **imperdoável**, circule a entrada e sublinhe a definição. Depois, localize as informações a seguir que compõem o verbete.

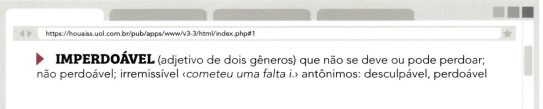

IMPERDOÁVEL. *In*: GRANDE DICIONÁRIO HOUAISS. Disponível em: https://houaiss.uol.com.br/pub/apps/www/v3-3/html/index.php#1. Acesso em: 30 set. 2019.

a) Classe da palavra: _____

b) Exemplo de uso da palavra: _____

c) Sinônimo: _____

d) Antônimo: _____

2) Procure no dicionário as entradas do quadro abaixo e descubra, entre as definições apresentadas, a que corresponde a cada uma. Depois, escreva-a na linha adequada. As letras destacadas na vertical formam o nome de um utensílio usado na cena ao lado.

CENTÉSIMO ESPONJA TUBO
LUNETA COVARDIA INVASÃO
PROVA OMELETE

Garis fechando desfile das escolas de samba. Rio de Janeiro (RJ), 2018.

a) Falta de coragem para enfrentar o medo.
b) Ação ou resultado de invadir, de tomar conta de um lugar.
c) Número ordinal que, numa sequência, corresponde ao número cem.
d) Objeto bem leve e macio, cheio de buracos que absorvem líquidos.
e) Comida feita com ovos batidos e depois fritos em frigideira.
f) Canal oco em forma de cilindro, pelo qual podem passar líquidos ou gases.
g) O que serve para demonstrar que algo é verdadeiro.
h) Instrumento que usamos para ver de perto coisas que estão distantes.

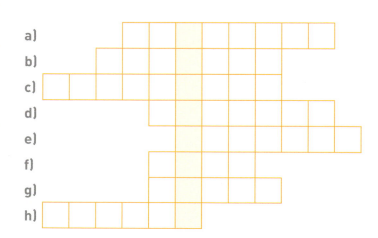

Caleidoscópio

Quais são as interjeições típicas da região em que você mora? E de onde será que vêm essas palavras? Como serão as interjeições em outras línguas?

INTERJEIÇÕES
NO BRASIL E NO MUNDO

CENTRO-OESTE, SUDESTE E SUL

— Caraca! Que filme tenso!

O mesmo que Nossa!. Muito usada no Rio de Janeiro e em Brasília, principalmente entre crianças, jovens e adolescentes, demonstra surpresa.

NORDESTE

— Oxente! Você ainda não está pronto?

Esta interjeição pode expressar susto, dúvida ou indignação. É formada pela redução da expressão Ó gente!. A forma mais abreviada ainda é Oxe!.

NORDESTE

Vixe e vige expressam espanto, admiração, surpresa, susto, ironia, aborrecimento, repulsa ou medo, dependendo do contexto em que são usadas. São formas reduzidas da exclamação Virgem Maria!. Alguns falantes usam uma forma ainda mais reduzida dessa exclamação: Ixe! ou Ige!.

— Vixe! Não ouço nada daqui!

Cristiane Viana

NORDESTE

— Eita! Não sabia que viriam tantas pessoas pra inauguração!

Demonstra satisfação ou espanto diante de alguma coisa. Também é grafada como Êta!.

SUL

— E aí, tchê! Tudo bom?

Muito utilizada no Rio Grande do Sul, provavelmente vem do espanhol Che, falado na Argentina, Uruguai e Paraguai. Pode demonstrar espanto, dúvida ou significar "companheiro", "amigo".

SUDESTE

— Uai! Vou à festa, sim!

Há controvérsias quanto à origem desta interjeição, muito falada em Minas Gerais e em Goiás. Ela expressa surpresa ou dúvida.

Saber o momento certo de usar as interjeições é muito importante para se comunicar de maneira apropriada e alcançar a fluência em qualquer idioma. Veja a seguir algumas interjeições usadas em **inglês** e em **espanhol**.

INGLÊS

Oops! (Ops!);
Ugh! (Eca!); Whoopee! (Oba!);
Help! (Socorro!); Bah! (Bobagem!);
Wow! (Opa!); Hey! (Oi! Ei!);
Ouch! (Ai!); Yummy! (Delícia!);
Wow! (Uau!).

ESPANHOL

¡Bravo! (Bravo!); ¡Ánimo! (Ânimo!);
¡Anda! (expressa admiração);
¡Ay! (Ai!); ¡Hola! (Olá!);
¡Ojalá! (Oxalá!); ¡Basta! (Chega!);
¡Arriba! (incentiva a exaltação);
¡Hale! (incentiva ou apressa alguém);
¡Venga! (para pedir algo a alguém).

259

Retomar

INTERJEIÇÃO

- É um enunciado com sentido completo.
- Expressa emoção, apelo, saudação ou estado de espírito.
- Adquire diferentes sentidos, de acordo com o contexto ou a situação em que é usada.

Alguns exemplos

Admiração — Puxa!

Agradecimento — Valeu!

Aplauso — Isso!

Cumprimento — Oi!

Espanto ou surpresa — Caramba!

Terror ou medo — Ui!

NUMERAL

- Emprego dos numerais
- Flexão dos numerais
- Classificação dos numerais
- Classe de palavra variável que determina a quantidade de objetos, seres, conceitos etc. e é usada para indicar contagem, enumeração e dimensionamento.

Gêneros textuais → receita, provérbio.

Numeral cardinal: indica a quantidade exata de elementos.

Numeral ordinal: indica a posição numa ordem de sucessão, em determinada série (ou fila) ou em uma escala.

Numeral multiplicativo: indica o aumento proporcional de uma quantidade (sua multiplicação).

Numeral fracionário: indica a diminuição proporcional de uma quantidade.

Listas para consulta

Unidade 1

Tipos de linguagem	Verbal	Não verbal			Mista
		visual	sonora	corporal	
Formada por	palavras, frases etc.	imagens como fotos, desenhos, diagramas, ma-pas, pinturas etc.	sons	gestos, posições e expressões do rosto	elementos da linguagem verbal + elementos da linguagem não verbal
Exemplos	tudo que fala-mos, escrevemos	placas e cores dos faróis de trânsito, mapas no metrô	apito do juiz de futebol, sinal do recreio, toque de mensagem no celular	despedida com aceno de mão, expressões de surpresa ou ale-gria, danças	filme de cinema, em que há ima-gens, movimen-to, cores, sons e palavras

Tipos de frase	Função	Exemplos
afirmativa	informar, declarar ou concordar	Eu gosto de manga.
negativa	negar ou discordar	Eu não quero mais brincar de casinha.
interrogativa	perguntar	O que se diz quando uma visita vai embora?
exclamativa	exprimir espanto, alegria, admiração etc.	Que surpresa!
imperativa	ordenar, aconselhar	Vá depressa!

Unidade 2

Número de sílabas da palavra	Classificação	Exemplos
uma sílaba	monossílabo	pé cem mel
duas sílabas	dissílabo	bo-la que-ro tes-te
três sílabas	trissílabo	es-ca-da pa-lha-ço me-ni-no
quatro ou mais sílabas	polissílabo	te-le-vi-são in-for-má-ti-ca es-pe-ci-a-li-da-de

Palavras com mais de uma sílaba		
Classificação da palavra	Quando a sílaba tônica é	Exemplos
oxítona	a última sílaba da palavra	ca**fé**, fute**bol**, a**qui**, ta**tu**, jaca**ré**
paroxítona	a penúltima sílaba da palavra	es**co**la, **sa**po, **ca**sa, bo**ne**ca, empre**ga**do
proparoxítona	a antepenúltima sílaba da palavra	**má**gico, **sá**bado, antite**tâ**nica

Unidade 2

Monossílabos átonos e tônicos	
Monossílabos átonos	**Monossílabos tônicos**
artigos definidos **o**, **a**, **os**, **as**	
artigos indefinidos **um**, **uns**	
pronomes pessoais oblíquos **me**, **te**, **se**, **o**, **a**, **lhe**, **nos**, **vos**, **os**, **as**, **lhes**	
pronomes pessoais oblíquos combinados **mo**, **to**, **lho** etc.	
pronome relativo **que**	Palavras com acento próprio: **lá**, **cá**, **pé**, **mês**, **flor**, **mau**, **mim**, **vou** etc.
preposições **a**, **com**, **de**, **em**, **por**, **sem**, **sob**	
combinações de preposição e artigo **à**, **ao**, **da**, **do**, **na**, **no**, **num**	
conjunções **e**, **mas**, **nem**, **ou**, **que**, **se**	
formas de tratamento **dom**, **frei**, **são**	

Unidade 3

Tipos de substantivo		
Substantivo	**Uso**	**Exemplos**
comum	nomeia qualquer ser de uma espécie, sem particularizá-lo	mesa telefone maçã
próprio	nomeia um determinado ser de uma espécie, destacando-o dos outros do grupo	João França Ibirapuera
concreto	nomeia seres reais ou imaginários	cadeira chuva soldado
abstrato	nomeia noções, ações, qualidades, estados, sentimentos, quando considerados como seres	sabedoria profundidade doação
coletivo	nomeia um conjunto de seres da mesma espécie	boiada cardume tripulação

Unidade 3

Substantivos coletivos			
Coletivos	**Conjunto de**	**Coletivos**	**Conjunto de**
alcateia	lobos	frota	navios mercantes, ônibus
arquipélago	ilhas	horda	povos nômades, invasores
banca	examinadores	junta	médicos, examinadores
banda	músicos	legião	soldados
bando	aves, pessoas	manada	bois, búfalos, elefantes
cacho	bananas, uvas	matilha	cães de caça
caravana	viajantes, estudantes	multidão	pessoas
cardume	peixes	ninhada	filhotes
constelação	estrelas	panapaná	borboletas
corja	ladrões	penca	bananas
coro	anjos, cantores	quadrilha	bandidos
elenco	atores	ramalhete	flores
enxame	abelhas	rebanho	ovelhas
esquadrilha	aviões	réstia	cebolas, alhos
fauna	animais de uma região	tripulação	profissionais que trabalham em um avião ou navio
flora	plantas de uma região	turma	estudantes, amigos

Unidade 4

Tipos de artigo	Masculino e feminino singular	Masculino e feminino plural	Função	Exemplos
artigos definidos	o, a	os, as	Determinam o substantivo de forma precisa, definida.	**a** galinha **os** bicos
artigos indefinidos	um, uma	uns, umas	Determinam o substantivo de modo vago, indefinido, impreciso.	**um** zumbido **umas** blusas

Unidade 5

Correspondência entre adjetivos e locuções adjetivas	
Locução adjetiva	Adjetivo
de boca	bucal
de cabelo	capilar
de cão	canino
de chuva	pluvial
de criança	infantil
de estrela	estelar
de fígado	hepático
de gato	felino
de governo	governamental
de guerra	bélico
de junho	junino
de leão	leonino
de lobo	lupino
de lua	lunar
de mãe	materno
de mestre	magistral
de nariz	nasal
de olho	ocular
de orelha	auricular
de ouro	áureo
de pai	paterno
de paixão	passional
de parede	mural
de porco	suíno
de prata	argênteo
de quadril	ciático
de rio	fluvial
de serpente	viperino
de sol	solar
de sonho	onírico
de terra	terrestre, terreno
de trás	traseiro
de umbigo	umbilical
de velho	senil
de vento	eólico
de vidro	vítreo

Unidade 5

Gentílicos de estados e capitais brasileiros			
Estado	**Adjetivo pátrio**	**Capital**	**Adjetivo pátrio**
Acre	acriano	Rio Branco	rio-branquense
Alagoas	alagoano	Maceió	maceioense
Amapá	amapaense	Macapá	macapaense
Amazonas	amazonense	Manaus	manauense ou manauara
Bahia	baiano	Salvador	soteropolitano ou salvadorense
Ceará	cearense	Fortaleza	fortalezense
Espírito Santo	capixaba ou espírito-santense	Vitória	capixaba ou vitoriense
Goiás	goiano	Goiânia	goianiense
Maranhão	maranhense	São Luís	ludovicense ou são-luisense
Mato Grosso	mato-grossense	Cuiabá	cuiabano
Mato Grosso do Sul	sul-mato-grossense	Campo Grande	campo-grandense
Minas Gerais	mineiro	Belo Horizonte	belo-horizontino
Pará	paraense	Belém	belenense
Paraíba	paraibano	João Pessoa	pessoense
Paraná	paranaense	Curitiba	curitibano
Pernambuco	pernambucano	Recife	recifense
Piauí	piauiense	Teresina	teresinense
Rio de Janeiro	fluminense	Rio de Janeiro	carioca
Rio Grande do Norte	potiguar ou norte-rio-grandense	Natal	natalense
Rio Grande do Sul	gaúcho ou sul-rio-grandense	Porto Alegre	porto-alegrense
Rondônia	rondoniano ou rondoniense	Porto Velho	porto-velhense
Roraima	roraimense	Boa Vista	boa-vistense
Santa Catarina	catarinense ou barriga-verde	Florianópolis	florianopolitano
São Paulo	paulista	São Paulo	paulistano
Sergipe	sergipano	Aracaju	aracajuano ou aracajuense
Tocantins	tocantinense	Palmas	palmense
		Brasília	brasiliense

Adjetivos	**Formação**	**Exemplos**
simples	apenas uma palavra	amarelo, feliz, brasileiro
compostos	mais de uma palavra	amarelo-ouro, franco-brasileiro, infantojuvenil
primitivos	não se originam de outras palavras; servem de base para a formação de palavras derivadas	azul, claro, curto, verde, triste
derivados	originam-se de outras palavras (substantivos, verbos ou adjetivos)	saboroso (derivado do substantivo **sabor**), infeliz (derivado do adjetivo **feliz**), encontrável (derivado do verbo **encontrar**)

Unidade 5

Superlativo absoluto sintético	
Adjetivo	**Superlativo absoluto sintético**
ágil	agilíssimo
amável	amabilíssimo
bom	boníssimo
capaz	capacíssimo
cruel	crudelíssimo
difícil	dificílimo
doce	dulcíssimo
estranho	estranhíssimo
feio	feíssimo
feliz	felicíssimo
fiel	fidelíssimo
frio	frigidíssimo ou friíssimo
geral	generalíssimo
jovem	juveníssimo
livre	libérrimo
magro	macérrimo ou magríssimo
nobre	nobilíssimo
pobre	paupérrimo ou pobríssimo
sério	seríssimo
simples	simplicíssimo ou simplíssimo
veloz	velocíssimo

Unidade 6

Modos verbais		
Modo	**Ocorre**	**Exemplos**
indicativo	quando encaramos o fato de que estamos falando como um fato real	O céu **está** nublado.
subjuntivo	quando o encaramos como uma possibilidade, uma hipótese, uma dúvida (que depende de outro ou está ligado a ele)	Se **chovesse** muito, eu não iria à escola.
imperativo	quando o encaramos como uma ordem, um conselho ou um pedido	**Leve** um guarda-chuva!

Formas nominais	**Verbo**	**Características**	**Como se forma**
			radical + vogal temática + terminação
infinitivo	cala**r** vende**r** consegui**r**	é o nome do verbo	cal-a-r vend-e-r consegu-i-r
gerúndio	presta**ndo** corre**ndo** parti**ndo**	apresenta o processo verbal enquanto está acontecendo	prest-a-ndo corr-e-ndo part-i-ndo
particípio	encerr**ado** entend**ido** reun**ido**	apresenta o resultado do processo verbal	encerr-ado entend-ido reun-ido

Unidade 6

Pronomes pessoais oblíquos			
Pessoa	**Número**	**Átonos**	**Tônicos**
1ª pessoa	singular	me	mim, comigo
2ª pessoa	singular	te	ti, contigo
3ª pessoa	singular	se, lhe, o, a	si, consigo, ele, ela
1ª pessoa	plural	nos	nós, conosco
2ª pessoa	plural	vos	vós, convosco
3ª pessoa	plural	se, lhes, os, as	si, consigo, eles, elas

Pronomes possessivos					
Pessoa	**Número**	**Masculino singular**	**Masculino plural**	**Feminino singular**	**Feminino plural**
1ª pessoa	singular	**meu** cachorro	**meus** cadernos	**minha** bola	**minhas** bicicletas
2ª pessoa	singular	**teu** cachorro	**teus** cadernos	**tua** bola	**tuas** bicicletas
3ª pessoa	singular	**seu** cachorro cachorro **dele**	**seus** cadernos cadernos **deles**	**sua** bola bola **dela**	**suas** bicicletas bicicletas **delas**
1ª pessoa	plural	**nosso** cachorro	**nossos** cadernos	**nossa** bola	**nossas** bicicletas
2ª pessoa	plural	**vosso** cachorro	**vossos** cadernos	**vossa** bola	**vossas** bicicletas
3ª pessoa	plural	**seu** cachorro cachorro **dele**	**seus** cadernos cadernos **deles**	**sua** bola bola **dela**	**suas** bicicletas bicicletas **delas**

Tempo presente do modo indicativo		
Tempo verbal	**Indica que**	**Exemplos**
presente	a ação acontece em um período que abrange o momento da enunciação (**agora** ou **atualmente**)	Jorge **tem** um cachorro. Banana **é** uma fruta deliciosa. O Rio Amazonas **banha** Manaus.

Tempos do passado do modo indicativo			
Tempo verbal	**Indica que**		**Exemplos**
pretérito perfeito	a ação acontece **antes** do momento da enunciação	e foi concluída, acabou	**Cantou** uma bela canção para o filho dormir.
pretérito imperfeito		e durou ou se prolongou	Eu sempre **cantava** esta música.
pretérito mais-que-perfeito	a ação foi concluída **antes** de outra ação também concluída		Ela já **dormira** (ou **tinha dormido**) quando você ligou.

Tempos do futuro do modo indicativo		
Tempo verbal	**Indica que**	**Exemplos**
futuro do presente	a ação ainda vai acontecer, **depois** do momento da enunciação	**Seremos** felizes para sempre!
futuro do pretérito	a ação aconteceu **depois** de algum momento do passado	Ele prometeu ontem que **voltaria** hoje.

Unidade 6

Pronomes de tratamento	Abreviatura	Usados para
Dom Dona	D D.ª	tratamento respeitoso
você	v.	tratamento coloquial
senhor senhora	Sr Sr.ª	tratamento respeitoso
Vossa Alteza	V. A.	príncipes, duques
Vossa Eminência	V. Em.ª	bispos e cardeais
Vossa Excelência	V. Ex.ª	altas autoridades
Vossa Magnificência	V. Mag.ª	reitores de universidades
Vossa Majestade	V. M.	reis, imperadores
Vossa Paternidade	V. P.	superiores de conventos
Vossa Reverência ou Vossa Reverendíssima	V. Rev.ª V. Rev.ᵐᵃ	sacerdotes em geral
Vossa Santidade	V. S.	papas
Vossa Senhoria	V. S.ª	autoridades, pessoas de cerimônia

Unidade 7

Pronomes pessoais retos					
Pessoa	Número	Pronome reto	Pessoa	Número	Pronome reto
1ª pessoa	singular	eu	1ª pessoa	plural	nós
2ª pessoa	singular	tu	2ª pessoa	plural	vós
3ª pessoa	singular	ele, ela	3ª pessoa	plural	eles, elas

Unidade 8

Tipos de numeral		
O que o numeral indica	Tipos de numeral	Exemplos
quantidade absoluta	cardinal	Há **três** noites que eu não durmo. Você me deve **vinte** reais. Ele já cuidou de mais de **duzentos** pássaros doentes. Carolina lavou **dois** vestidos.
quantidade relativa	ordinal	Vocês vão no **primeiro** ônibus da fila. Ela foi a **quinta** colocada no torneio. Já começou o **segundo** tempo do jogo.
	multiplicativo	Ela tem o **dobro** da sua altura. Já consegui juntar o **triplo** dessa quantia. Esta parede mede o **sêxtuplo** da outra.
	fracionário	Já recebi **meio** salário. Só fiz um **terço** do trabalho. Só ele comeu um **quarto** do bolo.

Unidade 8

Numerais							
Cardinal	Ordinal	Multiplicativo	Fracionário	Cardinal	Ordinal	Multiplicativo	Fracionário
um	primeiro	—	—	trinta	trigésimo	—	trigésimo ou trinta avos
dois	segundo	dobro	meio	quarenta	quadragésimo	—	quadragésimo ou quarenta avos
três	terceiro	triplo	terço	cinquenta	quinquagésimo	—	quinquagésimo ou cinquenta avos
quatro	quarto	quádruplo	quarto	sessenta	sexagésimo	—	sexagésimo ou sessenta avos
cinco	quinto	quíntuplo	quinto	setenta	septuagésimo	—	septuagésimo ou setenta avos
seis	sexto	sêxtuplo	sexto	oitenta	octogésimo	—	octogésimo ou oitenta avos
sete	sétimo	sétuplo	sétimo	noventa	nonagésimo	—	nonagésimo ou noventa avos
oito	oitavo	óctuplo	oitavo	cem	centésimo	cêntuplo	centésimo
nove	nono	nônuplo	nono	duzentos	ducentésimo	—	ducentésimo ou duzentos avos
dez	décimo	décuplo	décimo	trezentos	trecentésimo	—	trecentésimo ou trezentos avos
onze	undécimo ou décimo primeiro	undécuplo	undécimo ou onze avos	quatrocentos	quadringentésimo	—	quadringentésimo ou quatrocentos avos
doze	duodécimo ou décimo segundo	duodécuplo	duodécimo ou doze avos	quinhentos	quingentésimo	—	quingentésimo ou quinhentos avos
treze	décimo terceiro	—	treze avos	seiscentos	sexcentésimo	—	sexcentésimo ou seiscentos avos
catorze	décimo quarto	—	catorze avos	setecentos	septingentésimo	—	septingentésimo ou setecentos avos
quinze	décimo quinto	—	quinze avos	oitocentos	octingentésimo	—	octingentésimo ou oitocentos avos
dezesseis	décimo sexto	—	dezesseis avos	novecentos	nongentésimo	—	nongentésimo ou novecentos avos
dezessete	décimo sétimo	—	dezessete avos	mil	milésimo	—	milésimo ou mil avos
dezoito	décimo oitavo	—	dezoito avos	milhão	milionésimo	—	milionésimo
dezenove	décimo nono	—	dezenove avos	bilhão	bilionésimo	—	bilionésimo
vinte	vigésimo	—	vigésimo ou vinte avos	trilhão	trilionésimo	—	trilionésimo

Relação de textos usados

- Anedota: "A tia do garotinho...", Laert Sarrumor..............Unidade 5 p. 151
- Anedota: "Essa noite...", Laert Sarrumor..............Unidade 1 p. 40
- Anedota: "Numa escola", autoral..............Unidade 5 p. 154
- Canção: Como uma onda, Lulu Santos e Nelson Motta..............Unidade 6 p. 197
- Canção: Hino Nacional Brasileiro, Joaquim O. e Francisco M..............Unidade 6 p. 195
- Canção: Palpite infeliz, Noel Rosa..............Unidade 6 p. 182
- Capa de livro: *Boi, boiada, boiadeiro*, Ruth Rocha..............Unidade 3 p. 92
- Capa de livro: *Charlie e Lola*: super hiper amigos..............Unidade 5 p. 171
- Capa de livro: *Consumidores hipervulneráveis*, Cristiano Heineck Schmitt..............Unidade 5 p. 171
- Capa de livro: *Judy Moody e o verão superlegal*, Megan McDonald..............Unidade 5 p. 171
- Capa de livro: *O batalhão das letras*, Mario Quintana..............Unidade 3 p. 92
- Capa de livro: *Os tempos hipermodernos*, Gilles Lipovetsky e Sébastien Charles..........Unidade 5 p. 171
- Carta: "A Mário de Alencar", Machado de Assis..............Unidade 1 p. 28
- Cartão-postal: "Oi, vovó.", autoral..............Unidade 2 p. 65
- Charge: "Cara! Que doido!!", João Marcos..............Unidade 1 p. 30
- Charge: "E nem ouse tocar no mamute...", Piero Tonin..............Unidade 2 p. 83
- Charge: "Eu não me preocupo com o aquecimento global...", Cazo..............Unidade 7 p. 208
- Charge: "O novo papa é argentino!", Eric Vanucci..............Unidade 5 p. 150
- Charge: "Você é o cara!", autoral..............Unidade 4 p. 125
- Conto: A bruxa e o caldeirão (fragmento), José Leon Machado..............Unidade 2 p. 67
- Conto: O Príncipe Sapo, Irmãos Grimm..............Unidade 6 p. 201
- Conto: Um apólogo (fragmento), Machado de Assis..............Unidade 8 p. 240
- Crônica: Lição de árvore (fragmento), Valéria P. Polizzi..............Unidade 7 p. 227
- Crônica: Na grande área (fragmento), Armando Nogueira..............Unidade 5 p. 140
- Crônica: Na grande área (fragmento "Onipresença"), Armando Nogueira..............Unidade 5 p. 174
- Crônica: Toró e a vaca sagrada, Cora Rónai..............Unidade 1 p. 41
- Definição: Comportamento de manada, *Mais inteligente*..............Unidade 3 p. 94
- Descrição: Julieta, Ziraldo..............Unidade 5 p. 168
- Descrição: Junim, Ziraldo..............Unidade 5 p. 167
- Descrição: Manhã (fragmento), João Ubaldo Ribeiro..............Unidade 5 p. 151
- Descrição: Menino Maluquinho, Ziraldo..............Unidade 1 p. 10
- Divulgação científica: A astronomia dos índios brasileiros!, *Parque da Ciência Newton Freire Maia*..............Unidade 4 p. 124
- Divulgação científica: Com as rochas coletadas durante a missão Apollo 14..., *Ciencianautas*..............Unidade 4 p. 128
- Divulgação científica: Viagem no tempo: realidade ou ficção?, *Parque da Ciência Newton Freire Maia*..............Unidade 6 p. 189
- Frase: "A verdadeira amizade...", Millôr Fernandes..............Unidade 2 p. 48
- Frase: "Em algum lugar...", Carl Sagan..............Unidade 1 p. 8
- Frase: "Um pequeno passo...", Neil Armstrong..............Unidade 4 p. 113
- Haicai: "Primeiro, eu tento", Ziraldo..............Unidade 2 p. 50
- Haicai: "O futuro tem muitos nomes", Victor Hugo..............Unidade 6 p. 178
- Instrucional: Instruções para obter seu passaporte, *Polícia Federal*..............Unidade 7 p. 221
- Livro: *A língua de Eulália* (fragmento de capítulo, "A chegada"), Marcos Bagno..............Unidade 1 p. 35
- Livro: *Contos da Terra do Gelo* (fragmento), Rogério Andrade Barbosa..............Unidade 2 p. 60

- Livro: *Este admirável mundo louco* (fragmento de capítulo), Ruth Rocha........................Unidade 6   p. 179
- Livro: *Lin e o outro lado do bambuzal* (fragmento "A amizade"), Lúcia Hiratsuka ....Unidade 7   p. 231
- Livro: *Macunaíma...* (fragmento de capítulo), Mario de Andrade ....Unidade 7   p. 215
- Livro: *O Gato Malhado e a Andorinha Sinhá* (fragmento "Madrugada"), Jorge Amado.....Unidade 2   p. 82
  Unidade 3   p. 88
- Livro: *Pai, posso dar um soco nele?* (fragmento), José Cláudio da Silva ....Unidade 8   p. 239
- Livro: *Quase de verdade* (fragmentos de capítulo), Clarice Lispector.............................Unidade 1   p. 34
- Livro: *Uma estranha aventura em Talalai* (fragmento de capítulo), Joel Rufino dos Santos....Unidade 1   p. 45
- Mensagem em mídia eletrônica: "Parabéns, Davi!", autoral ....Unidade 1   p. 27
- Nota: X encontro monárquico de Minas Gerais, *Casa Imperial do Brasil*........................Unidade 7   p. 220
- Nota: 80º aniversário do Chefe da Casa Imperial do Brasil, *Casa Imperial do Brasil* .....Unidade 8   p. 251
- Notícia: A partir de 1980, viagem a Marte, *O Globo*..Unidade 4   p. 120
- Notícia: Brasil volta de Lima com a melhor campanha..., *El País*................................Unidade 8   p. 244
- Notícia: Irmãos são destaque de comitiva brasileira no Parapan de Lima, *EBC*............Unidade 8   p. 236
- Notícia: Metade da nova equipe de astronautas da Nasa..., *Galileu*..............................Unidade 4   p. 129
- Notícia: Na maratona, falha de *chip* constrange brasileira [...], *O Globo*....................Unidade 1   p. 38
- Notícia: O fantástico mundo marinho [...], *Desfrute Cultural* ....Unidade 1   p. 12
- Notícia: Um país de Marias e Josés [...], *UOL* ....Unidade 3   p. 85
- Petição: Pelo fim da utilização de matilhas na caça, *Petição pública*...........................Unidade 3   p. 95
- Poema: Adivinha, Sérgio Capparelli ....Unidade 7   p. 207
- Poema: A gaivota e a praia, Lalau e Laurabeatriz ....Unidade 3   p. 109
- Poema: Cidadezinha qualquer, Carlos Drummond de Andrade ....Unidade 1   p. 39
- Poema: Convite, José Paulo Paes ....Unidade 2   p. 62
- Poema: Enquanto quis fortuna que tivesse, Luís Vaz de Camões................................Unidade 7   p. 211
- Poema: Mar português, Fernando Pessoa ....Unidade 2   p. 73
- Poema: Menina na janela, Sérgio Capparelli ....Unidade 5   p. 172
- Poema: Meu automóvel, José Paulo Paes. ....Unidade 4   p. 121
- Poema: Não sei quem em vós mais vejo, Francisco de Sá de Miranda ....Unidade 7   p. 211
- Poema: O trabalho e o lavrador, Sérgio Capparelli ....Unidade 3   p. 86
- Poema: Os direitos das crianças, Ruth Rocha ....Unidade 2   p. 68
- Poema: "Sou construtor menor", Manoel de Barros ....Unidade 5   p. 164
- Poema: Tempestade, Henriqueta Lisboa ....Unidade 2   p. 66
- Poema: Voz que se cala, Florbela Espanca..Unidade 3   p. 90
- Propaganda: "Dois milhos de Francisco", Hortifruti ....Unidade 4   p. 135
- Receita: Pudim de queijo, autoral..Unidade 8   p. 242
- Reportagem: "Aquecimento global do planeta já é o maior...", *BBC*.........................Unidade 7   p. 206
- Reportagem: A pedra grande, *Atibaia e Região*. ....Unidade 1   p. 35
- Reportagem: As heroínas brasileiras do nado, *O Globo*...Unidade 3   p. 103
- Reportagem: Brasileiro de 7 anos escreve livro e ganha prêmio da Nasa, *Galileu*........Unidade 5   p. 146
- Reportagem: "Cão-guia leva dona à loja...", *TopMídia News*...................................Unidade 4   p. 119
- Reportagem: Censo agro dá visibilidade à produção agrícola
  de povos indígenas no Maranhão, *Agência de notícias IBGE* ....Unidade 5   p. 156
- Reportagem: Conheça Mariana Alves, a jovem patinadora
  medalha de ouro no sul-americano, *Mega Curioso*..Unidade 8   p. 256
- Reportagem: Conservante natural substitui agrotóxicos, *O Globo*............................Unidade 8   p. 249
- Reportagem: Efeito dominó, *Ciência Hoje das Crianças* ....Unidade 7   p. 233
- Reportagem: Estudantes de Fagundes Varela, na Serra,
  recebem carta da rainha Elizabeth II, *Gaúcha ZH* ....Unidade 7   p. 220

- Reportagem: Garoto de 10 anos..., *Hypeness* ....Unidade 8   p. 241
- Reportagem: Greta Thunberg leva centenas..., *Conexão Planeta* ....Unidade 8   p. 254
- Reportagem: Marte, o próximo salto gigantesco da humanidade, *O Globo* ....Unidade 4   p. 116
- Reportagem: Menino cria *game* que alerta para risco de extinção dos saguis,
  O Globo ....Unidade 7   p. 216
- Reportagem: Parque Adaptado traz diversão..., *Diário Digital* ....Unidade 5   p. 144
- Reportagem: "Por que Usain Bolt é o homem mais rápido da história?..." (fragmento), *IG* . Unidade 5   p. 167
- Reportagem: Saúde florestal em pauta, *Ciência Hoje* ....Unidade 7   p. 225
- Reportagem: Viajar para Marte pode levar 30 minutos, diz Nasa, *Exame* ....Unidade 5   p. 165
- Resenha crítica: A língua de Eulália (fragmento de capítulo, "A chegada"),
  Marcos Bagno ....Unidade 1   p. 35
- Livro: *As fábulas de Esopo* (fragmento de capítulo "O Lobo e o Cão"), Joseph Shafan ...Unidade 5   p. 141
- Resenha crítica: O urso que não era, Frank Tashlin. ....Unidade 4   p. 131
- Tira Armandinho: "Fico até com vergonha...", Alexandre Beck ....Unidade 2   p. 49
- Tira Cambito e sua turma: "Saiba como usar bem as palavras", Otávio Rios ....Unidade 1   p. 9
- Tira do Zé: "Eu me acho feio", José James Teixeira ....Unidade 7   p. 212
- Tira Laerte: "E agora...", Laerte ....Unidade 1   p. 15
- Tira Mafalda: "Dicionário", Quino. ....Unidade 1   p. 25
- Tira O Menino Maluquinho: "Afinal, quais são as sete
  maravilhas do mundo?", Ziraldo ....Unidade 3   p. 98
- Tira O Menino Maluquinho: "Oba! Cheguei em boa hora!", Ziraldo ....Unidade 1   p. 32
- Tira O Menino Maluquinho: "Por favor, tenha cuidado...", Ziraldo ....Unidade 6   p. 187
- Tira O Menino Maluquinho: "Por que você não veio brincar ontem?", Ziraldo ....Unidade 1   p. 10
- Tira O mundo de Leloca: "Meu celular é melhor que o seu!", Eugênio Sá ....Unidade 5   p. 170
- Tira Turma da Mônica: "Alô! Eu queria falar com o Cebolinha!", Mauricio de Sousa ....Unidade 6   p. 193
- Tira Turma da Mônica: "Cebolinha! Adivinha o que tenho na mão!",
  Mauricio de Sousa ....Unidade 4   p. 137
- Tira Turma da Mônica: "...E quando eu dei por mim...", Mauricio de Sousa ....Unidade 7   p. 217
- Tira Turma da Mônica: "Espelho, espelho meu...", Mauricio de Sousa ....Unidade 5   p. 163
- Tira Turma da Mônica: (imagem de tambor) sem palavras, Mauricio de Sousa ....Unidade 1   p. 26
- Tira Turma da Mônica: "Mã-mã!", Mauricio de Sousa ....Unidade 2   p. 58
- Tira Turma da Mônica: "Mãe! O que é, o que é? Parece enfeite de geladeira...",
  Mauricio de Sousa ....Unidade 5   p. 146
- Tira Turma da Mônica: "Mas por que você não quer mais brincar...",
  Mauricio de Sousa ....Unidade 1   p. 29
- Tira Turma da Mônica: "Meu pai tem oitocentas...", Mauricio de Sousa ....Unidade 8   p. 247
- Tira Turma da Mônica: "Mônica, você sabia que...", Mauricio de Sousa......................Unidade 7   p. 223
- Tira Turma da Mônica: "Sabe o que eu descobri, Cebolinha?!", Mauricio de Sousa.....Unidade 6   p. 192
- Tira Turma da Mônica: "Socorro... Socorro!!", Mauricio de Sousa..........................Unidade 8   p. 237
- Tira Turma do Xaxado: "Cheguei, gente, cheguei!", Antônio Luiz Ramos Cedraz.........Unidade 1   p. 22
- Trava-língua: "O que é que Cacá quer", domínio público ....Unidade 2   p. 69
- Trava-língua: "O pinto pia", domínio público ....Unidade 2   p. 69
- Trava-língua: "O tempo", domínio público ....Unidade 2   p. 69
- Trava-língua: "Pedro pregou", domínio público ....Unidade 2   p. 69
- Trava-língua: "Sabia que a mãe", domínio público ....Unidade 2   p. 70
- Verbete: imperdoável (fragmento), *Grande Dicionário Houaiss* ....Unidade 8   p. 258
- Verbete: mangueira (fragmento), *Dicionário Houaiss da Língua Portuguesa* ....Unidade 4   p. 132
- Verbete: pessoal (fragmento), *Dicionário Houaiss da Língua Portuguesa* ....Unidade 6   p. 203
- Verbetes de dicionário: *Dicionário Aurélio Júnior* ....Unidade 2   p. 81